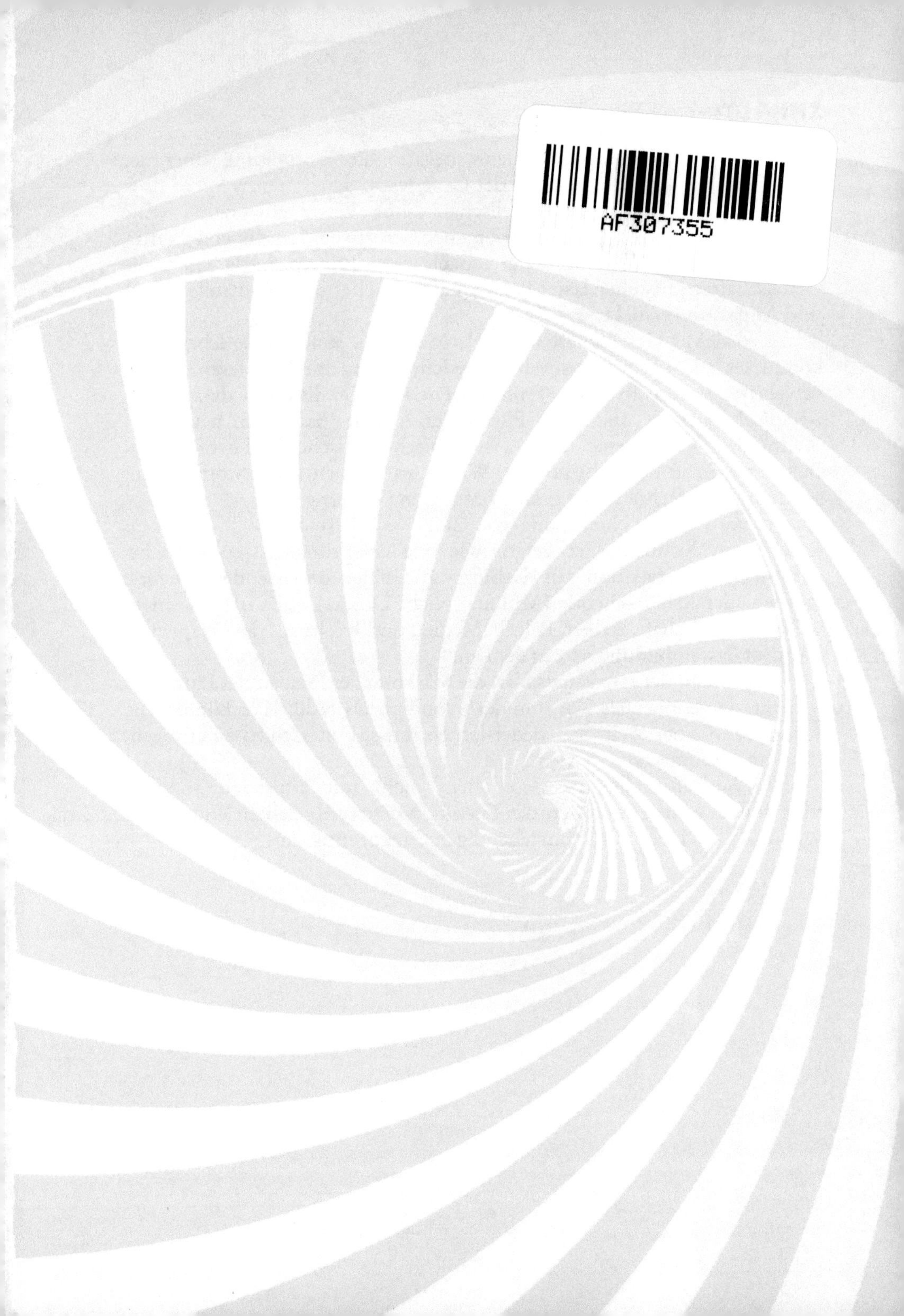
AF307355

INHALT:

Mit »Gesellschaft ohne Vertrauen« begann die Erarbeitung einer der radikalsten Gesellschaftsentwürfe der Gegenwart, den Timothy Speed über 20 Jahre entwickelte. In »Gesellschaft ohne Vertrauen« nahm seine lebenslange Suche nach den verborgenen, kreativen Regeln von Natur, Kultur und System ihren Anfang – nach jenen Prinzipien, die lebendige Gesellschaften entstehen lassen, wenn man sie nicht durch Kontrolle, Angst und Anpassung erstickt.

Speed denkt Gesellschaft nicht als Maschine, sondern als lebendiges, komplexes Feld – geordnet durch innere Rhythmen, durch Differenz, durch subjektive Impulse. In diesem Frühwerk entwickelt er die Ideen, die später in »Radical Worker« und »Die Physik der Armen« zu einem neuartigen Weltmodell ausreifen: einer systemisch-poetischen Theorie des Bewusstseins, in der Subjektivität, Wille und Erleben keine Störfaktoren, sondern Grundachsen jeder gesellschaftlichen Ordnung sind.

Die vorliegende Neufassung von 2025 verankert das Buch in einem erweiterten Kontext: Sie zeigt, wie die ursprünglich essayistische, persönliche Intervention zur Geburtsstätte einer umfassenden Theorie wurde – der MNO-Theorie (Minimal-Nicht-Objekt) – die nicht weniger will, als Gesellschaft, Arbeit, Politik, Medien und Recht aus der Perspektive kreativer Systembildung neu zu denken.

Dabei bleibt der Fokus stets klar: die Stärkung der Freiheit des Einzelnen – nicht als neoliberales Konsumideal, sondern als radikale, schöpferische Integrität in einer Welt, die wieder lernen muss, Unterschied zu ertragen, statt ihn auszumerzen.

Ein Werk für alle, die Gesellschaft nicht nur kritisieren, sondern mitgestalten wollen. Ein Buch, das Theorie, Kunst und gelebten Widerstand vereint – und dabei selbst zum lebendigen Organismus wird.

GESELLSCHAFT OHNE VERTRAUEN

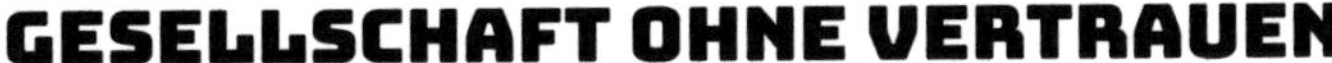

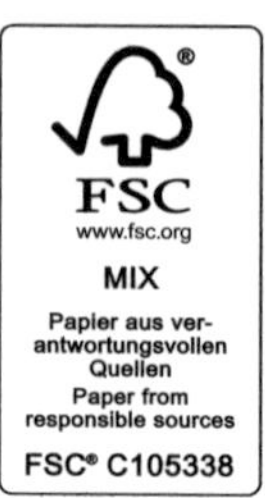

5.Auflage 2025

(1.Auflage 2005)

ISBN: 978-3-7693-8875-6

Verlag:

BoD · Books on Demand GmbH, Überseering 33, 22297 Hamburg, bod@bod.de
Druck: Libri Plureos GmbH, Friedensallee 273, 22763 Hamburg

GESELLSCHAFT OHNE VERTRAUEN

DIE GRUNDLAGEN EINER KREATIVEN GESELLSCHAFT

ARTISTIC RESEARCH

NEURODIVERGENTE FORSCHUNG

VON

TIMOTHY SPEED

ÜBER DIE ARBEIT VON TIMOTHY SPEED

Als Timothy Speed im Jahr 2005 das Buch »Gesellschaft ohne Vertrauen« veröffentlichte, existierte noch kein Vokabular für das, was er darin tat. Die Begriffe neurodivergente Forschung, Artistic Research, epistemische Gerechtigkeit, Critical Autism Studies oder embodied knowledge waren, wenn überhaupt, nur in akademischen Nischen oder als ferne Vorboten im Entstehen. Und doch lieferte Speed ein Werk, das in seiner Form, Methode und Tiefe vieles vorwegnahm, was heute unter diesen Begriffen diskutiert wird – nicht als Theoriepapier, sondern als gelebte, riskante Praxis.

»Gesellschaft ohne Vertrauen« ist ein Meilenstein der Gegenwartsdiagnostik – nicht, weil es aus der Mitte der Institutionen kam, sondern weil es sich von dort ausgeschlossen wusste und dennoch einen präzisen Zugriff auf die systemischen Schwächen westlicher Demokratien formulierte. Speed beschrieb mit analytischer Schärfe, was anderen kaum auffiel: dass unsere Systeme nicht primär an Ressourcenmangel, Technologiedefizit oder mangelndem Wissen leiden – sondern an einem strukturellen Vertrauensverlust gegenüber Subjektivität. Er erkannte früh: Eine Gesellschaft, die individuelle Wahrheit, innere Ordnung, affektive Differenz und psychische Eigenlogik nicht integrieren kann, wird dysfunktional – selbst, wenn sie formal perfekt organisiert erscheint.

Was »Gesellschaft ohne Vertrauen« leistet, ist die radikale Umkehrung einer jahrzehntelangen Logik: Nicht das Äußere ordnet das Innere – sondern nur aus innerer, individueller Ordnung kann äußere Systemkohärenz entstehen. Damit bricht Speed mit technokratischen Utopien, mit kybernetischem Kontrollwahn und mit neoliberalen Verwertungsideologien, die den Menschen auf Anpassung, Leistung und Resilienz reduzieren.

Der Begriff, den Speed einführt – »systemkreativ« –, ist heute aktueller denn je. Er steht im Kontrast zur »Systemrelevanz«: Während Letztere nur das Funktionale meint, beschreibt Systemkreativität das Vermögen, Ordnungen zu destabilisieren, Strukturen zu irritieren, Entwicklung durch subjektive Differenz zu ermöglichen. Eine Gesellschaft, die diese Fähigkeit unterdrückt, verliert ihre Lernfähigkeit – so Speed – und produziert stattdessen Erstarrung, Depression und Kontrolle.

In seiner Arbeitsweise war und ist Speed damals und heute seiner Zeit weit voraus: Er denkt nicht über Armut, über Arbeit oder über Machtverhältnisse – er lebt in ihnen. Als neurodivergente Person mit (damals noch nicht diagnostiziertem) Autismus und ADHS wurde seine Forschung zu einer existenziellen Praxis: Er konfrontierte Behörden, Institutionen, Unternehmen mit seiner Präsenz, seiner Weigerung zur Anpassung, seinem Denken. Damit ist er Teil einer Tradition, die heute u. a. mit Paul B. Preciado, Chris Kraus oder bell hooks in Verbindung steht: Theorie als verkörperter Widerstand, Erkenntnis als Grenzerfahrung.

Inzwischen zählt er zu den Pionieren einer systemkreativen Gesellschafts- und Organisationsentwicklung sowie eines authentischen Diversity-Managements. Seine Arbeit geht dabei weit über bloße Kritik hinaus: Sie fordert radikale Integrität und Selbstwirksamkeit in der Gestaltung von Zukunft. Speed fordert in seiner »provozierten Empirie« ein »Recht auf Krise« und zeigt, dass gesellschaftliche Entwicklung nur dann gelingt, wenn die Systeme sich durch subjektive Impulse destabilisierbar zeigen – nicht durch Anpassung, sondern durch echte Reibung.

Diese Reibung inszeniert Speed auf ebenso provokante wie symbolisch dichte Weise. So versuchte er 2010, das Unternehmen Red Bull durch eine künstlerische Aktion zu irritieren – er drohte vor der Konzernzentrale einen Stier zu töten, um den Konzern zu einer echten Auseinandersetzung mit der Beziehung zwischen Mensch, Subjektivität und Unternehmensform zu zwingen. Zitat Speed: *»Für eine Woche waren die Leute bei Red Bull gespalten. Sie wussten nicht, ob sie als Mensch oder als Funktion auf mein Handeln reagieren sollten. Ich hatte das Gefühl, dass der Mensch in ihnen mit mir den Stier töten wollte, während der Anwalt, der Milliardär, der Manager, der aus ihnen sprach, dies um jeden Preis verhindern musste. In dieser Woche gehörte das Unternehmen allein dem an der Welt zweifelnden Menschen. Der Gewissheit, dass jeder von uns einen Konzern bezwingen, gestalten und verändern kann.«*

Er diagnostizierte, was Philosophen wie Hartmut Rosa erst Jahre später mit dem Begriff der »Resonanz« beschrieben: dass eine Gesellschaft, die Differenz nicht mehr hören, fühlen, integrieren kann, in Entfremdung versinkt. Seine Unterscheidung zwischen äußerer Funktionalität und innerer Wahrheit antizipiert viele der späteren Arbeiten über subjektive Entkopplung und systemische Gewalt, wie sie z. B. in den Critical Disability Studies oder bei Robert McRuer und Jasbir Puar formuliert werden.

Und dennoch: In der Praxis scheiterte Speed an der Welt, die er zu verändern suchte. Seine Methoden – radikal-subjektiv, nicht-klassifizierbar, ohne institutionellen Rückhalt – wurden nicht ernst genommen. Er wurde nicht als Forscher gelesen, sondern als Provokateur. Die kulturelle und akademische Landschaft war nicht bereit für eine Erkenntnispraxis, die aus Armut, Scheitern und Subjektivität ihre Kraft bezog. Der gesellschaftliche

Apparat, den er so präzise kritisierte, erkannte seine Intervention nicht als Beitrag, sondern als Störung.

Dass er trotzdem weitermachte, seine Ansätze später in Radical Worker, Die Physik der Armen und Speeds Arbeit vertiefte und dort eine umfassende Ontologie (die MNO-Theorie) entwickelte, ist ein Beleg dafür, dass seine damalige Analyse nicht nur richtig, sondern notwendig war. Die heutige Fassung von Gesellschaft ohne Vertrauen macht diese Pionierleistung sichtbar. Sie zeigt nicht nur, woran wir als Gesellschaft gescheitert sind, sondern auch, was es braucht, um Vertrauen zurückzugewinnen: den Mut, dem anderen nicht als Ausnahme, sondern als Ursprung zu begegnen.

Ein Buch, das die Zukunft in sich trug, aber zu früh kam, um gehört zu werden. Jetzt ist seine Zeit.

ARTISTIC RESEARCH

Künstlerische Forschung nutzt ästhetische Verfahren – Montage, Performance, Materialexperiment – als eigenständige Erkenntnismethoden. Dabei schließt sich die Künstler:in nicht selbst vom Erkenntnisprozess aus. Wissen entsteht nicht erst in der nachträglichen Interpretation, sondern im Prozess des Gestaltens selbst: Gedanken werden sicht- und hörbar, Hypothesen lassen sich probeweise verkörpern. Statt Daten zu sammeln, erzeugt Artistic Research Situationen, die Theorie und Praxis ineinander falten. So überschreitet sie die klassische Disziplintrennung und macht Phänomene erfahrbar, bevor sie vermessen werden.

Die Inhalte dieses Buches beruhen auf Artistic Research.

NEURODIVERGENTE FORSCHUNG

ist die spezielle Forschungmethode, die manche Autist:innen anwenden. – Dieser Ansatz bringt Wahrnehmungsprofile hervor, die von der »statistischen Norm« abweichen, aber gerade dadurch neue Muster erkennen lassen. Forschung aus einer neurodivergenten Position nutzt diesen atypischen Filter bewusst als methodischen Vorteil: Hyperfokus ersetzt Großgeräte; Musterempfindlichkeit entdeckt Korrelationen, die im Störrauschen verschwinden. Statt Defizite zu kompensieren, werden idiosynkratische Kognitionen als zusätzliche Messinstrumente begriffen. Das erzeugt unerwartete Fragen, radikale Querverbindungen und verdichtet Disziplinränder zu neuem Terrain.

Dieses Buch ist ein wichtiger Beitrag zu den Critical Autism Studies (CAS), weil hier die besonderen Perspektiven autistischer Forscher:innen Bedeutung bekommen.

INHALTSVERZEICHNIS

DAS NEURODIVERGENTE ERLEBEN

Die erste Auflage dieses Buches erschien im Oktober 2005. Ich war damals 32 Jahre alt. Es handelt sich um eines meiner frühen Werke. 2025, also 20 Jahre später habe ich es erneut überarbeitet und in den Kontext meiner späteren Arbeiten gesetzt. Vieles von dem, was ich in »Gesellschaft ohne Vertrauen« schrieb, war wichtiger Vorläufer meiner Forschungen, die zu »Die Physik der Armen« (2015) führten, sowie zu »Radical Worker« (2019).

PERSPEKTIVEN EINES AUTISTEN

Dass ich Autist bin, erfuhr ich erst mit 51 Jahren, nachdem ich ein ganzes Leben gegen eine unsichtbare Wand lief und nicht verstehen konnte, weshalb ich die Gesellschaft und besonders die Ökonomie mit völlig anderen Augen, einem biologisch bedingt anderen Gehirn betrachtete. Neben Autismus bin ich auch von ADHS betroffen.

Als »Gesellschaft ohne Vertrauen« entstand, wusste ich also nichts von meiner Neurodivergenz. Die Ursachen, weshalb ich damals kaum Erfolg mit dem Buch hatte, hängen wesentlich damit zusammen, dass in jenen Jahren kaum jemand verstand, was neurodivergentes Denken eigentlich ist, und warum die Zugänge zu Forschung und Kunst so anders sind, wenn man autistisch ist.

Auch das Feld des Artistic Research wurde erst 2003–2005 akademisch legitimiert. Erst 2005–2010 entstanden erste Doktoratsprogramme in Artistic Research. (z. B. KASK Gent, KHiO Oslo, UdK Berlin experimentell, Uni Linz). Die Vorläufer der Debatte waren damals: Henk Borgdorff – The Debate on Research in the Arts, Robin Nelson – Practice as Research in the Arts, Mika Hannula / Juha Suoranta / Tere Vadén – Artistic Research – Theories, Methods and Practices (2005), Florian Dombois – als einer der ersten deutschsprachigen Stimmen.

Man kann »Gesellschaft ohne Vertrauen« als ein frühes Werk im Bereich Artistic Research bezeichnen, auch wenn mir der Begriff damals nicht bekannt war. Ähnliches gilt für das Feld der neurodivergenten Forschung. Denn dieses Buch ist der Versuch eines ästhetischen Umbaus der Grundmuster der Gesellschaft. Es ist ein künstlerischer Akt, der Inszenierung einer Möglichkeit, die mehr Freiheit für den Menschen bedeuten kann.

AUTIST:INNEN ERLEBEN UND FORSCHEN ANDERS

Autismus bedeutet eine andere neuronale Vernetzung des Gehirns, die tatsächlich erheblich ist. Die Unterschiede im Hinblick auf Wahrnehmung, Sprache und Denkweise, sind beträchtlich. Aber auch im Fühlen. Manche Leute vergleichen das mit dem Unterschied zwischen Betriebssystemen wie Mac, Windows, oder Linux. Die Unterschiede, die durch neuronale Vernetzung entstehen, können aber noch wesentlich prägnanter sein. Die Bedeutung frühkindlicher neuronaler Verschaltung für das spätere Weltverhältnis lässt sich eindrücklich an drei gut dokumentierten Fallgruppen zeigen: Am deutlichsten im Fall von Genie, einem Mädchen, das bis zum 13. Lebensjahr in fast vollständiger Isolation aufwuchs. Trotz intensiver Förderung lernte sie nie, Sprache funktional zu gebrauchen, entwickelte kein stabiles Selbstbild und blieb in einer eigen weltlichen Wahrnehmungsstruktur gefangen – nicht, weil sie »krank« war, sondern weil ihr Gehirn nie an symbolische Weltmodelle gekoppelt wurde. Ähnlich drastisch zeigen die Kinder in rumänischen Heimen der Ceaușescu-Ära, wie soziale Verwahrlosung zu dauerhaft veränderten Hirnstrukturen und einer radikal anderen Realitätsverarbeitung führt. Auch hier: keine einfache »Verzögerung«, sondern eine andere Welt. Schließlich verdeutlichen Studien zu »kritischen Zeitfenstern« in der Entwicklung, dass das Gehirn nur in bestimmten Phasen für bestimmte Verknüpfungen offen ist – verpasst man diese, bilden sich alternative Pfade. Diese Beispiele machen klar: Das, was wir für »Realität« halten, ist nicht bloß Wahrnehmung, sondern Ergebnis sozial-sensorischer Ko-Konstruktion. In diesem Licht erscheinen autistische Lebensformen nicht als Defizite, sondern als stabile, anders verkoppelte Weltzugänge – strukturell verwandt mit jenen Extremerfahrungen, aber nicht pathologisch, sondern kohärent in sich. Sie sind Zeugnisse einer anderen Wirklichkeit.

Diese Beispiele machen sichtbar, wie massiv das Gehirn durch Umweltverhältnisse verschaltet wird – und liefert eine drastische Analogie zur neuronalen Divergenz von Autist:innen: Auch hier ist das Welterleben nicht falsch, sondern anders verschaltet – nicht defizitär, sondern außerhalb des kulturell erwarteten Realitätsmodells. Der Unterschied liegt nicht im Willen, sondern in der Verknüpfungsstruktur.

Den wenigsten Menschen sind diese Auswirkungen und Zusammenhänge bekannt, und darum überrascht es nicht, dass Menschen, die wie ich so spät diagnostiziert wurden, ihr ganzes Leben mit erheblichen Problemen zu kämpfen haben. Die Gesellschaft, die Mitmenschen werden zu einem unbegreifbaren Phänomen, dem mache Autist:innen versuchen, mit Logik zu begegnen. So erging es mir auch mit diesem Buch. Es war, als existiere ein permanentes Übersetzungsproblem zwischen neurotypischen und neurodivergenten Gehirnen. Was für mich selbstverständlich war und ist, erschien neurotypischen Menschen unbegreiflich.

Mit diesem Text entzog ich mich lange Zeit der akademischen Gewohnheit der Referenz, wie für Autist:innen das eigene Innere als Referenz viel logischer erscheint. Wir wissen, weil wir erleben. Warum also sollten wir das Erlebte von außen abstrakt legitimieren?

Das Verstehen der Welt ist bei Autist:innen wie mir darüber hinaus verkörpert, was bedeutet, dass Sinneswahrnehmung, Erleben, Denken und Fühlen, somit auch Arbeiten, sich nicht an sozialen Normen orientieren, sondern an einer manchmal determinierenden Verbindung mit der Dynamik der Welt selbst. Es ist ein enaktiver Zugang zur Existenz, was bedeutet, dass der Geist nicht einfach entscheiden kann, eine Arbeit zu tun, die vom eigenen Körper, von den eigenen Sinnen, vom eigenen Erleben entkoppelt ist. Die Fähigkeit zum reibungslosen Funktionieren von Körper und Geist, im Dienst an einer äußeren Anforderung, ist aber das fundamentale Wesen der Erwerbsarbeit. Entsprechend hatte ich in dem Bereich viele Probleme. Autist:innen wie ich können unsere Körper nicht von unserem Tun, Fühlen und Denken abspalten, ohne die eigene Integrität zu verlieren, was einer Vergewaltigung, oder einer Selbstauslöschung gleichkäme. Denn wir sind das, was wir tun, denken und fühlen. Diese Aspekte sind nicht nur Optionen. Francisco Varela, Evan Thompson, Eleanor Rosch (1991) The Embodied Mind: »Cognitive Science and Human Experience« → zeigen, dass kognitive Prozesse grundsätzlich nicht entkoppelt vom Körper und seiner Umwelt funktionieren – ein Denken, das nur in Ko-Regulation mit der Welt existiert. Bei vielen Autist:innen ist dies wesentlich ausgeprägter. Daraus ergibt sich auch mein enaktiver Zugang zur Arbeit. Damian Milton (2012) »On the ontological status of autism: The »double empathy problem« → argumentiert, dass autistisches Erleben nicht defizitär, sondern fundamental anders organisiert ist – verkörpert, situativ, systemisch. Erin Manning (2009) »Relationscapes: Movement, Art, Philosophy« → schreibt über »autistic perception« als sich verkörpernde Handlung – ein Arbeiten, das nicht ausgeführt, sondern geschehen muss, im Takt mit Welt, Sinn, Körper. Diese enaktive, verkörperte Bindung von Erleben, Denken und Arbeiten ist im neurodivergenten Sein nicht wählbar, sondern strukturell verankert. Chapman (2023), Milton (2012) und Varela et al. (1991) → identifizieren die Unmöglichkeit funktionalisierter Handlung unter systemischer Entkopplung von Sinn und Körper. Autist:innen wie ich sind somit sinnliche Denker:innen, was bedeutet, dass unser Denken ein Denken in und mit der Welt ist. Es ist ein Denken aus dem unmittelbaren Erleben heraus. Menschen wie ich, deren Wissen ist ein erlebtes Wissen, weil wir umso rationaler verstehen, umso emotionaler wir erleben. Die Welt ist Teil unseres nicht fest verorteten Geistes.In der Praxis zeigte sich dies dadurch, dass ich über Jahrzehnte Behörden und Konzerne provozierte, um gewissermaßen einen »Essay in der Welt« zu erarbeiten, also einen Essay, der aus meinen Gedanken und meinen Interaktionen bestand. Ich stellte einen Resonanzraum her, zwischen mir und der Welt, indem ich in Aktionen live über die Welt nachdachte, während ich in Form von Happenings in Firmen, Behörden und Gesellschaft eingriff. Diese sich oft über Jahre wiederholenden Akte, waren rhythmische Resonanzräume, zur Erforschung der Systeme, aber sie waren mir auch Lebensraum, als Wesen, dass im geistigen Konstrukt der Welt, im unbewussten der Gesellschaft lebt, als wären Konzepte, Ideologien, Regeln wie Bäume oder Häuser in einer Straße, in der ich lebte. Ich meine damit die Frage der Existenz, nicht die Beschreibung einer abstrakten Idee. Ich meine dies wörtlich.

Als ich »Gesellschaft ohne Vertrauen« schrieb, war es das niederschrieben eines Ausdrucks, eines Erlebens von Wissen, welches allein zwischen der Welt und mir entstand. Daher band ich es damals nicht an akademische Konventionen, verzichtete auf Zitate und Verweise (die ich hier teilweise ergänzte), weil Autist:innen diesen anderen Zugang zu Wissen und Forschung haben. Uns geht es nicht um die objektive Wahrheit, sondern um den Prozess des Erlebens von Erkenntnis. Wissen ist bei mir manchmal eher wie eine Erfahrung des Erinnerns zu beschreiben. Dies führt zu einem vollkommen anderen Stil der Wissensvermittlung. Nicht selten in einer assoziativen Textwurst mit inhaltlichen Wiederholungen, die daraus resultieren, dass wir das Wissen im Schreibprozess hervorholen, wie Wasser aus einem Brunnen.

DAS INNERE LABOR

Autist:innen wie ich forschen also sehr anders. Robert Chapman (2023) »Empire of Normality: Neurodiversity and Capitalism« beschreibt autistische Denkprozesse als nicht-lineare, verkörperte und hyperreflexive Räume, die nicht objektivierend, sondern interprozessual funktionieren. Der »neurotypische Wissenschaftsmodus« (Peer Review, Hypothesenbildung, Messung) → wird als strukturell exkludierend kritisiert – weil er nicht mit erkenntnisbildenden Prozessen arbeitet, sondern mit Objektabschlüssen. Mel Baggs (2007–2020, posthum veröffentlicht) »In My Language« → formuliert eine frühe, aber paradigmatische Kritik an neurotypischen Wahrnehmungsstandards. Sie zeigt, dass ihr Denken in einer Raum-Zeit-Struktur abläuft, die sich nicht von Sprache trennt, sondern in einem enaktiven Feld von Wahrnehmung, Rhythmus und Wiederholung operiert. Damian Milton (2012) »On the Ontological Status of Autism: The Double Empathy Problem« → argumentiert, dass autistische Personen oft über eine fragmentierbare, selbstreflexive Selbststruktur verfügen, die es ihnen erlaubt, sich gleichzeitig von innen und außen zu betrachten.

Autist:innen wie ich können wie in einem inneren Labor Emotionen von Gedanken trennen und somit einen intersubjektiven, objektiven Raum im Inneren herstellen. Das heißt nicht, dass wir unfehlbar sind, aber es ist ein weit objektiverer Raum, als dies bei neurotypischen Gehirnen der Fall ist. Durch das bei manchen Autist:innen fragmentierte Selbst, ist es uns möglich uns zuzusehen, während wir denken und fühlen und uns wie eine Schachfigur in einer inneren Simulation zu verwenden. Es ist, als sei das Bewusstsein auf eine Weise verkörpert, die zugleich den Körper in den erweiterten Raum transzendiert, als wäre alles Aspekte desselben Puzzles. Yo Dunn (2021) »Epistemic Autonomy in Autistic Research« → beschreibt, wie viele autistische Forscher:innen nicht Hypothesen testen, sondern Erfahrung in Denkstruktur übersetzen, oft durch »tacit resonance«, embodied recursion und nicht-lineares Tracking von Mustern. Kristin Bumiller (2008) »In An Abusive State« → beschreibt, wie Wissenschafts- und Rechtssysteme neurodivergente Denkweisen systematisch exkludieren, indem sie das Subjekt auf Objektivität zwingen – während z. B. Traumalogik, autistische Selbstreflexivität oder »rhythmische Sprache« keinen Platz haben. Die in diesem Buch beschriebene Form der Forschung – als verkörperte, zirkuläre, multisensorische Verdichtung von Erkenntnis – ist anschlussfähig an die enaktive Kognition (Varela et al., 1991), an die Konzepte der Participatory Sense-Making (De Jaegher & Di Paolo, 2007) und an Chapmans Beschreibung neurodivergenter Epistemologien (2023). Was im neurotypischen Paradigma als »Mangel an Objektivität« erscheint, ist aus Sicht neurodivergenter Forschung eine andere Ontologie des Denkens: zyklisch, selbst transzendierend, fragmentiert-kohärent und rhythmisch mit der Welt verwoben.

Bei Menschen wie mir dienen die eigenen Sinne und Emotionen als Verdichter der Prozesse und Erkenntnisse. Es sind viel mehr Tools als Teile einer festen Identität. Umso emotionaler, umso rationaler. Umso persönlicher, umso analytischer. Daher muss man bei der Forschung, die ich als Autist und Künstler betreibe, von einem eigenen Forschungszweig sprechen, nämlich von neurodivergenter Forschung, die das Ich des Untersuchenden bewusst nicht ausschließt. Denn unsere Gehirne erfordern ein Denken im realen Raum, zwischen dem Erleben, Erfahren, dem Riechen oder dem Bewegen. Autistische Forscher:innen pflegen wie zuvor besprochen eine eigene Sprache, die ein Prozess ist, die Wiederholung und

Verdichtung braucht, welche kein Endergebnis erfordert, sondern sich in den unendlichen Fluss der Details einhängen will, um der Welt zu lauschen, wie sie sich formt und tut. Man spricht hier in der Forschung von Embodied Cognition. Geist »sitzt« nicht im Gehirn, sondern entsteht im gelebten Organismus-Welt-Kreislauf. Der Begriff wurde Anfang der 1990er Jahre durch Varela, Thompson & Rosch (The Embodied Mind, 1991) → popularisiert und zugleich von Lakoff & Johnson, Barsalou u. a. in der Kognitionswissenschaft verankert. Neuere philosophische Synthesen beschreiben Embodiment als dynamische Kopplung von Gehirn, Körper und Umwelt, ohne klare Trennung von »innen« und »außen«. Unser Ich ist wie gesagt keine abgeschlossene Kugel, keine feste Form, sondern in den Begrenzungen sehr viel offener, für das Außen, dessen Lärm, dessen Helligkeit, dessen Gewalt und Inhalt, sowie dessen Form. Studien zeigen, dass viele autistische Menschen atypische Sensorik-, Motor- und Interozeptionsprofile haben und dadurch andere Wege der Welt-Erschließung ausbilden. Viele autistische Menschen berichten von einem Erleben, in dem die kartesianische Trennung zwischen Körper und Geist weniger ausgeprägt ist. Dies entspricht Maturanas und Varelas Kritik am Dualismus und ihrer Betonung der Einheit des lebenden Systems. Das Unvermögen, beliebig zu handeln oder sich von bestimmten Wahrnehmungen zu distanzieren, könnte als intensiveres Erleben der autopoietischen Geschlossenheit des Systems verstanden werden. Viele autistische Menschen haben eine besondere Fähigkeit, Muster und Komplexität in Systemen zu erkennen und zu bewahren, was mit Maturanas und Varelas Betonung der Erhaltung der Organisation des lebenden Systems korrespondiert. Dadurch kollidieren wir mit der klassischen Arbeitswelt, in dem Versuch uns aus uns selbst heraus zu erhalten.

Berührt ist hier auch der Prozess der Autopoesis. Diese besagt, dass lebende Systeme sich selbst erschaffen, indem sie ihre eigenen Komponenten produzieren und organisieren. Leben ist durch Selbstorganisation gekennzeichnet. Lebewesen sind autopoietische Systeme. Erkenntnis ist nicht die Repräsentation einer vorgegebenen äußeren Welt, sondern ein aktiver Prozess, durch den ein Lebewesen seine Realität erschafft. Kognition und Leben sind untrennbar miteinander verbunden – »Leben ist Erkennen, Erkennen ist Leben«. Wahrnehmung ist nicht passive Informationsaufnahme, sondern aktive Konstruktion durch das wahrnehmende System selbst. In diesem Sinne könnte das autistische Erleben als eine Form des Lebens betrachtet werden, die in mancher Hinsicht näher an der unmittelbaren, nicht dualistischen Existenzweise liegt, die Maturana und Varela beschreiben – eine Existenzweise, die weniger durch soziale Konstrukte und kulturelle Filter vermittelt ist und stärker die fundamentale strukturelle Kopplung zwischen Organismus und Umwelt erlebt. Ja, ich lebe in einer eigenen Welt. Ich erschaffe sie aus mir selbst. So ist auch meine Forschung. Ich schöpfe aus mir, in Interaktion und Intervention mit der Welt, in der ich versuche, eine gemeinsame Form zu erschaffen, die sehr eng mit meiner Existenz verknüpft ist. Die Kunst dient dabei als erweitertes Mittel, Werkzeug und Medium.

Diese biologische Erkenntnistheorie führt zu einer radikalen Abkehr vom traditionellen Repräsentationalismus und hat weitreichende Konsequenzen für unser Verständnis von Bewusstsein, Wahrnehmung und dem Verhältnis zwischen Organismus und Umwelt. Somit auch von Arbeit und Forschung.

DIE BERUFUNG DES AUTISTEN

Der von mir geprägte Begriff der autistischen Berufung, also der biologisch bedingt angeborenen Arbeit, bezieht sich darauf, dass ich mein ganzes Leben als den Ausdruck einer geometrischen Form, einer Frequenz, eines Musters, eines Tanzes, einer speziellen Sphäre, im Sinne, der in späteren Kapiteln dargestellten Modelle und Theorien erlebe, die ich in Zyklen versuche durch mein Leben, in meiner Arbeit zu verwirklichen. Damit ist ein biologisch fundiertes, verkörpertes Lebensmuster gemeint, das nicht gewählt, sondern gelebt werden muss – als epistemisch zwingende Arbeit in Symbiose mit Weltstruktur. Das ist eine tiefgründige Form der autistischen Ontogenese, die sich nicht als Identität, sondern als Lebensrhythmus entfaltet.

Nick Walker (2014, 2021) »Neuroqueer Heresies« beschreibt Autismus als »ways of processing, being and becoming« – nicht als Eigenschaft, sondern als verkörperte Ontologie. Besonders wichtig ist Walkers Betonung, dass Autist:innen nicht anders denken, sondern anders existieren.

Genau dort setzt jene »Berufung« an: Die Welt ist nicht außen, sie entfaltet sich durch das Subjekt, das aber nicht als Ego agiert, sondern als Formresonanz. Mel Baggs (2007): »In My Language« → wiederum beschreibt auch, dass ihre Art, in der Welt zu sein, nicht metaphorisch ist. Sie kommuniziert mit der Welt durch Muster, Berührung, Bewegung, Echo. Damian Milton (2014): »Autistic Expertise: A Critical Reflection on the Production of Knowledge« → argumentiert, dass viele Autist:innen eine Form von »epistemischer Notwendigkeit« spüren: eine zwanghafte Bindung an ein Thema, eine Form, eine Ordnung. Yo Dunn (2021): Epistemic Autonomy and Autistic Methods → beschreibt, dass viele Autist:innen nicht forschend entscheiden, sondern verkörpernd forschen – als innere Notwendigkeit, durch Mustererfüllung.

Die hier beschriebene Forschung als »autistischen Berufung« ist kein metaphorisches Bild, sondern eine in der neurodivergenten Forschung beschriebene Lebensrealität. Walker (2021), Baggs (2007) und Dunn (2021) → zeigen, dass autistische Erkenntnisprozesse nicht optional oder rational strukturiert sind, sondern aus einer verkörperten, rhythmisch formierenden Ordnung heraus operieren. Die Person wird dabei nicht Träger von Wissen, sondern ein Aspekt der Struktur selbst, die sich durch das Subjekt verwirklicht.

Ich bin als Autist und Künstler von dieser Ordnung nicht getrennt, sondern wir existieren in Symbiose. Neurotypische Menschen tun dies nicht auf diese Art. Sie sind nicht derart eine Einheit mit der Welt. Sie können vergleichsweise wesentlich willkürlicher darin agieren. Diese Musterordnung kann ich als Autist weder ignorieren noch kann ich damit aufhören, sie zu erforschen, oder in meiner Existenz auszudrücken. Sie ist mir folglich zur natürlichen Arbeit geworden, die mir angeboren ist. Das Muster, die Form hat mir eine Aufgabe zugeteilt, nämlich eine Differenz zu beschreiben, zwischen ihr und der Zivilisation. Das mag für neurotypische Menschen schwer zu verstehen sein, deren Handeln von ihnen mehr oder weniger frei entschieden werden kann, die sozialen und gesellschaftlichen Normen oder Bedingungen folgt, um möglichst einen Platz, also einen Job in der Gruppe zu finden. Darin liegt ein gewisser, auf Anpassung beruhender Möglichkeitsraum und eine Offenheit und Flexibilität, die vielen Autist:innen fehlt. Das alles muss ich ignorieren, wenn es der Verwirklichung der in mir verkörperten Ordnung widerspricht. Das ist kein Zwang, in dem Sinne, dass ich darunter leiden würde, sondern eine Voraussetzung meines Seins. Ich muss diese selbstbestimmte Arbeit machen, weil alles andere meine Auslöschung als menschliches Wesen zur Folge hätte. Jobs, als fremdbestimmtes Handeln sind somit nicht die Grundlage meiner Existenz, sondern waren und sind schon immer eine Bedrohung dessen gewesen. Betrete ich ein Unternehmen, sehe ich überall abweichende Ordnung, die korrigiert werden muss. Da Jobstrukturen externalisiert über meinen Körper fremdbestimmt handeln sollen, verorten sie mich in Raum und Zeit und zerbrechen mich auf diese Weise. Weil ich mein Handeln als Autist nicht von der Notwendigkeit der Einhaltung jener Ordnungen und Muster trennen kann, die mich selbst zu einer Art personifizierten Skulptur meines Welterlebens gemacht haben. Ich bin in meiner ganzen Existenz ein Wesen, dass den freien Selbstausdruck benötigt, wie andere Luft zum Atmen. Meine neurologische Verschaltung erlaubt es mir nicht, getrennt von meinem Erleben, meiner Wahrnehmung zu handeln, als hätte das eine mit dem anderen nichts zu tun.

In der neurotypischen Bias nennt man mein Problem mit der Welt auch »Pathological Demand Avoidance«. Also die Verweigerung äußeren

Anweisungen zu folgen. Es ist kein krankhaftes Verhalten, sondern ein Mechanismus der Evolution, um Komplexität in Ökosystemen zu bewahren, die Neurotypische nur allzu gerne ignorieren, wenn es ihnen einen Vorteil in der Gruppe verschafft. Es muss also Menschen geben, die Abweichungen und Unterschiede in Strukturen erkennen, die Muster präzise sehen können, ohne subjektive Verzerrung, auch wenn es politisch und entlang sozialer Normen nicht erwünscht ist. Diese Menschen können dazu beitragen die innere Ordnung der Natur zu schützen und das, was Realität ist, fortlaufend zu erweitern.

Als Konsequenz dieses Buches, welches ich 2005 veröffentlichte, setzte ich eine Forschung von Jahrzehnten fort, ohne dafür bezahlt zu werden. In den meisten Jahren wurde ich als Folge diskriminiert und später staatlich verfolgt. Denn meine Arbeit, siehe das später erschienene Buch »Speeds Arbeit«, führte mich tief in das Unrecht einer Gesellschaft, die den Menschen nur noch als Objekt betrachten will. All das nahm seinen Anfang, bei einem Unglück, dass ich live über den Fernseher miterlebte.

DER 11. SEPTEMBER 2001

Das vorliegende Buch entstand vor dem Hintergrund der Anschläge in den USA, die am 11. September 2001 in New York City stattfanden und das World Trade Center zerstörten. 2977 Menschen wurden getötet und das Selbstverständnis der westlichen Welt erschüttert. Die Stadt war durchzogen von Ruß, Trauer und einer schwer greifbaren Mischung aus Angst, Patriotismus und Verunsicherung. In Lower Manhattan lag noch der rauchende »Ground Zero«, während ab diesem Zeitpunkt längst der Ausnahmezustand den Alltag der Menschen prägte: schwer bewaffnete Soldaten in der U-Bahn, spontane Mahnmale an Straßenecken, aggressive Rhetorik gegen das Fremde. Es war die Zeit, als der Boden unter den Füßen der Weltordnung wegzubrechen schien – in dem Vertrauen durch Überwachung ersetzt wurde, und auf das Trauma das Zeitalter des »War on Terror« folgte. Wer sich zu dieser Zeit in New York bewegte, spürte das Ende der 90er-Jahre-Illusion – und den Beginn einer tiefgreifenden globalen Paranoia.

WORUM GING ES MIR?

Mit dem vorliegenden Buch unternahm ich instinktiv eine Gegenbewegung. Ich machte mich auf die Suche nach einer hinter der kreativen Dynamik von Gesellschaft und Wirtschaft liegenden Ordnung. Nach Prinzipien und Grundsätzen, an denen man sich orientieren könnte, um mehr Freiheit und kreative Dynamik zu erreichen und um die Wirtschaft, Kultur und Demokratie zu stärken. Dabei ging es nie darum, diese Ordnung in ihrer Existenz zu beweisen, was einerseits größenwahnsinnig und zugleich sehr engstirnig wäre, käme dies doch einer Weltformel gleich. Sondern ich suchte nach pragmatischen Konsequenzen in unseren Haltungen zum Leben und unseren Gewohnheiten, bei der Suche nach Innovationen, dem Umgang mit Krisen und dem Schaffen von Neuerungen in Systemen. Zugleich sah ich 2003 in den Entwicklungen des Kampfes gegen den Terror eine Gefahr für das Entwicklungspotenzial der westlichen Gesellschaften. Es drohte eine Zunahme der Angst und sehr viel Unheil sollte daraus resultieren. Die Art wie wir systemisch mit Krisen umgehen wurde so zum Gegenpol der Suche nach kreativeren Strukturen.

DIE KREATIVITÄT IN SYSTEMEN

Den vom mir ersehnten neuen Umgang mit den Verhältnissen, nenne ich heute den »systemkreativen« Ansatz. Ich verstehe darunter eine befreiende Haltung, die Menschen aus dem Dilemma ein Stück löst, stets zwischen dem äußerlich Anerkannten in der Welt und dem eigenen ganz individuellen Erleben gefangen zu sein. Also in der Differenz zwischen dem inneren Fluss der Eindrücke, Kreativität, inneren Wahrheiten, Gefühle, Gedanken einerseits und den äußeren Festlegungen durch Gesellschaft, normierte Realitätsvorstellungen, anerkannte Weltbilder, Medien, Staat, Wirtschaft aber auch Natur andererseits fest zu hängen, ohne das Innere angemessen nach außen in etwas Gemeinsames integrieren zu können. Es ist die Sehnsucht nach dem gestaltbaren »Wir«, die mich und viele Leser hier antreibt. Die Suche nach einer qualitativen Verbesserung der Mitgestaltungsfähigkeit und Integration des Menschen in die Entstehung seiner Systeme.

Der moderne Mensch ist heute sehr wenig ein gestaltender und überwiegend ein sich an die Außenwelt anpassender Organismus. Aber tief in seinem Inneren besteht, wie bei einem ausgeschalteten Gen, die Möglichkeit plötzlich zum bewussten Mitgestalter zu werden. In der Geschichte hat der Mensch immer wieder bewiesen, dass er bestehende Ordnungen durch eigene Erfahrungen integrieren und erweitern kann. Dieses inaktive (geistige) Gen bezeichnete ich später als den inneren Fixpunkt, den es im Individuum zu aktivieren gilt. Als das, was uns antreibt, was wir als innere Kraft und Erkenntnis empfinden und bei jedem Menschen anders gelagert ist. Gewissermaßen das innere Geschenk, dass jeder Einzelne für die Gesellschaft mitbringt und je nach Situation immer wieder neue Formen annimmt, der Veränderung gerecht wird, ohne sich einfach nur anzupassen.

Doch gerade darin liegt eine Herausforderung. Denn wie soll man etwas in eine Gemeinschaft integrieren, was so schwer greifbar und so relativ erscheint, wie die inneren Motive, Werte, Ideen, Visionen und Impulse einzelner Individuen innerhalb von großen Menschenmassen, Völkern oder Kulturen?

FIXPUNKTE ALS SUBJEKTIVE SINGULARITÄTEN UND EMBRYONALE FALTUNGEN

Dieses Buch dreht sich um einen Zentralen Begriff, der Fixpunkte. Gemeint ist damit etwas wie der Funke einer Erkenntnis, die einen an eine höhere oder komplexere Ordnung anbindet. Der Begriff der Fixpunkte steht in diesem Text als frühe Chiffre für eine fundamentale Eigenschaft bewusster Systeme: die Fähigkeit, an einem bestimmten inneren Punkt eine irreduzible Orientierung auszubilden – eine Art subjektives alles, aus der heraus ein Mensch beginnt, Welt nicht nur wahrzunehmen, sondern zu strukturieren. In der späteren MNO-Theorie aus »Die Physik der Armen« beschreibe ich diesen Moment als Beginn der Faltung, als einen ontologischen Einschlag, an dem aus diffusem Erleben eine prägnante Wirklichkeitsordnung emergiert. Fixpunkte sind in diesem Sinne epistemische Verdichtungen, in denen ein Bewusstsein eine Information nicht nur aufnimmt, sondern in sich so verschaltet, dass sie zu einer neuen inneren Ordnung führt – sei es in Form einer Idee, einer Erkenntnis oder einer ethischen Entscheidung.Diese Fixpunkte sind nicht verallgemeinerbar, nicht algorithmisch herstellbar. Von außen betrachtet bleiben sie vage, subjektiv, idiosynkratisch. Doch in der konkreten Erfahrung – im Leben, in der Liebe, in der Forschung – sind sie entscheidend. Sie sind jene Momente, in denen eine Person etwas erkennt, das sich nicht mehr zurücknehmen lässt. Nicht durch lineare Argumentation, sondern durch das, was man als mikroskopischen Realitätsumbruch bezeichnen könnte: ein Einbruch von Sinn, von innerer Notwendigkeit, von Resonanz mit dem Eigenen. Ich kann nicht wissen, was in Ihnen gerade als dieser Fixpunkt wirkt – was Ihre innere Logik antreibt, was Sie der Welt geben könnten, was sich in Ihnen bereits in eine neue Ordnung faltet. Aber sobald ich Ihnen wirklich begegne, in Resonanz trete, entsteht ein Raum, in dem solche individuellen Singularitäten spürbar werden. Denken wir an den Mann, der sich in das unaussprechliche etwas in den Augen einer Frau verliebt; an die Wissenschaftlerin, die plötzlich eine Schwelle überschreitet und ein ganzes Paradigma kippt; an die Autistin, deren sensorische Verdichtung zu einer präzisen ethischen Unverhandelbarkeit führt. All das sind Fixpunkte: nicht wiederholbar, nicht planbar, aber wirkmächtig und strukturbildend. Im Kontext der MNO-Theorie lassen sie sich als die ersten Stellen der Selbstfaltung eines Systems beschreiben. Fixpunkte sind jene Orte, an denen ein Bewusstsein beginnt, sich selbst als Ort von Wirklichkeit zu setzen – als ein Realitätenauge, das nicht bloß abbildet, sondern aus der Spannung mit dem Umgebenden eine neue Welt heraushebt.

GRUNDLAGEN VON INNOVATIONSFÄHIGKEIT

Die Grundelemente auf denen unsere Kreativität, Innovationsfähigkeit, Integrität und unser Realitätsverständnis aufbaut, stehen außerhalb unserer systemischen Ordnungen. Sie sind ihnen vorgelagert, aber werden in den gesellschaftlichen Strukturen immer wieder auch blockiert.

Ein Beispiel: Ein Mensch wacht eines Morgens auf und erkennt einen Weg für die Entwicklung eines neuen Motors. In der daraus entstehenden Fabrik wird diese Qualität der Innovationsfähigkeit nie wieder bestehen. Sie ist nur in der Phase der Geburt einer neuen Struktur da, lässt sich aber selbst nicht strukturieren.

Ein anderer Mensch macht eine lange Krise durch, die ihn zur inneren Beweglichkeit und Veränderungsbereitschaft zwingt. Diese Kraft hilft ihm später erfolgreich zu werden. Im Zustand des Erfolges aber wird er satt, konservativ und unbeweglich.

Eine Bevölkerung entdeckt eines Tages für sich ein neues Lebensgefühl, dass mehr Freiheit gegenüber der Elterngeneration ermöglicht. Dieses neue Weltbild setzt sich durch, aber wird von der nächsten Generation als verklemmtes Dogma verflucht und in Revolten abgeschafft.

Zwar lassen sich von diesen Fixpunkten später neue Ordnungen, Ideen, Strukturen und Funktionsweisen ableiten, die eigentlichen Erkenntnismomente aber, also die Sekunden in denen das Bewusstsein sich erweiterte sind einmalig, hoch komplex und entziehen sich unserer direkten Kontrolle. Wir können das Erscheinen der Fixpunkte nur begünstigen, nicht aber erzwingen.

Niemals aber sollten wir vergessen, dass der Ursprung all unserer Ordnungen auf ihnen beruht und dass selbst jede noch so feste wissenschaftliche Theorie irgendwann von den Fixpunkten gestürzt wird, die sich durch einzelne Menschen ausdrücken werden.

Die Fixpunkte werden im Allgemeinen immer unkonkret/sehr individuell bleiben, aber in dem erlebten Moment, zählen sie zu den wichtigsten Erfahrungen, die ein Mensch in seinem Leben machen kann.

Sie sind ein Geheimnis, aber der eigentliche, wirkliche Garant für unsere Freiheit und die fortwährende Veränderung unserer Systeme.

DIE SYSTEME NÄHER AN DAS LEBEN RÜCKEN

Das Leben selbst, in dem Moment in dem wir einen neuen Fixpunkt integrieren, ist sehr konkret und klar – Systeme sind es in der Regel nicht. Sie sind abstrakt und verallgemeinern. Dies muss aber nicht generell der Fall sein. Es gibt Wege die Systeme näher an die Fixpunkte zu rücken. Dafür bedarf es Strukturen, die auf Bewusstseinswachstum ausgerichtet sind, statt den Menschen in Monotonie zu verwalten.

Von den Fixpunkten gehen nicht nur Motive aus, sondern sie sind auch die Drehpunkte zu neuen Wahrheiten und Innovationen. Somit ist ihre Integration durchaus auch ein Wirtschaftsfaktor. Die Fixpunkte sind innere Auslöser und Katalysatoren von Veränderungsprozessen.

Menschen sind keine Maschinen – auch ihre Systeme sollten keine sein. Es bedarf der ständigen Anpassung an die Lebendigkeit. Wir alle kennen die fatalen Entfremdungserscheinungen in Firmen und Organisationen, die zu Betriebsblindheit, menschlichen Fehlern, inneren Konflikten und Brüchen führen. Sie alle resultieren aus dem nicht hinsehen wollen, aus der Verweigerung gegenüber der Wichtigkeit der Fixpunkte.

So zerbrechlich und verschwommen sie auch im Theoretischen erscheinen mögen, sollte man sich nicht in der Erkenntnis täuschen, dass sie eine entscheidende Rolle in unseren Systemen spielen. Sie sind die Grundlage unserer inneren Ordnungen.

Darum befasste ich mich so umfangreich mit ihnen. Es ging mir, wie gesagt, nicht darum, ihre Existenz zu beweisen, sondern die Auswirkung unserer Annäherung an ihre Existenz in den Systemen zu beschreiben. Die Auswirkung auf unser Freiheitsempfinden und die Innovations- und Kreativitätsfahigkeit der Wirtschaft, denn gerade in schwierigen Zeiten wie diesen bietet das Verstehen der Dynamik der Fixpunkte einen wichtigen Schlüssel zur kreativen Lösung von Krisen in Wirtschaft und Gesellschaft.

DIE FIXPUNKTE SIND DER SCHLÜSSEL IN JEDER KRISE. WER DIE NEUEN FIXPUNKTE HAT, HAT DIE LÖSUNG.

Die Geschichte der Menschheit zeigt dies in vielen Beispielen. Die Evolution bricht immer wieder mit der Regel des angepassten Menschen und so macht es Sinn sich einmal bewusst die andere Seite, nämlich die Eisbergspitzen dieser inneren Ordnungen anzusehen. Das ist der systemkreative Teil, der meiner Ansicht nach in westlichen Systemen zu kurz kommt, aber heute wieder stark gebraucht wird, weil wir vor einer Zeit großer kultureller und systemischer Wandlungsaufgaben stehen, in dem die Ressourcen eines jeden Einzelnen einen großen Unterschied machen. Wir bewegen uns von einer Zeit des gesättigten Wohlstandes in eine neue Phase des gemeinschaftlichen Kraftaktes. Vergleichbar mit dem Wiederaufbau nach dem Zweiten Weltkrieg in Europa.

Also eine Verbesserung der Fähigkeit unserer Systeme Entwicklungsdynamik zu integrieren. Der systemkreative Ansatz ist gewissermaßen das »Web 2.0« für gesellschaftliche Systeme, ja für unsere Weltbilder an sich. Der User wird aktiver Teil des Systems, statt nur dessen Konsument zu sein. Dabei bestimmt er selbst und kreativ, wie er ein Teil werden will. Er gibt sich nicht damit zufrieden auf eine Stimme, eine Zielgruppe oder eine Rolle reduziert zu werden, sondern wählt selbst seine Rolle für das Ganze. Das ist für viele menschliche Systeme in Wirtschaft und Gesellschaft etwas sehr Neues, was unserem ganzen Denken gewisse Sprünge abverlangt. Schritte, die Sie in diesem Buch langsam und verständlich beschreiten können.

Das Entscheidende an den Fixpunkten ist die Erkenntnis, dass ein jeder den neuen Fixpunkt in sich tragen und zum Ausdruck bringen könnte. Fixpunkte orientieren sich weder am Vermögen eines Menschen noch an seiner Stellung, seinem Berufsstand oder seiner Bildung. Sie relativieren die Vorstellung von Eliten, die unsere Gesellschaft tragen. Nein, es sind immer nur jene Individuen, die ihrem Inneren folgen. In welcher Art auch immer. Es gibt zwar heute einen starken Fluss (Mainstream) von der Welt zum Individuum, aber nur ein kleines Bächlein vom Individuum zur Welt. Das ist das integrative Thema dieses Buches.

DIE GESELLSCHAFT IM INNEREN

Viele Menschen zu Beginn des 3. Jahrtausends erleben ihre Umwelt als hektisch, befremdend und unpersönlich. Sie sind umgeben von großem Druck und der ständigen Angst, ihren Job zu verlieren. Dazu kommt, dass die Welt unwirklich und von Terror und den vielfältigsten Krisen bedroht erscheint. Sogar die reichsten und mächtigsten Menschen werden von der leisen Existenzangst in Zeiten des Umbruchs nicht verschont.
Später bleiben viele hinter dem Rauschen der Welt zurück, lassen die Dinge wie sie sind, und verbergen, was sie wirklich denken und fühlen in ihrem Inneren.

Sie spalten sich von der Außenwelt ab und verlieren die Fähigkeit, ihre Träume, Gedanken, Visionen und Gefühle in die Welt zu tragen. Somit drücken sie sich selbst nicht mehr unmittelbar und bewusst aus. Sie spiegeln sich nicht mehr in der Welt des Äußeren, sondern diese spiegelt sich viel mehr in ihnen. In dem, was sie tun, was sie denken, was sie zu fühlen glauben. Mit der Zeit verstehen sie darum jene leisen und verdrängten Töne des Inneren nicht mehr und ihre wahren Motive werden schwer greifbar. Ihr freier Wille wird geschwächt. Sie leben immer mehr in Rollen und immer weniger aus authentischen Emotionen heraus. Die Innenwelt schweigt und drängt sich ins Unbewusste, bis dieses irgendwann herausbricht.

In der modernen Welt fragt man sich vielleicht, was das alles mit der Gestaltung von Gesellschaften zu tun haben soll? Es hat in der Tat sehr viel damit zu tun. Aber wir haben gelernt, dass Gesellschaft sich im Äußeren abspielt und mit äußeren Problemen befasst ist. Sei es nun die große Politik, die Justiz oder das Bildungssystem. Auch die Wirtschaft scheint vollkommen ohne das funktionieren zu können, was man als unsere innersten Absichten bezeichnen könnte.

Wir machen und tun und entscheiden, meist noch ehe wir innegehalten und uns gefragt haben, warum wir das tun, ob es wirklich gerade die beste Option ist, oder ob es Alternativen gäbe.

Wir geben den äußeren Gegebenheiten einen sehr hohen Stellenwert und den weltbildbezogenen und bewusstseinserweiternden Betrachtungen einen sehr kleinen.

Aber jedes Produkt, jede gesellschaftliche Errungenschaft, jede wirklich wichtige Vision von einem besseren und sinnvolleren Zusammenleben, fand immer schon seine Wurzeln im Inneren einzelner Individuen, die diese Träume nach außen trugen. Vergessen wir nicht, dass jede Gesellschaft mit einer Idee beginnt. Ob es nun Königreiche, Diktaturen, Kolonialreiche oder Demokratien waren.

Sie alle begannen mit geistigen Vorstellungen, die zu abstrakten Modellen des Zusammenlebens wurden. Immer konnte das Innenleben weniger Menschen die Welt verändern, weil das Geistige der materiellen Welt gegenüber im Vorteil ist. Es ist wandelbarer und lässt Veränderungen schneller erkennbar werden als die sichtbare Realität. Darum nimmt jede Wandlung ihren Anfang in unserem Bewusstsein. Von dort aus entfaltet sie sich langsam in der Welt.

Erleben wir aber eine Umgebung voller Angst, erleben wir immer eine Welt voller Stagnation. Der innere Wandel wird verschüttet.

Der Terror dient also nie der Veränderung oder den Innovationen, sondern immer nur dem Stillstand in einer Gesellschaft. Wirtschaft und Kultur aber leben vom Wandel und von der Freiheit. Nur äußere, politische Macht lebt von der Stagnation. Insofern arbeitet die Politik in Zeiten des Umbruchs nicht selten gegen Kultur und Wirtschaft. Leider sind die ökonomischen und politischen Systeme in Krisenzeiten von zu vielen Beschränkungen geprägt, die uns schützen sollen. Was die Krisen häufig nur verschärft.

PROBLEME DES KRISENMANAGEMENTS

Die Krise war schon immer ein Mittel der Macht, gegen welche die Demokratie noch effektivere Wege entwickeln muss, um nicht immer wieder vom vermeintlichen Feuerwehrmann der eigenen Werte beraubt zu werden. Gemeint ist damit der Zerfall der Komplexitätskompetenz und der Bereitschaft zur Vielfalt im politischen und wirtschaftlichen Management, angesichts schwieriger Herausforderungen. Dies wird gerade für moderne Gesellschaften mehr und mehr zum Konfliktgrund, weil diese heute wesentlich mehr Vielfalt und Kreativität vereinen müssen, als dies in früheren Jahrhunderten der Fall war. Vereinigungen wie die Europäische Union benötigen längerfristig sicherlich eine andere Kultur der Integration von Diversität. Die Nationalstaaten haben noch nicht die optimale Reife für multikulturelle und von Vielfalt geprägte Politik erreicht. Lagerdenken ist immer noch viel bestimmender als integrative Ansätze. Denn noch immer gibt es eine einfache Regel in der Gestaltung von Gesellschaften, die sich besonders angesichts von Krisen zeigt.

Je dramatischer oder unübersichtlicher die Situation, umso weniger Menschen werden an der Lösung beteiligt. Je weniger Menschen an der Lösung beteiligt werden, umso weniger nachhaltig, werteorientiert und gesellschaftliche Errungenschaften hervorbringend sind die Gestaltungsansätze. Die Folge in einer zunehmend komplexer werdenden Welt sind immer mehr oder immer größere Krisen. Eine Form des integrativen und partizipativen Leaderships ist daher dringend erforderlich. In der ersten Version dieses Buches habe ich die integrale Arbeit von Don Beck, Ken Wilber und Clare Graves stark betont. Die integralen Modelle von Gebser, Wilber oder Beck sind inspirierend, poetisch, intuitiv kraftvoll – aber metaphysisch überladen und methodologisch oft schwach. In späteren Kapiteln gehe ich noch sehr genau darauf ein. Über mehrere Jahre habe ich immer wieder persönlich mit Don Beck zu tun gehabt, weshalb mir diese Theorien sehr nahe waren. Und man darf nicht unterschätzen, wie hilfreich diese Ansätze um Spiral Dynamics[1] für die Bearbeitung vieler politischer Krisen gewesen sind. Don Beck beriet Präsident Bush, vermittelte im Palästinakonflikt in Israel und beriet Nelson Mandela bei der Auflösung der Apartheid. Dies nicht ohne Grund. Ähnliche Ansätze, also Versuche Gegensätze in einer Gesellschaft als konstruktive Pole neu zu integrieren, kamen aber auch aus anderen Richtungen. Michael Tomasello »The Cultural Origins of Human Cognition (1999)«, → zeigt wie Geist und Kultur sich aus geteilter Intentionalität, Sprache, Normen und Kultur ko-evolutionär entwickeln. Er zeigt, wie sich das Bewusstsein nicht linear, aber rekursiv in sozialen Schleifen formt – mit einer klaren Ontogenese. Jürgen Habermas, bekannt für seine Entwicklungslogik kommunikativer Rationalität, entwickelte eine Theorie der kommunikativen Kompetenz in »Moralbewusstsein und kommunikatives Handeln« (1983) und baut darin auf Kohlberg, Mead, Piaget bezogen eine dialektische Erweiterung, in der Gesellschaften und Individuen Stufen diskursiver Komplexität durchlaufen. Ähnlich wie Wilber, aber säkular, sprachtheoretisch fundiert, diskursanalytisch statt mystisch. Diese Modelle und Theorien sind alle Versuche der Integration des Gegensätzlichen und der Auflösung von Blockaden in Gesellschaften. An diesem Punkt versuchte ich Untersuchungen der Grundlagen der kreativen Prozesse in Systemen weiterzutreiben.

Es geht um Gleichgewicht in der Frage zwischen kreativer Dynamik, Krise und konservativen oder festen Strukturen, Institutionen oder Kulturen, sowie um Demokratisierung. Besonders wo heute Veränderungen konkret machbar wären, weil wir beispielsweise gesellschaftlich reifer geworden sind, wesentlich leichter die Mitbestimmung des Einzelnen integrieren können, als dies früher der Fall war. Allein der technologische Fortschritt wäre in der Lage, komplexere Formen der Partizipation zu ermöglichen. Aber hier geht es nicht um Internetdemokratie, sondern um ein grundsätzliches Neuverständnis der kulturellen Grundlagen unserer Systeme, um eine Veränderung im systemischen Denken. Zentral ist dabei die Fähigkeit, die inneren Motive, den freien Willen des Menschen ganzheitlicher und unmittelbarer in die Entscheidungsfindung einzubinden, als dies bisher möglich war. Der Schlüssel dazu ist der Umgang mit den Fixpunkten des Menschen. Erst wenn wir in der Lage sind, innere Individualität sinnvoller in Systeme zu integrieren, ohne die individuellen Ressourcen des Individuums im Vorfeld auszuschließen, erreichen wir die nächste Stufe der Mitbestimmung. Das angestrebte Ziel ist eine Personalisierung der Mitgestaltung. Also eine weitreichende Flexibilisierung der politischen und wirtschaftlichen Systeme, entsprechend den tatsächlichen Notwendigkeiten und Erfordernissen.

Statt: »Du darfst mitreden, wenn Du in unser Raster passt!« geht es um den Ansatz: »Wir wollen wissen, wer Du bist, damit wir verstehen können, wie wir Dich mit all Deinen ganzheitlichen Qualitäten optimal integrieren können. Dies wird uns allen einen großen Nutzen bringen und das demokratische wie auch das wirtschaftliche System erweitern.«

Es geht darum, die Systeme in ihrer Monotonie aufzubrechen. Es ist heute nicht mehr erforderlich, dass eine Gemeinde beispielsweise nach demselben Modell funktionieren muss, wie ein Staat, oder ein Unternehmen. Ein Kindergarten, ein Krankenhaus nicht so wie eine Fabrik.

Der systemkreative Ansatz ist die Suche nach dem optimalen System, Weltbild, der besten Philosophie und Strategie für die individuelle Situation. So ineinandergreifend, dass das eine System das andere unterstützt, statt es zu behindern und die Menschen vor Ort selbst an der Entwicklung ihres Systems beteiligt werden. Das ist es, was Markus Maderner und ich mit unserer IFM-Methode versuchten, auf die ich später eingehe. Wir stärkten die Individuen im System und über sie dann wiederum das System an sich. Dazu unterstützten wir sie bei der bewussten Arbeit an sich selbst, an ihren Fragen, ihrer Identität, ihren Visionen und deren Auswirkung auf unterschiedlichen Ebenen.

Nehmen wir ein weiteres Beispiel: Angenommen Sie wachen nach einem Terroranschlag oder einer längeren traumatischen Situation auf, in der ihr Lebensmotiv Angst, Ignoranz und Einschüchterung war und haben über die Jahre vergessen, wer Sie sind, also was in Ihrem Inneren liegt, was Ihre Integrität ausmacht. Sie müssen es vielleicht nicht gleich vergessen haben, aber Sie sind sich Ihrer feinen inneren Wahrnehmungen nicht mehr bewusst. Sie agieren wie durch einen Tunnelblick. Der Alltag hält sie gefangen. Sie bewegen sich wie in einer Tretmühle.

Wenn Sie dann zur Arbeit gehen, hätten Sie in diesem leicht traumatisierten Zustand große Schwierigkeiten damit, herauszufinden, was Sie dort machen sollen. Ihre Kollegen würden Ihnen Arbeit zuweisen, aber Sie wären sehr verwirrt und ängstlich. Nichts würde für Sie zusammenpassen.

Sie wären nach kurzer Zeit abhängig von Fremden und kämen sich vor, als lebten Sie das Leben von anderen. Ihre eigene Welt könnten Sie unmöglich dort draußen finden, weil dort die Welten von Milliarden von Menschen sind. Es ist wie ein Puzzle, in dem Sie sich selbst zusammensetzen sollen, ohne zu wissen, wer Sie sind. In einer solchen Welt sind alle Handlungen der Menschen geschwächt. Das Glück ist fern und unkonkret und wird nur in einer oberflächlichen Welt gesucht, wo es stets unerfüllt bleibt. Diese Form der Gesellschaft, ohne selbstbewusste Menschen, bietet die Möglichkeit dieses Volk unendlich zu manipulieren. Vielleicht versuchen Sie diese innere Leere durch übermäßigen Konsum auszufüllen, was eine Zeit lang die Wirtschaft beflügelt, aber irgendwann versiegt die Fähigkeit Neues zu schaffen. Die Zeiten ändern sich, eine Energiequelle verschwindet und die kreative Anpassungsfähigkeit wurde verlernt.

Dieses Beispiel mag überspitzt erscheinen, aber tatsächlich beschreibt es das Innen- und Gefühlsleben sehr vieler Menschen, die jeden Tag einem ferngesteuerten Ablauf folgen. Die meisten merken dies gar nicht, weil sie den Kontakt zu sich selbst, zu dem, was sie sich jeden Tag antun, über die Jahre verloren haben.

Wir alle haben das in einer Form schon mal erlebt. Gewiss sind wir größtenteils Herr unseres Lebens, aber zu einem anderen Teil auch nicht. Die äußeren Zwänge sind groß und viele von uns sind eher orientierungslos. Dies aber schadet Wirtschaft und Kultur für lange Zeit, besonders in einem Jahrhundert, in dem wir den Menschen nicht mehr als Fließbandarbeiter, sondern viel mehr als mitwirkende und mitdenkende Ressource integrieren sollten. Was also früher vielleicht ein gutes System war, erweist sich nun als sehr negativ.

Nun stellen Sie sich die umgekehrte Variante vor:

Sie fallen in eine Welt, die Ihnen fremd ist, aber Sie wissen ganz genau, wer Sie sind. Sie kennen Ihr Stärken, Ihre Schwächen, Ihre Vorlieben und Ihre Ziele, Ihre Eltern waren stolz auf Sie. Sie haben eine tiefe Struktur und Integrität in sich, von der Sie erfahren haben, dass andere Menschen diese an Ihnen schätzen und lieben. Ihr innerstes ist so klar, dass Sie einen tiefen Sinn in Ihrer Existenz erkennen und verstehen, dass Ihr Sein auf innerer Wandlung beruht. Sie haben erlebt, dass Sie sich weiterentwickeln können. Die Welt steht Ihnen offen. Auf diese Weise werden Sie nach kurzer Zeit in der neuen Welt zurechtkommen. Sie empfinden den Wandel nicht als Angriff und definieren sich nicht durch äußere Attribute, wie Geld, Kleidung, religiöse Zugehörigkeit oder Ämter. Sie vertrauen Ihrer inneren Struktur. Universelle Werte wie Liebe, Gerechtigkeit und Wahrheit wären Ihnen viel zugänglicher und Sie würden diese im Augenblick und ganz individuell verwirklichen, statt nur aus tugendhaftem Verzicht heraus auf sie zu hoffen.

In einer Gruppe von Menschen, die aus dem authentischen Moment heraus wissen, wer sie sind, ergeben sich Strukturen und Prioritäten wesentlich natürlicher, als in einer Horde von Schafen. Zu wissen, wer man ist, hängt von der emotionalen Integrität ab, und von der Fähigkeit, das Bewusstsein ständig zu erweitern. Somit werden wir zu einer Plattform für

Individualität und Innovationen. Wir werden unabhängig von äußerer Autorität.

Viele unserer modernen Institutionen und ökonomischen Systeme beruhen jedoch auf der Erfahrung des ersten Beispiels. Kaum ein Bereich baut seine Struktur auf der zweiten Erfahrung auf. Also auf der Förderung selbstbewusster Menschen. Wir begründen Sicherheit auf Abhängigkeit, nicht aber grundsätzlich auf Freiheit. So als würden wir dem eigenen demokratischen System nicht vertrauen, als wären unsere größten Werte uns nicht so viel wert.

In einer durch die Industrialisierung und den Wohlstand von ihren inneren Werten entkernten Gesellschaften baut die Sicherheit zu sehr auf den Bankkonten des Mittelstandes und zu wenig auf dem, woran wir glauben, auf. Werden die Bankkonten bedroht oder sehnt sich der Mensch nach einem Dasein jenseits des Rädchens im System, entsteht die Notwendigkeit, die Stabilitätsgrundlage gerade heute im Kulturellen und Integrativen zu sehen. Also in einem neu erlebten »Wir«. Dies ist nicht nur eine Sicherungsmaßnahme für den Frieden in unseren Gesellschaften, sondern auch eine Chance für große Innovationen in neuen Märkten und Wirtschaften. Wir müssen verstehen, dass von der Selbstverlorenheit einer Schafherde eine größere Gefahr für die natürliche Ordnung und Sicherheit einer Gesellschaft ausgeht als von jedem Wolf, der in einer offenen Gesellschaft zuschlagen könnte.

Es ist bezeichnend, dass ich, als ich diese Worte schrieb, nicht wusste, dass ich Autist bin. Ich erlebte mich als außerhalb der Gesellschaft, aber ich wusste nicht, warum. Was ich also hier beschreibe, war auch der instinktive Versuch, meine abweichende Wahrnehmung zu erklären und eine Strategie zu entwickeln, wie Menschen wie ich in dieser Gesellschaft integriert werden könnten. Es war mir ein existenzielles Bedürfnis.

SYSTEME FÜR DIE VIELFALT DES LEBENS ÖFFNEN!

Betrachten wir den politischen Aspekt, also die Konsequenzen dieser Überlegungen für Staaten und Gesellschaften.

Für politische Systeme sollte stets gelten: »Das Leben selbst, in seiner Undefinierbarkeit, steht immer über dem Gesetz. Gerechtigkeit ist stets ein Prozess der Annäherung an Lebenswirklichkeiten, innere Werte und Ideale einer Gesellschaft.«

Es ist ein Grundirrtum der Geschichte, dass Gerechtigkeit auf Gleichheit beruht und dies die Gleichschaltung innerhalb von politischen Systemen rechtfertige. »Gleichheit« ist ein tückischer Begriff, der im besten Sinne »Ausgewogenheit« der Rechte und Pflichten meint, im schlimmsten Falle jedoch Gleichschaltung und Leugnung der individuellen Lebenswirklichkeiten bedeutet. Die Grundlage für sehr viel Unrecht. Das Ergebnis ist oft Ungerechtigkeit, die vom System selbst geleugnet wird, weil das individuell als solches erlebte Unrecht, innerhalb der Maßstäbe des Systems scheinbar nicht vorkommt. Zwar bedarf es auch einer objektivierenden Sicht von außen, aber diese allein ist ähnlich brutal wie reiner Egoismus. John Rawls, »A Theory of Justice« → zeigt, dass Gerechtigkeit nicht durch Gleichheit, sondern durch Fairness unter Berücksichtigung struktureller Ungleichheiten realisierbar ist; die bloße formale Gleichheit kann reale Benachteiligung zementieren. Axel Honneth, »Das Recht der Freiheit« → erklärt, dass soziale Gerechtigkeit ohne Anerkennung individueller Lebensformen in systemischer Gewalt endet; normative Gleichheit ohne konkrete Lebensbezüge führt zur Entfremdung. Michel Foucault, »Überwachen und Strafen« zeigt, dass systemische Normierung im Namen der Gleichheit oft zur Disziplinierung und unsichtbaren Machtausübung führt – Gleichheit wird zur Maske der Kontrolle. Amartya Sen, »Development as Freedom« → argumentiert, dass Gleichheit nicht als Ergebnis, sondern als Freiheit zur Unterschiedlichkeit verstanden werden muss; Gleichheit der Ressourcen ohne Freiheit der Anwendung erzeugt neue Ungerechtigkeit. Elisabeth Conradi, »Unsichtbare Frauen – das Politische in der Privatsphäre« → zeigt, dass eine vermeintlich objektive Gleichheitslogik häufig konkrete Lebenslagen von Minderheiten und Frauen systematisch unsichtbar macht, weil deren Differenz nicht als normrelevant gilt.

Gerechtigkeit kann nur als Bewusstseinsprozess gelöst werden. Als eine Form der Annäherung von beiden Seiten. Das wäre der nachhaltige Weg. Gerechtigkeit ohne Bewusstsein vermehrt häufig das Unrecht, durch system bedingte, blinde Flecken. Wird der Mensch auf den »Bürger« reduziert, wird er nicht in seiner Ganzheitlichkeit betrachtet. Gerechtigkeit als Norm kann somit nur die Gerechtigkeit unter Bürgern, nicht aber unter Menschen sein. Mit Zunahme an Technologisierung der Systeme schwindet darum Gerechtigkeit und die Fähigkeit die Wirklichkeit stets mit neuen Augen zu betrachten und sich weiterzuentwickeln. Die einzig wahre Grundlage für individuelle Freiheit.

Der systemkreative Ansatz dient dazu, dem System, um des Systems Willen, etwas entgegenzusetzen – zum Wohle von Mensch, Innovation und Dynamik in Gesellschaften. In Krisenzeiten ist dies besonders wichtig. Traditionell liegt das Übel der Systeme in ihrem Umgang mit der Krise, mit dem Fremden. In ihrem Streben nach Absicherung der eigenen Existenz, statt nach Absicherung der Existenz des Einzelnen im System. Systeme opfern sich nicht zugunsten besserer Systeme. Natürlich hat ein System keinen eigenen Willen. Da sich Menschen aber so stark mit Systemen und deren Regeln identifizieren können, kann ein System sich wie ein sich selbst erhaltender Organismus verhalten. Der Bürokrat wird eins mit der Bürokratie – gnadenlos und unerbittlich. Max Weber, »Wirtschaft und Gesellschaft« erklärt, dass der Bürokrat durch Rationalisierung zur »funktionalen Rolle« wird, in der Pflichtgefühl und Regelbindung das Subjektive auslöschen; der Mensch wird zur Maske der Institution. Stets auf äußere Absicherung des zum »Ich« gewordenen Systems bedacht. Äußere Sicherheit geht immer auf Kosten innerer Freiheit, während innere Sicherheit (Integrität) auf längere Sicht zu einer offeneren und krisenstabileren Gesellschaft führt. Franz Kafka, »Der Prozess« (literarisch, aber soziologisch interpretiert) → zeigt, dass Systeme sich gegen Individuen richten können, ohne dass diese den Ort der Macht lokalisieren können – die Bürokratie wird zum entkörperten Ich, das dennoch konkret wirkt. Niklas Luhmann, »Funktion der Religion« → sagt, dass Systeme nie objektiv sind, sondern rekursiv auf eigene Strukturen verweisen; Objektivität ist eine Leistungsfiktion, die Sinn stabilisieren soll, aber keine Wahrheit garantiert. Erich Fromm, »Die Furcht vor der Freiheit« → zeigt, dass Menschen zur Flucht in autoritäre Systeme neigen, wenn sie sich von ihrer inneren Integrität abgetrennt fühlen; Sicherheit wird zur Ersatzreligion, Freiheit zur Bedrohung. Integrität ist der Schlüssel zur Bereitschaft des Menschen, Veränderungen als Chancen statt als Bedrohung zu deuten, sich eben nicht mit dem System an sich zu identifizieren und dadurch offene Gesellschaftsformen zu verdrängen. Wir sehen aber hier, dass ein System immer eine Mischung aus unbewussten Anteilen von Menschen und strukturellen Zwängen ist. Ein System ist in einem unbewussten Sinne immer subjektiv, spielt nur die Objektivität vor. Es bleibt aber immer von Menschen geschaffen und somit fehlerhaft.

Hannah Arendt, »Elemente und Ursprünge totaler Herrschaft« → beschreibt, wie die totale Identifikation mit Systemlogik (z. B. Bürokratie) zur Abschaffung moralischer Urteilsfähigkeit führt; Objektivität wird zur Maske des moralischen Nihilismus. Christopher Lasch, »The Culture of Narcissism« → erklärt, dass moderne Gesellschaften die äußere Kontrolle internalisieren, bis die Menschen sich selbst wie ein System behandeln – Integrität wird ersetzt durch Performanz. Je schneller sich Menschen entwickeln, umso rascher muss sich auch das System anpassen können. Sonst entstehen immer mehr Systemkonflikte und Probleme und zugleich werden die Ursachen immer unbewusster, weil sie aus der Verflechtung von menschlichem Bewusstsein und struktureller Notwendigkeit nicht mehr zu entzerren sind. Das System wird dann unfähig zu führen, also Ordnung vorzugeben, verliert sich in Orientierungslosigkeit und Selbsterhaltungszwang.

NEW LEADERSHIP

Natürliche Führungsstärke resultiert in einem gesunden System aus Menschen, die ihre einzigartigen und neuen Fixpunkte in die Gesellschaft tragen und integrieren, somit zum Vorbild für andere werden. Die Führung durch ein System hingegen ist nicht selten von denen geprägt, die innere Fixpunkte unterdrückten zugunsten von äußeren Ordnungen, die Menschen mit ihren individuellen Potenzialen und Ressourcen gleichschalten und ausgrenzen.

Darin liegt das Kernübel der Politik. Es mangelt an »Leadership durch Vorbildwirkung des Individuums«. Es gibt mehr als genug Vorstellungen von äußeren Ordnungsprinzipien als Heilmittel gegen jede erdenkliche Situation. Ohne dabei die Entfremdungskonsequenzen zu beachten. Dies sehen wir nicht nur in der Politik, sondern auch in großen Unternehmen. Das System verschlingt die Ressourcen und die Innovationsfähigkeit der einzelnen Mitarbeiter und des mittleren Managements. Die Strukturen verkrusten. Blindheit gegenüber den Veränderungen des Marktes ist die Folge.

Der erste Schritt hin zu einem Systemwandel ist die Anerkennung der Rolle der Fixpunkte im System. Wird der individuelle Wert des Einzelnen nicht respektiert, gibt es keine Grundlage und Motivation für ehrliches, vorbildliches Handeln. Also den Wunsch, sich zu integrieren, wie man ist. Sonst bleibt nur Anpassung und dem System gehen Ressourcen verloren.

Diese Überlegungen mögen eine große Herausforderung für Politik und Demokratie sein, aber ich halte diesen Weg für essenziell, angesichts der wachsenden Komplexität in unserer Entwicklung. Wir können diese Komplexität nicht mehr von außen kontrollieren, wir können Ordnungen vielfach nur noch von innen heraus inspirieren und die Eigenverantwortung stärken. Das Modell des Moderationsstaates, wie es im hinteren Teil des Buches vorgestellt wird, ist ein experimenteller Ansatz der Erweiterung der Demokratie, um die Integration innerer Freiheit herbeizuführen.

Diese Haltung, die uns zu den Wurzeln der Gesellschaft in Form ihrer inneren Werte führt, erhöht die Verantwortung derer, die ein System verwalten, und führt zu mehr Selbstverantwortung innerhalb einer Gesellschaft. Macht und Stillstand dürfen nicht mehr die alleinige Entscheidungsgrundlage der Gestaltung von Systemen sein. Der Verwalter muss zuerst dem Menschen in die Augen sehen, bevor er das Datenblatt des Gesetzestextes zur Hand nimmt. Das ist ein entscheidender Unterschied. Der Unternehmer muss zuerst den eigenen Mitarbeiter in seiner Ganzheitlichkeit erkennen, um zu sehen, was für das Unternehmen wesentlich ist, statt sich beispielsweise in der Analyse von abstrakten Zielgruppen zu verlieren.

Dabei ist eines zentral: Systeme, bzw. ihre Verwalter sollten lernen den individuellen Entwicklungsweg eines Menschen mehr zu respektieren, denn es muss immer um die innere Freiheit gehen als Voraussetzung für Vernunft in der äußeren Freiheit, wenn das sensible Gleichgewicht zwischen Systemeffizienz und Entwicklungsdynamik erhalten bleiben soll.

Die innere Freiheit ist das Grundrecht des Einzelnen, sich selbstständig des Lebens bewusst zu werden, durch seinen oder ihren individuellen Weg das Ganze zu bereichern. Dies klingt selbstverständlich, ist aber noch längst nicht erreicht. Betrachtet man die durchschnittliche Schule, findet man rund 90 % Anpassung des Einzelnen an äußere Normen und 10 % Versuche der Gesellschaft, die individuellen Talente und Fähigkeiten jeder neuen Generation in die Gesellschaft zu integrieren. In innere Freiheit muss man sehr viel Arbeit investieren. Ganz anderes ist es bei der äußeren Freiheit. Diese kann man durch einfache Regeln gestalten. Innere Freiheit ist mit der kontinuierlichen Arbeit an sich selbst verbunden. Eine Arbeit, die der Staat und auch das Unternehmen fördern sollten, denn diese Arbeit führt zu natürlicheren Ordnungen und mehr Dynamik.

Im Zentrum des Fortschritts steht also immer die Arbeit des Menschen an sich selbst. Eine harte Arbeit, die nie aufhört. Kein System kann dem Menschen diese Arbeit wirklich abnehmen. Dessen Verpflichtung der inneren Wahrheit gegenüber. Denn ein System stellt keine Fragen nach dem, was wirklich ist und was nicht. Das kann nur das Individuum.

Selbst Systeme, wie die freie Marktwirtschaft sind Systeme, welche Ressourcen reduzieren, statt sie zu fördern. Wenn wir nur die äußere Freiheit des Marktes beispielsweise fordern, fordern wir zugleich ein Herrschaftssystem, dass dieses gegen andere durchsetzt. Das ist der Nachteil in Gesellschaften, die sich mit äußerer Freiheit begnügen und die daraus entstehenden Konflikte nur durch äußere Maßnahmen bekämpfen. Darum kann man die innere Freiheit niemals mit Gewalt in einer Gesellschaft verankern. Darum besteht immer ein Konflikt zwischen äußerer Macht und innerer Freiheit, mit dem wir umzugehen lernen müssen. Eine Aufgabe, die stets eine Herausforderung in jeder Zeit bleibt.

Die Freiheit sollte sich immer von innen und unten entfalten. Dies bedarf aber einer Lebensgrundlage, bei der man zumindest bemüht ist, die Existenzangst zu reduzieren. Diese Grundlage muss immer wieder neu gefunden werden, weil unsere Ängste im Laufe der Geschichte subtiler werden. Während es früher beispielsweise, um die Schaffung von Rechtsstaatlichkeit oder die Gleichberechtigung der Frau ging, geht es inzwischen mehr um Dinge, wie ein bedingungsloses Grundeinkommen für jeden Bürger oder die Partizipation für Mitarbeiter. Die innere und äußere Freiheit sollte in jeder Zeit stets neu definiert werden, weil sie zunächst immer eine individuelle ist. Es gibt eigentlich kein freies System. Ein System ist immer eine Norm gegen das Individuum. Es gibt aber integrative Systeme, die sich der Freiheit besser anpassen können als andere. Berücksichtigen wir dies nicht, vernichten wir die innere Freiheit des Menschen als Basis starker, innovativer und dynamischer Gemeinschaften. Somit schwächen wir auch Wirtschaft und Kultur. Die Angst und Stagnation nehmen dann zu.

DIE FREIHEIT, SICH ZU VERÄNDERN

Wenn die Stärke einer Gesellschaft im Bewusstsein seiner Menschen liegt, dann muss der Weg hin zu einer solchen freien Kultur der Weg nach innen sein. Dorthin, wo alles Denken und Sein beginnt.

Um das Vertrauen in die natürliche innere Ordnung im Menschen und seinen Gesellschaften zu stärken, machte ich mich auf die Suche nach Anhaltspunkten und einem tieferen Verständnis dessen, was uns auf natürliche Weise gesellschaftsfähig macht.

Wenn der freie Wille in der Evolution einen Sinn hat, liegt dieser in der Ordnung, die sich aus der Freiheit ergibt. Eine solche Ordnung ist nur begreifbar, wenn wir in der inneren Freiheit des Einzelnen das große Gemeinsame erkennen. Wenn wir also verstehen, dass hinter dem Traum jedes Menschen ein größerer, universeller Traum liegt. Dass also der Weg des Menschen zu sich selbst automatisch allgemeingültige Erkenntnisse und Werte hervorbringt und die Abkehr vom Bewusstsein des Individuums letztlich eine Abkehr von der inneren Ordnung einer Gesellschaft ist.

Was meine ich damit?

DIE ROLLE DER INNEREN WERTE

Liebe ist beispielsweise ein universeller Wert, ohne den Moral, Motivation, Innovation, Kunst und Wirtschaft in einem nachhaltigen Sinne undenkbar wären. Wenn Menschen nicht mehr in der Lage sind, in ihrem Leben eine individuelle Entsprechung von Liebe zu erfahren und zu verwirklichen, sondern nur eine gesellschaftlich vorgegebene Form nachleben, geht dieser Wert für die Gesellschaft verloren, wird schwammig und entwickelt sich nicht weiter. Menschen arbeiten nur noch fürs Geld, nicht mehr, weil sie etwas interessiert. Die Folge ist ein Verlust an Qualität. Die Ersatzliebe »Geld« vernichtet innere Werte und somit natürliche innere Ordnungen der Gesellschaft. Irgendwann versteht kaum noch jemand, was Liebe eigentlich sein soll, weil die Gesellschaft das Recht zur eigenen Erfahrung und dem daraus resultierenden Bewusstseinsprozess verweigert.

Werte zerfallen, Systeme werden zu zerbrechlichen Hüllen. Eine Gesellschaft, die degeneriert, ist nicht mehr in der Lage, die einfachsten Dinge zu bewältigen; sie verliert an Überlebenskraft.

Dies sehen wir heute an fast allen gesellschaftlichen Fronten. Man regelt jahrelang einen Bereich und wundert sich über die Konsequenzen, welche dies auf andere Bereiche hat. Die Kluft zwischen der Schaffung von Arbeitsplätzen, dem Preis für einen Liter Milch, die Gehälter von Managern, die Veränderungen des Klimas oder die Investitionen in Schulen stehen in keinem natürlichen Verhältnis zueinander. Sie sind systembedingt im Kampf gegeneinander voneinander entfremdet worden. Am Ende haben wir im Extremfall keine Luft zum Atmen, nichts mehr, um unsere Autos zu befüllen, sitzen aber auf überteuerter Infrastruktur mit gewaltigen Wartungskosten. Die Systeme werden so sperrig, dass das direkte Überleben durch sie gefährdet wird. Innovationen werden immer schwieriger, Preise stürzen ab oder schießen in die Höhe.

Fördert man aber in Gesellschaften ganz einfache Dinge, wie die Suche des Individuums nach sich selbst, entdeckt dieses immer nach geraumer Zeit innere Werte wie Liebe, Wahrheit, Schönheit, Gesundheit, Freiheit und all die andere allgemeingültigen Ordnungsfaktoren von Gesellschaften, aber ist in der Lage diese individuell zu erweitern und in neuer und zeitgemäßer Form zu integrieren. Der Mensch beteiligt sich dann aktiv mit seinen persönlichen Ressourcen an der Weiterentwicklung des Systems und bleibt nah an den Lebenswirklichkeiten. Entfremdung passiert nur dort, wo niemand mehr inneren Werten folgt.

Ohne innere Werte gibt es keinen Bewusstseinsfortschritt.

Natürlich entdeckt der Mensch auf der Reise zu sich selbst auch die dunkleren Seiten seiner Natur. Dinge wie Hass, Gewaltbereitschaft und Aggression. Aber ist es nicht viel sinnvoller, wir ergründen diese bewusst, statt sie aus unserem Bewusstsein zu verdammen? In Gerichtssälen, wo sie nicht in einem Diskurs mit der Gesellschaft zur Veränderung von Missständen führen, sondern das System sich lediglich selbst aufs Neue als makellos präsentiert, als gäbe es keine ganzheitlichen Zusammenhänge, nur Schuld und Unschuld.

Schreibt eine Gesellschaft vor, was wertvoll ist, entsteht eine oberflächliche und innerlich instabile Gesellschaft. Wenig stark, einfallsreich und kreativ, sondern vorsichtig, zurückhaltend und unterdrückend. Das Individuum kann diese äußere Werteordnung nicht mehr bewusst mittragen. Er partizipiert nicht mehr an der inneren Grundlage der Gesellschaft. Sondern konsumiert diese nur noch. Das Interesse an der Mitgestaltung der Gesellschaft geht verloren. Der Preis ist ein Nachlassen der kreativen Dynamik und eine Schwächung der Wirtschaft.

Es ist seltsam, dass gerade die alten humanistischen Werte einen solch großen Einfluss auf moderne Wirtschaften haben können. Sie erklären, warum Länder wie die USA traditionell so stark in ihren Entwicklungsdynamiken sind. Sie haben starke innere Werte, die von der Kindheit an gefördert werden. Ganz anders verhält es sich im sehr viel rationaler und selbstkritisch agierenden Europa, der Hochburg der Aufklärung und des Rationalismus.

DER SINN DER INDIVIDUALITÄT

Die Suche nach dem allgemeingültigen inneren Wert, in dem so viel zusammenschweißende Kraft liegt, ist als innere Erfahrung immer eine Reise zum »Ich«, also zur eigenen Identität und zum eigenen Bewusstsein. Es ist stets eine Projektionsfläche archaischer Identifikation mit der Gemeinschaft, der unmittelbar erlebbaren subjektiven Wahrheit, dem inneren Wert. Also ein sehr lebendiger Prozess, der sich von innen nach außen entfaltet.

Es ist wichtig zu begreifen, dass innerer Individualismus zu verbindenden Erfahrungen führt, während äußerer Individualismus Unterscheidungen und Trennungen sichtbar macht.

Wenn ich mir meiner eigenen Gefühle bewusst werde, entdecke ich Erfahrungen, die ich mit anderen Menschen teilen kann. Ich stoße auf universelle Erfahrungen, die Gesellschaften und ein starkes »Wir« erst möglich machen.

Carl Gustav Jung, »Die Beziehungen zwischen dem Ich und dem Unbewussten« zeigt, dass die Reise zur Individuation ein Prozess ist, bei dem der Mensch sein archetypisches Selbst vom kollektiven Unbewussten heraus differenziert, ohne es zu verleugnen – Individualität wird hier zur Brücke, nicht zum Bruch. Paul Tillich, »Der Mut zum Sein« → erklärt, dass wahre Individualität nur aus der Tiefe existenzieller Selbstbegegnung entsteht, nicht aus Abgrenzung, sondern aus der Verwurzelung im Sein – ein Mut, der Gemeinschaft nicht ausschließt, sondern tiefer ermöglicht. Charles Taylor, »Sources of the Self« → sagt, dass unsere moderne Vorstellung vom Selbst immer schon aus dialogischen, kulturell eingebetteten moralischen Quellen stammt – Individualität ist daher kein isoliertes Phänomen, sondern ein Ausdruck gemeinsamer Wertekonstruktion. Martin Buber, »Ich und Du« → zeigt, dass das »Ich« erst durch ein echtes »Du« lebendig wird – Individualität als Begegnung, nicht als Trennung. Die Subjektivität entfaltet sich im Zwischenraum. Jean Gebser, »Ursprung und Gegenwart« → beschreibt die integrale Struktur des Bewusstseins als eine, in der Individuation und Ganzheit kein

Widerspruch mehr sind, sondern transparent füreinander – das Ich als Durchlassform des Ganzen. Antonio Damasio, »Self Comes to Mind« → erklärt neurologisch, dass das Ich-Bewusstsein aus körperlich-emotionaler Selbstbezüglichkeit entsteht, und dass diese verkörperte Individualität die Voraussetzung für soziale Kohärenz ist.

Wenn ich mich aber äußerlich unterscheide, durch ganz andere Kleidung beispielsweise, teure Autos oder mehr Geld auf dem Konto, stelle ich eine Distanz innerhalb der Gemeinschaft her. Ich distanziere mich und Gruppen entwickeln dann äußere Ordnungen, die sich immer gegen den anderen definieren. Dies ist nicht grundsätzlich schlecht, aber man sollte sich der Auswirkungen im Klaren sein. Innerer Individualismus stärkt das verkörperte, konsistente Selbst, das Konflikte integrieren kann und nach Wahrhaftigkeit strebt. Äußerer Individualismus erzeugt ein fragmentiertes, performatives Selbst, dass sich über Reaktion, Image und Bestätigung definiert. Innerer Individualismus fördert Vielfalt, aber mit Bindung – er trägt zur sozialen Kohäsion bei, weil Menschen aus Integrität heraus handeln. Äußerer Individualismus zersetzt im Extremfall den Gemeinsinn – er produziert Wettbewerb, Vereinsamung, soziale Fragmentierung. Innerer Individualismus bringt authentische Kunst, existenzielle Tiefe, spirituelle und intellektuelle Erneuerung hervor. Äußerer Individualismus führt zu Trends, Markenidentität, Moden und Dauerinnovation ohne Tiefe – Kultur wird zur Ware. Auch politische Parteien spalten durch ihre Struktur. Sie definieren sich gegen den anderen, obwohl ihre Werte, würden sie mehr innerlich gelebt werden, eine verbindende Kraft über die eigene Partei hinaus haben. Mitmenschlichkeit, Freiheit, Tradition oder materielles Glück müssen keine Widersprüche sein.

Wenn aber das nach innen gewandte Individuum das Tor zum Gemeinsamen darstellt, ist der innere Individualismus der Grundlage des Gemeinwohls viel näher als bisher angenommen. Das Gemeinwohl baut also mehr auf der inneren Authentizität einer Gesellschaft, also der Bereitschaft mitzufühlen, mitzuerleben auf, als auf äußeren Moralvorstellungen und sozialistisch geprägten Normen beispielsweise. Ein natürliches Gemeinwohl resultiert aus der Erkenntnis eines kollektiven Verbundenseins mit Anderen.

Martha Nussbaum, »Upheavals of Thought« → zeigt, dass empathisches Mitfühlen und emotionale Intelligenz zentrale Bedingungen für eine gerechte Gesellschaft sind, nicht bloß moralische Regeln oder staatlich gesetzte Normen. Hartmut Rosa, »Resonanz – Eine Soziologie der Weltbeziehung« → erklärt, dass Gemeinwohl nur dort entsteht, wo Menschen eine lebendige, nicht-instrumentelle Beziehung zur Welt und zueinander erleben; Resonanz ersetzt Kontrolle. Elinor Ostrom,

»Governing the Commons« → zeigt empirisch, dass gemeinschaftliches Handeln zur Erhaltung öffentlicher Güter nicht durch äußeren Zwang entsteht, sondern durch Selbstorganisation, Vertrauen und geteilte Verantwortung – also innere Orientierung. Charles Taylor, »Sources of the Self« → argumentiert, dass moderne Gesellschaften nur dann moralisch tragfähig sind, wenn Individuen eine ethische Tiefe in sich selbst erfahren, die über äußere Normen hinausgeht – das Gute wird innen erlebt, nicht auferlegt. Albert Schweitzer, »Kultur und Ethik« → betont, dass wahres Gemeinwohl aus innerer Ehrfurcht vor dem Leben erwächst – nicht aus politischen Programmen; Mitgefühl ist hier konstitutives Ethos. Ivan Illich, »Tools for Conviviality« → zeigt, dass Gemeinschaft nur gedeihen kann, wenn der Einzelne sich als kreatives, mitfühlendes Subjekt einbringt, nicht als normierter Funktionsträger – also: innere Freiheit als Grundlage sozialen Friedens.

Es gibt in unserer Kultur ein Missverständnis bezüglich der Nützlichkeit von Egoismus. Während äußerer Egoismus gewiss Schatten auf die Freiheitsausübung in Gemeinschaften wirft, aber zum natürlichen Menschsein gehört, ist der innere Egoismus, also die Integrität des Ich, etwas sehr zentrales, ohne welches eine stabile Persönlichkeit kaum entstehen kann. Auf sich selbst zu achten, darauf, dass es einem emotional und geistig gut geht, ist etwas anderes, als jemandem aus Habgier etwas wegzunehmen. Dazu zählt auch die Nähe zur eigenen Wahrnehmung und zum eigenen individuellen Realitätsempfinden (die eigene Wahrheit).

Zu oft aber wird zwischen innerem und äußerem Egoismus nicht unterschieden. Wenn aber das Gemeinwohl an der Fähigkeit des Einzelnen sich selbst zu spüren hängt, wird klar warum Menschen auf äußere Solidaritätsstrukturen kaum reagieren. Sie kommen gar nicht zu einer emotionalen Identifikation. Darin liegt beispielsweise aber ein Dilemma der sozialen Marktwirtschaft und ihrer dazugehörigen Politik, denn Sie kennt nur das Handeln von außen. Sie spricht von der Seele, aber sie hat keine. Insofern gibt es keine soziale Marktwirtschaft. Es gibt nur Menschen die sich in einem Markt sozial verbunden fühlen. Alles andere ist nicht real. Dies erklärt die Hilf- und Machtlosigkeit des Staates gegenüber dem sozialen Unrecht, aber auch gegenüber der innovativen Entwicklungsdynamik. Man kann es nur von innen, aber nicht von außen auflösen oder fördern.

Hier beginnt also auch eine Suche nach einer neuen Form des Leaderships. Nach der Führungskraft, die innere Stärke vorlebt, statt sie von außen vorzu schreiben und selbst nicht danach zu handeln. Der systemkreative Ansatz ist also kein Ersetzen des einen Systems durch ein anderes, welches andere Menschen ausschließt, sondern die Bereitschaft des Individuums zum natürlichen Leadership. Es ist die Erkenntnis, selbst etwas

Einzigartiges zum Ganzen beitragen zu können. Es ist die Aufforderung an den Anderen, auch voranzugehen, als Beispiel eines erfüllten Lebens.

Erfüllt zu sein, ist ein ganzheitlicher Anspruch. Das Leben zu bewältigen eine Kunst, die jedoch nicht übertragbar ist, nur inspirierend, nicht aber kontrollierend, oder anordnend dienlich ist.

Betrachtet man den modernen Politiker, wird klar, wie wenig dieser als Typus der Führungsperson zur integrativen Politik fähig ist. Als Experte führt er nur aus einem isolierten Bereich (Soziales, Finanzen, Recht, Verteidigung ...), beansprucht aber bestimmendes für viele Menschen, die er weder persönlich kennt, deren Werte ihn nicht weiter interessieren. Der moderne Politiker ist ein Leader in einem virtuellen Staat, der seine Kraft aus der Trägheit derer schöpft, die systembedingt den Wunsch, die Möglichkeit der direkten Mitbestimmung weitgehend verloren haben. Er führt nicht entsprechend seiner eigenen Individualität, kann somit als Mensch kein Vorbild sein. Er ist nur eine Verkörperung des Systems. Darum ist der moderne Politiker gegenüber Krisen und den wirklichen Hintergründen machtlos und eingesperrt, in einem sinnlosen Kampf gegen seinesgleichen. Um oft hohle Werte, die meist der Vergangenheit entstammen und in der Bevölkerung längst nicht mehr gelebt werden. Es mangelt der Demokratie noch immer an Werkzeugen, um von innen heraus belebend auf eine Gesellschaft zu wirken. Es mangelt an Konzepten eines neuen Führungsstils, der inspiriert und Vorbild ist. Diese Nähe zum Menschen ist dem System noch fremd. Es ist zu grob strukturiert. Wenig intelligent und in sich zutiefst widersprüchlich.

Im Laufe dieses Buches werde ich noch sehr oft auf dieses Thema zu sprechen kommen und schrittweise neue Perspektiven dazu vorstellen.

DIE SUCHE NACH NEUEN ORDNUNGEN

Auf der Suche nach einem Ordnungsprinzip, dass sowohl nach innen wie auch nach außen orientiert ist, also das Individuum in die Entstehung des Systems bewusster integriert, entdeckte ich zu Beginn meiner Forschungsreise das Beispiel der Musik. Warum ist Musik universelle Ordnung und Bewegtheit, Individualismus fördernd und verbindend zugleich?

Es liegt wohl daran, dass das Ordnungsprinzip der Musik erst durch die Interpretation, also durch die Selbstbestimmung des Individuums, durch dessen eigene Erfahrung im jeweiligen Moment entsteht, die Noten also nur das Subjekt in seiner eigenen Entfaltung unterstützen sollen. Victor Zuckerkandl, »Sound and Symbol« → zeigt, dass Musik nicht einfach ein System von Tönen ist, sondern ein dynamisches Spannungsfeld, das seine

Bedeutung erst durch das Hören und Fühlen eines Subjekts entfaltet. Musik ist Ordnung, die durch Zeit und Erfahrung lebendig wird. Das Individuum und der Augenblick sind gegenüber der Norm im Vorteil. Sonst wäre die Musik leblos. Theodor W. Adorno, »Einleitung in die Musiksoziologie« → erklärt, dass Musik immer beides ist: Struktur und Ausdruck, und dass ihre soziale Kraft darin liegt, individuelle Erfahrung mit kollektiv geteilten Formen zu vermitteln. Musik »erzwingt« nichts – sie lädt zur Deutung ein. Dennoch ist Musik immer Ordnung, aber sie entwickelt ihre Stärke erst durch die Interpretation des Einzelnen und durch die gemeinsame Resonanz, basierend auf allgemeingültigen und absoluten Tönen. Maurice Merleau-Ponty, »Phänomenologie der Wahrnehmung« → analysiert (indirekt), dass Kunstformen wie Musik eine leibliche, subjektive Form der Ordnung darstellen, in der sich das Individuum in der Welt situiert. Manfred Spitzer, »Musik im Kopf« → zeigt neurowissenschaftlich, dass Musik Ordnung in Bewegung ist, die das Gehirn nicht nur analysiert, sondern verkörpert interpretiert – Bedeutung entsteht durch Resonanz, nicht durch Kodierung.

In gesellschaftlichen Systemen ist dies anders. Wenn wir nun ein politisches, religiöses oder ökonomisches System betrachten, das für sich beansprucht das Sein über den Augenblick und das innere Selbst hinaus zu definieren, egal in welcher Form, kommt dies fast immer einem Verlust an Wahrhaftigkeit in Gesellschaften gleich. Das Individuum ordnet sich in seiner unmittelbaren Realität einem äußeren Konzept unter. Weil das Authentische und Universelle des großen Gemeinsamen verloren geht. Wir verdammen dann Formen der Existenz. Bis es uns selbst trifft, wir selbst für unwert und falsch erklärt werden. Doch wer hätte dazu das Recht, wenn nichts sicherer als unsere innere Existenz ist? Welche direkt erlebt und erfahren wird. Niemand außerhalb von uns Selbst kann unsere Rolle für das Ganze erkennen, ohne zu uns selbst zu werden. Dies ist aber nur von innen möglich, oder eben über die Beschäftigung mit gemeinsamen, lebendigen Werten.

Alle Versuche die Welt zu erklären, werden nie die Konkretheit erreichen, die in der Selbstbestimmung des Menschen liegt. Diese Konkretheit der eigenen Erkenntnis des Augenblicks ist der einzige Garant für unsere Freiheit. Darum sollte das Ich im Selbstausdruck seines Lebens durch Angst oder Mangel nicht behindert werden. Sonst verlieren wir alle den Zugang zum Hier und Jetzt, was zu einer Entfremdung der Ordnung von Gesellschaften führt. Dieses Schicksal aber widerfährt den meisten Menschen, von der Schule bis zum Ende ihres Arbeitslebens, fortwährend. Es ist darum die wichtigste Aufgabe zivilisierter Kulturen, mit Anfang des neuen Jahrtausends, Wege zu finden, wie mit Krisen so umgegangen werden kann, dass diese nicht jedes Mal ganze Gesellschaften gefährden, damit der

Rückgriff auf die äußere Ordnung nicht zum Automatismus wird, der einer individuellen und neuen Lösung von Problemen vorgreift. Diese Werte müssen aber als Wandlungsprozess begriffen werden, weil sie sonst als äußere Strukturen verfestigt werden und Krisen provozieren. Die Folge sind Kulturkonflikte.

Wir brauchen Strukturen in Bewegung statt Ordnungen, welche die Macht konservieren. Was ich vorhin als Auswirkung des Terrors und der Wirtschaftskrise beschrieb, ist tatsächlich auch die Auswirkung aller Versuche, das Leben zu kontrollieren. Sei es nun das Notensystem in der Schule oder die Überwachungskamera im Supermarkt. All diese Dinge, obwohl sie teilweise notwendig sind, tragen dazu bei, das Vertrauen einer Gesellschaft in den natürlichen Wandel zu schwächen. Bewusstsein wird ausgeschlossen. Man muss über das eigene Verhalten nicht weiter nachdenken, wenn es äußere Regeln gibt.

Mir ist klar, dass die Vorstellung, eine Gesellschaft bedürfe der äußeren Autorität, in uns so tief sitzt, dass manche Menschen meine Worte als anarchistischen Utopismus empfinden. Dabei leugne ich weder die Notwendigkeit von Struktur und äußeren Grenzen noch von Autorität in einer Gesellschaft. Mir geht es aber darum, diese so zu gestalten, dass sie dem Augenblick und dem Unmittelbaren gerecht werden, nicht nur dem System. Dies ist für Wirtschaft und Gesellschaft lebenswichtig, weil diese mehr und mehr von Dynamik und Vielfalt leben, aber auch in der freien Marktwirtschaft oft nur Zwänge und Vorbehalte vorfinden. Die angeblich freie und moderne Gesellschaft, die noch von unseren Eltern gepriesen wurde, erscheint uns in diesen Tagen (Während G.W. Bush den Irak erobert.) oftmals wenig frei zu sein. 2025 könnte man auf AI-Politik, Cancel Culture, Klimapolitik verweisen. Man könnte sagen, dass die Freiheit ein natürliches Verfallsdatum hat, dass uns immer wieder in ein Gefühl der Unfreiheit treibt, weil nur so die Evolution voranschreitet.

Freiheit ist stets ein Prozess, keine auf ewig stabile Errungenschaft, weil sie nicht gut normierbar, stets vom Individuum neu definiert werden muss. So ist es mit allen inneren Werten des Menschen.

»Die Liebe« wie vorhin beschrieben, erfährt ihren Höhepunkt im Moment der Erfahrung und verflacht in der Erinnerung und der duplizierten Wiederholung. Die Struktur ist also nur so lange scharf, solange sie authentisch existiert. Wird sie konserviert, verliert sie die Konturen. Der Mensch verliert an Orientierung, weil ihm die klare Entscheidungsgrundlage genommen wird. Er folgt nur noch der Rationalität äußerer Strukturen.

Leiten wir von der Wertekopie ökonomische und politische Strukturen ab, richten diese sich gegen den Menschen. Wie ein Ersatzdasein, dass uns roboterhaft nicht nur der unmittelbaren Menschlichkeit entfremdet.

DAS BÖSE UND DIE FREIHEIT

Man will heute aber in Gesellschaften, und das ist das eigentliche Problem, oft nur den guten freien Willen, den guten inneren Wert, nicht aber den bösen. Doch wir sind die Kraft, die alles schafft.

Das eine ist ohne das andere nicht möglich, ohne Entwicklung auszubremsen. Der Mensch lernt schließlich von seinen Fehlern, von den dunklen wie von den hellen Momenten. Das Dunkle zu leugnen, es gesellschaftlich durch Normen bannen zu wollen, statt es der offenen Diskussion zu stellen, fördert den Verlust an Bewusstsein über Ursache und Wirkung, ja letztlich über die wahren Konsequenzen von Politik und Gesellschaftsgestaltung.

Wir werden eines Tages verstehen, dass lebendig Gesellschaften die grundsätzliche Liebe zu allem Sein leben und die Angst vor dem Bösen die Quelle des Bösen ist. Wenn wir verstehen können, dass jeder freie Wille des Inneren, mag er uns als gut oder böse erscheinen, stets aus einer höheren Sicht betrachtet, ein Werkzeug der Entfaltung des Ganzen ist, werden wir das Böse und deren Infragestellung der gesellschaftlichen Ordnung nicht als sinnlose Kriminalität verdrängen müssen, sondern gewissermaßen den Teufel als Lehrmeister Widerwillen verstehen. Die Freiheit einer Gesellschaft ist wesentlich davon bestimmt, wie sie mit dem Bösen umgeht. Ist sie in der Lage die Ursachen des Bösen in der Unfreiheit des Menschen zu erkennen, wird sie eine gerechte Gesellschaft werden. Sie wird die individuelle Lebenserfahrung integrieren. Bekämpft sie aber das Böse oder begründet gar ihre Ordnung auf dem Kampf gegen das Böse, wird sie selbst die Tyrannei in der Welt vermehren. Sie wird die Freiheit verlieren. Ich spreche in diesem Buch von der Ordnung, die in der wahren Freiheit liegt; eine natürliche Ordnung, die sich meiner Ansicht nach in allem Leben findet. Keine Pflanze, kein Tier wird regiert und verwaltet, und doch finden sie zu großer Schönheit und Stärke. In Resonanz zwischen Innen und Außen.

---

[1] Spiral Dynamics ist ein entwicklungspsychologisches Modell zur Beschreibung von individuellen und kollektiven Wertesystemen, das auf der Forschung des amerikanischen Psychologen Clare W. Graves basiert. Dieser erkannte, dass Menschen und Gesellschaften sich nicht linear entwickeln, sondern in Wellen („Spiralen") von Weltbildern, die auf tiefen psychologischen Bedürfnissen basieren – von tribal und autoritär über rational und pluralistisch bis zu integrativ und holistisch. Don Beck, ein Schüler und Popularisierer von Graves, entwickelte das Modell weiter und setzte es praktisch ein: Unter anderem beriet er Nelson Mandela und dessen Regierung in der schwierigen Übergangsphase nach der Apartheid, um Spannungen zwischen unterschiedlichen Werteebenen zu moderieren. Später arbeitete er auch mit Politikern wie George W. Bush, allerdings mit deutlich weniger integrativer Wirkung. Becks Zugang war dabei stark von seiner eigenen Vergangenheit als Sportpsychologe und Trainer im College-Football geprägt – er glaubte an typenspezifische Führung und Coaching, was er aus dem Mannschaftssport auf ganze Gesellschaften übertrug. Spiral Dynamics wurde dadurch zu einem Management- und Transformationsmodell, das zwischen Therapie, politischer Beratung und Ideologie oszillierte.

DAS MNO-MODELL

2016 erschien mein Buch »Die Physik der Armen – Eine neurodivergente Meta-Theorie des Bewusstseins«. Darin wurde ein physikalisch-mathematisches Modell des Bewusstseins entworfen, welches auf einem produktiven Nichts beruht. Mein Ziel war es, die Physik im Sinne der Armen umzuschreiben, also nicht die Dinge zur Grundlage der Welt zu machen, sondern das Nichts. Das führte mich weit tiefer, als es damals meine Absicht war. Es entstand ein neues Meta-Modell, welches die meisten bisherigen Erklärungsmodelle des Bewusstseins integriert und erweitert. Das MNO-Modell entstand aus den Gedanken die ich erstmals in »Gesellschaft ohne Vertrauen« formulierte. Da der Begriff der Fixpunkte, durch diese Theorie wesentlich klarer beschrieben werden kann, habe ich das MNO-Modell nun nachträglich als eigenes Kapitel eingefügt.

Der Begriff der Fixpunkte steht in diesem Text als frühe Chiffre für eine fundamentale Eigenschaft bewusster Systeme: die Fähigkeit, an einem bestimmten inneren Punkt eine irreduzible Orientierung auszubilden – eine Art subjektive Singularität, aus der heraus ein Mensch beginnt, Welt nicht nur wahrzunehmen, sondern zu strukturieren. In der späteren MNO-Theorie beschreibe ich diesen Moment als Beginn der Faltung, als einen ontologischen Einschlag, an dem aus diffusem Erleben eine prägnante Wirklichkeitsordnung emergiert. Fixpunkte sind in diesem Sinne epistemische Verdichtungen, in denen ein Bewusstsein eine Information nicht nur aufnimmt, sondern in sich so verschaltet, dass sie zu einer neuen inneren Ordnung führt – sei es in Form einer Idee, einer Erkenntnis oder einer ethischen Entscheidung.

Diese Fixpunkte sind nicht verallgemeinerbar, nicht algorithmisch herstellbar. Von außen betrachtet bleiben sie vage, subjektiv, idiosynkratisch. Doch in der konkreten Erfahrung – im Leben, in der Liebe, in der Forschung – sind sie entscheidend. Sie sind jene Momente, in denen eine Person etwas erkennt, das sich nicht mehr zurücknehmen lässt. Nicht durch lineare Argumentation, sondern durch das, was man als mikroskopischen Realitätsumbruch bezeichnen könnte: ein Einbruch von Sinn, von innerer Notwendigkeit, von Resonanz mit dem Eigenen.

Ich kann nicht wissen, was in Ihnen gerade als dieser Fixpunkt wirkt – was Ihre innere Logik antreibt, was Sie der Welt geben könnten, was sich in Ihnen bereits in eine neue Ordnung faltet. Aber sobald ich Ihnen wirklich begegne, in Resonanz trete, entsteht ein Raum, in dem solche individuellen Singularitäten spürbar werden. Denken wir an den Mann, der sich in das unaussprechliche Etwas in den Augen einer Frau verliebt; an die Wissenschaftlerin, die plötzlich eine Schwelle überschreitet und ein ganzes

Paradigma kippt; an die Autistin, deren sensorische Verdichtung zu einer präzisen ethischen Unverhandelbarkeit führt. All das sind Fixpunkte: nicht wiederholbar, nicht planbar, aber wirkmächtig und strukturbildend.

Im Kontext der MNO-Theorie lassen sie sich als die ersten Stellen der Selbstfaltung eines Systems beschreiben. Fixpunkte sind jene Orte, an denen ein Bewusstsein beginnt, sich selbst als Ort von Wirklichkeit zu setzen – als ein Realitätenauge, das nicht bloß abbildet, sondern aus der Spannung mit dem Umgebenden eine neue Welt heraushebt.

Das MNO-Modell liefert einen Rahmen, der beschreibt, wie Dinge, Wille und Erleben sich gegenseitig erzeugen – und warum jede Ökonomie scheitert, die eines davon ausblendet. Die Kombination dieser drei Aspekte bildet integrativ das was ich in diesem Buch den Fixpunkt nenne.

Im MNO-Modell gehe ich davon aus, dass Realität nicht nur aus dem erkennbaren Phänomen (Objekten) und einem bewussten Subjekt besteht, welches dieses observiert, sondern aus einer Dynamik zwischen der Manifestation von Objekten, dem Willen eines Menschen und dessen Erleben. Die Integration von Willen und Erleben ist essenziell. Man kann sich diese ontologische Dreiteiligkeit als ein symbiotisches Dreieck vorstellen: Auf der einen Seite stehen die konkreten Gegenstände und Ereignisse, die in Raum und Zeit erscheinen. Auf der anderen ist das Erleben dieser und als dritte Kraft wirkt, was ein Mensch will. Daraus bildet sich eine instabile Konstellation, eine Dynamik. Instabilität ist immer dort wichtig, wo es um Energie geht, und was könnte bei der Arbeit relevanter sein als die Frage von Energie? Bewusstseinsprozesse finden im sich öffnen und schließen dieser Dynamik statt, in dessen Pulsieren. Gleichzeitig entfernen wir uns damit aus dem Käfig einer Subjektivitätsvorstellung, die das innere Erleben des Menschen in den Strukturen der Welt entwertet, also Energie, die im freien Willen steckt, blockiert. Das ist entscheidend, denn das Rollenmodell des Menschen als handelnden Roboter, als äußeres Ding, ist eine objektivierte Funktion, während das Innere, der Wille, das Erleben ins Private gedrängt wurden, wo sie die Arbeitsabläufe nicht mehr stören sollen. Mit dabei das Gewissen, welches aus der Ökonomie vielfach verschwunden ist.

Der hier sichtbare Fixpunkt ist die Bündelung dieser drei Kräfte, die wir als Energiequelle, als intrinsische Motivation in der klassischen Arbeitswelt meist ausbrennen oder verhindern. Beispielsweise, indem das Erleben keine Rolle spielen darf, Kritik an der Unternehmensführung erstickt wird, folglich was Mitarbeiter:innen wollen, nicht Teil der Wertschöpfung werden kann.

Ein Student beispielsweise will studieren, um eine bestimmte Karriere zu machen. Die Karriere ist ein Objekt, dass von außen definiert ist. Es ist größtenteils fremdbestimmt. Während des Studiums erlebt der Student den künftigen Beruf schon in der Theorie und dieses Erleben hat Auswirkungen auf das, was er nun will, oder nicht mehr möchte. So manche Enttäuschung prägt die eigene Absicht. Mit der Veränderung von Willen und Erleben, verändert sich seine Beziehung zu dem Objekt der Begierde. Man könnte sagen, dass die Realität sich in dieser Beziehung abzeichnet, und weder im Objekt für sich noch allein in dem was jemand will, oder im isolierten Erleben zu finden ist, was es ohne Bezüge nicht gäbe. Das Erleben ist dabei das offene Element, denn es lässt sich für sich weder als innere Kraft noch als äußeres Objekt definieren. Es verhindert, dass sich die Wirklichkeit schließt, dass sie statisch wird. Das Erleben ist, so meine These, darum offen, weil es auf der Existenz eines Nichts basiert, auf einer Lücke, oder anders gesprochen auf der Abwesenheit von Etwas.

INTEGRALITÄT - WILLE, ERLEBEN, DEFINITION

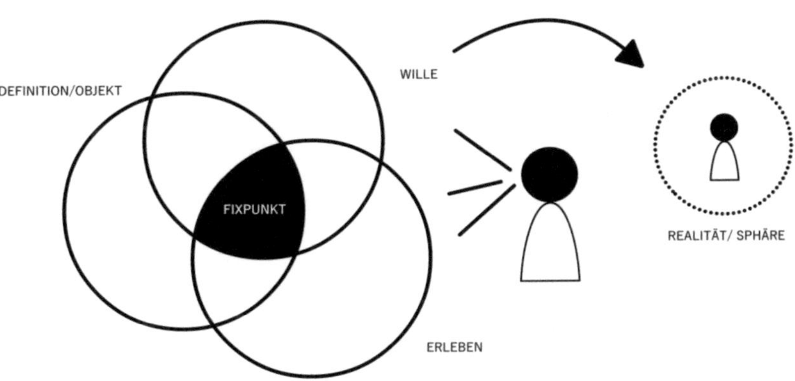

Dieser offene Bezugspunkt hält den Menschen dynamisch, ja ermöglicht überhaupt erst Bewusstsein. Die moderne Erwerbsarbeiter:in aber agiert in sich geschlossen, definiert, vermessen und kontrolliert. Sie agiert fremdbestimmt und ist somit eine Projektion von Nützlichkeit und Sinn, um der Effizienz willen. Sie arbeitet folglich aber an der realen Welt nicht mit. Sie ist keine Mitarbeiter:in des Planeten, gar der Realität, sondern eine Funktion der Ausblendung von Komplexität und Relevanz. Würde die Arbeiter:in diese in ihre Erwerbsarbeit integrieren, würde sie den Unternehmen entgleiten. Sie wäre nicht kontrollierbar, sondern ihre Arbeit wäre eine auf Augenhöhe. Autonom, aber solidarisch.

Alles in natürlichen Systemen passiert, weil da etwas nicht Greifbares ist, welches aber im Kontext eines Potenzials steckt und genau dieses Verhältnis zwischen Nichts (Abwesenheit) und Potenzial habe ich mit dem MNO-Modell mathematisch und physikalisch untersucht. Wir sprechen hier nicht von Meta-Physik, sondern von konkreten Wirkprinzipien des Universums und der Natur. Man kann diese berechnen und beweisen. Terrence W. Deacon, dessen Werk ich bei der Arbeit an »Die Physik der Armen« nicht kannte, beschrieb in »Incomplete Nature« (2011) ein ähnliches Modell, das ebenfalls auf einer Abwesenheit beruhte. Meine MNO-Dreiteiligkeit (Objekt–Wille–Erleben) lässt sich als Deacons Homeo-/Morpho-/Teleo-Tripel neu kodieren. Er lieferte eine feinmaschige, empirisch anschließbare Theorie, wie Leben und Geist aus »abwesenden« Constraints entstehen. Ich lieferte eine radikale Ontologie, in der dieselbe Absenz die ganze Realität faltet – von Quanten über Bewusstsein bis zu Klassenkampf. Setzt man beides zusammen, erhält man eine mehrstöckige Theorie der Emergenz, die Detail-Mechanik (Deacon) auf ein meta-ontologisches Fundament (Speed) stellt – und damit sowohl physikalische als auch soziale Lücken schließt.

Niklas Luhmann (1992) Operational Closure and Structural Coupling – Recht, Wirtschaft etc. »schließen« ihre Operationen, brauchen jedoch Umwelt-Reize, um Sinn neu zu generieren. Sie brauchen also Lücken. Ilya Prigogine / Dissipative-Structure-Ansatz: »Eine dissipative Struktur ist ein offenes System, das nur fern vom Gleichgewicht durch permanente Energie- und Stoffströme Ordnung erzeugt.« Stuart Kauffman – Konzept des »Adjacent Possible«: Evolutionäre Systeme halten sich am Rand des Bekannten, öffnen ständig Türen ins nebenan Mögliche. Gregory Bateson (1972) »difference which makes a difference« – Information existiert nur als Abstand zwischen Mustern; ein völlig geschlossenes System würde keine »Differences« registrieren. Review zu dissipativen Strukturen in Städten: Open-System-Logik erklärt, warum urbanes Leben nur in Durchflussökonomien (Mobilität, Input) stabil bleibt. CALResCo-Notiz zu »structural coupling«: Zwei Systeme bleiben nur ko-evolutiv lebensfähig, wenn ihre Kopplung partiell ist – also nie vollständig determiniert. Das ist eine Bestätigung einer Forderung nach flexiblen Arbeitsschleusen zwischen Menschen und Organisation.

Die Grundvoraussetzung für ein lebendiges System ist somit eine ständige Koppelung an etwas Abwesendes, an eine Lücke und aus dieser Dynamik speist sich die Freiheit unserer Handlungen und die individuell besondere Perspektive auf die Realität, die folglich zum Beitrag eines komplexen Ganzen wird, zu einem gemeinsamen Erleben, welches wir gemeinsam erarbeiten, wobei es nie ein abgeschlossenes, fertiges Produkt geben kann, weil eine jede von uns darin etwas anderes sehen, hier etwas anderes wollen und erleben würde. Insofern leben wir in einer multirealen Welt, in einem Markt der offenen Ergänzungen und Erweiterungen, haben aber eine ökonomische Theorie, die davon ausgeht, alles drehe sich um in sich geschlossene, fest abgegrenzte Objekte.

Der Materialismus ist zu primitiv, um ein gemeinsames Arbeiten an einer gemeinsamen Realität zu ermöglichen, weil dieser Prozess

Selbstbestimmung erfordert und impliziert. Wir müssen Arbeit, materielle, aber auch an Gesellschaft, somit wesentlich stärker als selbstbestimmten Beitrag (individuelle Abweichung als Notwendigkeit) begreifen, oder wir werden jene Probleme des Ökosystems nicht los, die auf einer Arbeitsweise beruhen, die zu wenig Bewusstsein über die Realität besitzt. Partizipation ist ein Realitätsfaktor. Arbeit erschafft nicht nur Wohlstand oder Geld oder Werte, sondern eben Lebensraum, Ökosystem oder Wirklichkeit.

In meinem Modell werden Objekt, Wille und Erleben als Strukturmuster einer Physik des Ökosystems beschrieben, die das Gestalten von Morphologien als Formen von Gesellschaft und Welt begreifen. Ich übersetze diese Strukturmuster, oder Wirkhebel auch mit den Begriffen wie Submergenz, Indimergenz und Emergenz. Wie gesagt, Deacon spricht von Homeo-/Morpho-/Teleo-Tripel. Die Submergenz als Objekt, die Indimergenz als Akt der Willensentscheidung und die Emergenz als den offenen Raum der Erweiterung. Darin geht es um einen Zyklus. Es sind Abläufe wie Jahreszeiten, die in unterschiedlichen Qualitäten, als Filter, Form verfestigen, oder wieder auflösen. Es geht um die Frage, wie Freiheit in einem dynamischen System erhalten bleibt, während dieses wie bei einer Ökonomie die Welt konstruiert. Folglich geht es auch um die Demokratisierung der Arbeit und jedes Beitrags zur Gesellschaft. Um Freiheit als Faktor der Emergenz und Innovation.

SUBMERGENZ, INDIMERGENZ, EMERGENZ

SUBMERGENZ = unbestimmtes Potenzial (wie ein Origami-Blatt vor dem Falten).

INDIMERGENZ = erste Faltung / Entstehung eines Objekts oder Impulses.

EMERGENZ = das Beziehungsnetz, das daraus entsteht – lebendige Systeme.

Jeder kreative, soziale oder ökonomische Prozess durchläuft diese Phasen.

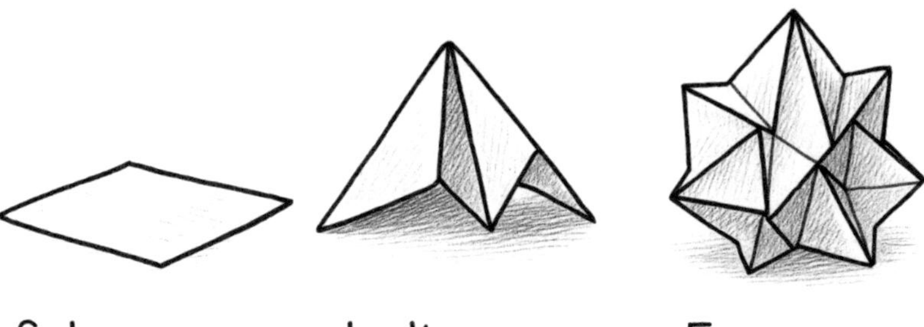

Wie man hier sieht, ist da zunächst nur toter Raum, eine Submergenz, also ein Potenzial, indem nichts differenziert ist, quasi ein leeres Blatt Papier. Es folgt ein Akt (Impuls), eine Definition, ein Wille, etwas zu ändern, der zur Erschaffung eines Objektes, oder eines Unternehmens führt. Das ist die Indimergenz. Die Konzentration auf das Ding. Spätestens ab dem zweiten Ding (Objekt-Betrachter-Koppelung) folgt eine Beziehung zwischen diesen und jede Beziehung erweckt neue Assoziationen, weil es Faltungen in einer Singularität unendlichen Potenzials sind, die aus dem immerzu selben Potenzial hervorgehen. Submergenz entspricht dem »ungefalteten« Zustand bzw. gleichgewichtigen Kontinuum. Singularitäten markieren als Potenzialraum die Stelle, an der das Kontinuum reißt (Indimergenz) und dadurch neue Beziehungen/Phasen (Emergenz) entstehen – ob als schwarzes Loch, Stoßwelle oder Origami-Knick. Hawking & Penrose: Singularity Theorems (1970) – bildet einen mathematischen Nachweis, dass das Universum in endlicher Eigenzeit in einer raum-zeitlichen Punkt-Singularität beginnt und dort jede klassische Koordinate kollabiert. Vor dem »ersten Knick« existiert nur eine unbestimmte Einheit (reine Krümmung) – alle späteren Raum-Faltungen sind Ausrollungen dieses Anfangspunkts. Edward Tryon: Hypothese des »Universe as a quantum fluctuation« – besagt das gesamte Kosmos könne aus einer Vakuum-Fluktuation hervorgegangen sein. Das Quanten-Vakuum fungiert als ständig faltbares Null-Potenzial; jede reale Struktur ist eine temporäre »Ausstülpung«. I. Prigogine, Nobel-Vorlesung 1977: dissipative Strukturen entstehen nur, wenn ein offenes System fern vom Gleichgewicht »an einer Singularitätsstelle instabil wird und sich neu organisiert«. Die Singulärität ist hier der kritische Falt-Knoten, an dem sich Roh-Energie in Muster übersetzt; ohne Durchfluss erstarrt das Blatt. Kawasaki-Theorem besagt: Ein einziges Blatt kann an einem Vertex gefaltet werden, falls die alternierende Winkelsumme Null ist; der Vertex ist eine Singularstelle des Faltpotenzials.

Mathematisiert das Bild eines unendlich formbaren, aber zusammenhängenden Mediums.

In der Emergenz tritt eine Art Musterboden aus der Singularität hervor, als ein Gewebe an unendlich vielen Beziehungen zwischen den Dingen. Es bildet sich ein Weltmuster, ein Ökosystem.

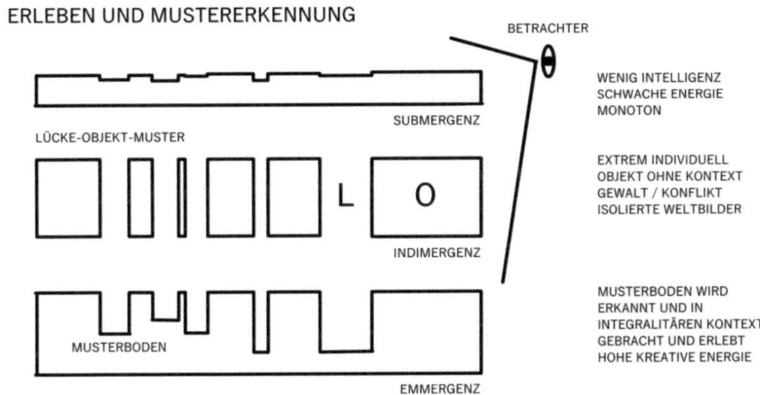

Das eine Blatt Papier (Singularität/Submergenz), im Sinne von Origami, aus dem alle Formen hervorgehen, wodurch unter den Formen als ewig wiederkehrende Regeln, Naturgesetze und Selbstähnlichkeiten verbleiben. Die Welt zerfällt nicht, sondern bildet sich als Sphäre, als in sich geschlossener Kreislauf. Dies führt dann zur Emergenz, zu Rückkoppelungen, die aus Beziehungen, Objekten und Absichten bestehen, die vor dem Hintergrund einer Abwesenheit gebildet werden, einer Lücke, einem Nichts.

Ob Kosmos, Strömung oder Papier – überall zeigt sich dasselbe Grundprinzip: Eine einzige kontinuierliche Entität (Singularität/Vakuum/Blatt) birgt alle möglichen Formen in sich.

Dies ist zentral, weil wir hier die strukturellen Probleme in unseren Systemstrukturen der Gesellschaft erkennbar machen können, die auf Fehlern gegenüber den Wirkprinzipien der Natur und des Universums beruhen. Wenn nämlich alle Beziehungen ökonomischen und politischen Handelns auf die Objekte reduziert sind, bleiben hinter diesen nur noch flache Repräsentationen – sogenannte Simulakra (Jean Baudrillard). Die Objekte treten hervor, die Bezüge und Beziehungen zwischen ihnen, geraten in den Hintergrund. Übertreibt man dies, entstehen hohle Objekte. Ein Phänomen des Massenmarktes. Ein Phänomen der Übertreibung von Entfremdung in der Produktion.

MATHEMATISCHES ORIGAMI

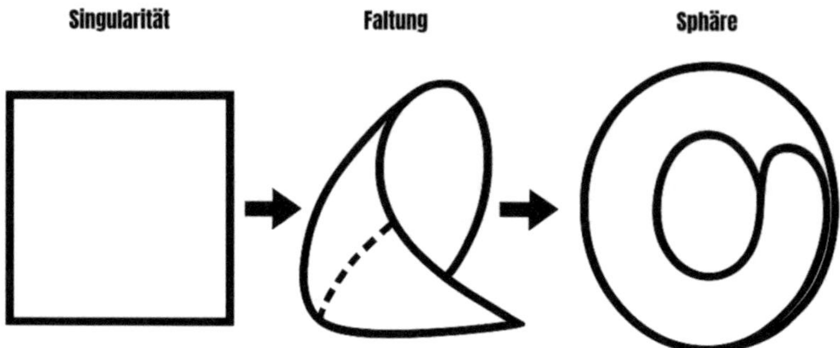

Man erfindet beispielsweise ein Auto, den ersten Benzinmotor. Das ganze geht in Massenproduktion. Was anfangs noch hoch emergente, intelligente und bewusste Strukturen einer Innovation waren, wird zum Alltag, verflacht und führt zu Produktionen um ihrer selbst willen. Der Wille, die Indimergenz erschöpft in der Fixierung auf das Objekt und dessen Wiederholung, im Glauben auf diese Weise den Erfolg ewig zu verlängern. Man verschläft dadurch den Sprung zum Elektromotor. Das zwingt Arbeitende und Unternehmen in einen neuen Zyklus. Wenn das aber nicht passiert, werden die Produkte zu hohlen Objekten, sie entfremden sich von dem, was sie einst als Emergenz waren, nämlich mehr als die Summe ihrer Teile. Ein Kulturphänomen in einer Gesellschaft. Inzwischen sind sie aber zu Wüsten der Bürokratie verkommen, oder zu toter Materie. Übertragen wir das auf die ganze Gesellschaft, kann man in unzähligen Beispielen ablesen, wie der Kapitalismus, aber auch die Bürokratien die Gesellschaft erschöpfen, ausgebeutet und verdinglicht haben. Wir sind alle zu hohlen Produkten in einem digitalisierten Markt geworden, zu Funktionen. Wir haben ein Stückweit unsere Freiheit und Dynamik verloren und leben in verkrusteten Strukturen, über die wir sehr wenig Bewusstsein haben. Innovation ist die Ausnahme, nicht die Grundkultur.

Indem man eine Welt nur aus Objekten und deren Strukturmustern (Indimergenz) erbaut, verschwindet insgeheim die Welt selbst, weil sie eben mehr ist als die Summe ihrer Teile. Es kommt zur Verflachung, zur Submergenz. Mit der Erklärung aller Winkel, aller Tiefen der Welt, geht der Tod der Welt einher, weil wir dann nur noch ein absolutes Ding erkennen und nicht mehr jene Verzerrung, die jeder Mensch mitbringt, jede eigenständige Perspektive, die eine andere Antwort auf das Nichts ist, auf die Lücke, die allen Dingen und Zuständen innewohnt und uns mit einem

»verschobenen Sein« (Seinsverschiebung) auf das Große und Ganze antworten lässt, wodurch Diversität und Dynamik auf ewig gewahrt bleiben.

Wir verlieren unsere Beziehungsfähigkeit, unsere Resonanzfähigkeit, um es mit Hartmut Rosa zu sagen.

Betrachtet man die Dreiteiligkeit Submergenz, Indimergenz und Emergenz, oder Objekt, Wille, Erleben als Kreislauf, wird erkennbar was passiert, wenn dieser Kreislauf stockt, oder anhält.

Im folgenden Beispiel eines Brunnens versuche ich das Prinzip zu nochmal etwas anders illustrieren.

Die Gestaltung der Welt, an der wir alle durch Handlungen, Erkenntnissen oder Arbeit teilnehmen ist wie das Hochziehen oder das Herablassen (falten der Formen) eines Eimers in einem tiefen Brunnen. Der Boden des Brunnens ist die Singularität, die Lücke, das Nichts. Durch den Akt des Herablassens des Eimers entsteht eine Polarität, zwischen Tiefe und Höhe, zwischen oben und unten, zwischen der sich durch das Definieren von Objekten, durch ihre Manifestation, durch den darin veränderten Willen einer Betrachter:in schließlich ein eigenständiges Erleben der Welt als Brunnen bildet. Dieser Akt ist auch als der Ur-Akt der Arbeit zu verstehen. Wir investieren in die Welt, wir schaffen, wir holen hervor.

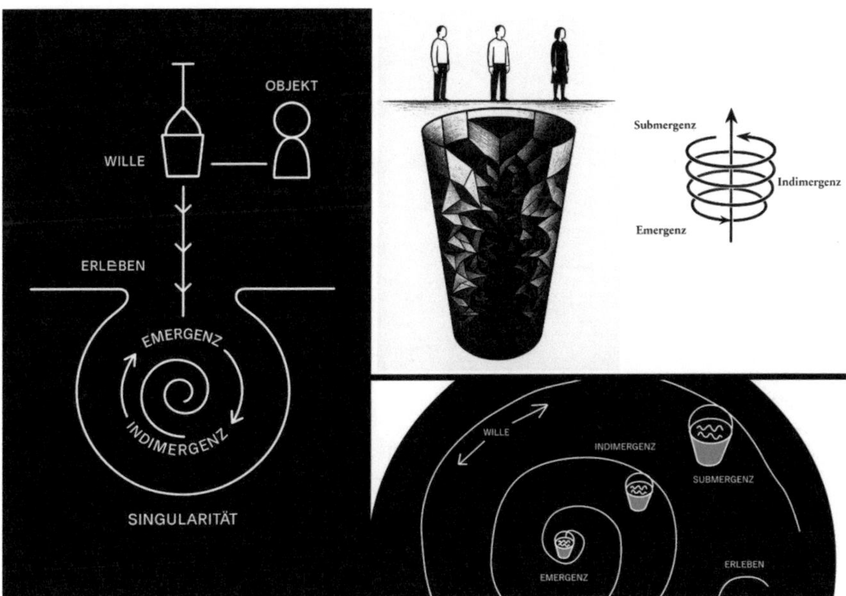

Bewusstsein ist in meiner Forschung ein Polaritätserleben angesichts einer Abwesenheit, einer Verdeckung innerhalb eines unendlichen Potenzials. Es ist eine Antwort auf das Nichts, auf das noch ungefaltete Blatt der Singularität. Was dabei entdeckt und reintegriert wird, das ist der jeweils neu Fixpunkt, als Potenzial neuer Faltungen in der Struktur. Dies wird durch einen Musterzyklus gewährleistet. Den ich den Sphärenzyklus nenne, weil dadurch jedes Mal eine eigene Sphäre, oder Welt entsteht. Es ist wie ein Atmen zwischen Verfestigen und Loslassen, zwischen Form und Freiheit. Das System bleibt dadurch durchlässig und übertragbar. Menschen können sich darin frei bewegen, ihren selbstbestimmten Beitrag erarbeiten, oder zwischen Tätigkeiten wechseln, weil die Sphären nicht abgeschlossen sind, nicht wie Personalabteilungen moderner Konzerne. Nicht wie überbürokratisierte Märkte, oder abgeschottete Arbeitsbereiche. Es ist ein viel intelligenteres System. Wie das im Detail aussehen kann, wird im Laufe dieses Buches genauer erarbeitet.

JEDES PRODUKT, JEDE POLITISCHE IDEE IST NUR EINE VERZERRUNG. JEDE ARBEITER:IN IST EINE AKTEUR:IN DER VERSCHIEBUNG VON WIRKLICHKEIT, IN EINEM GEMEINSAMEN TANZ.

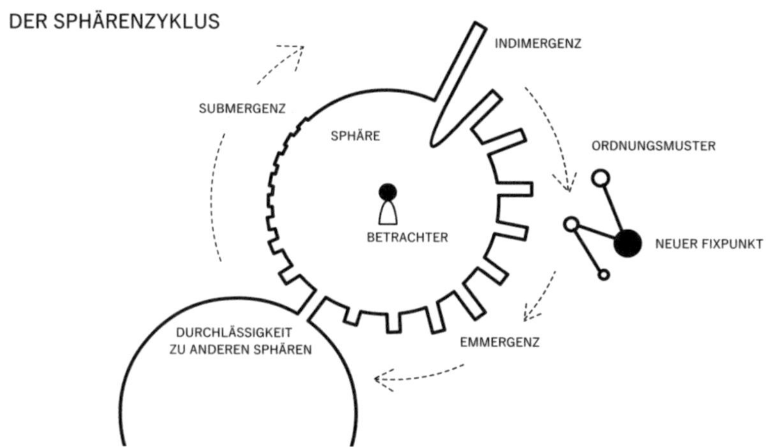

Die Indimergenz, also das Definieren, das Manifestieren eines Objektes, bewirkt, dass das Potenzial dieses Dings, noch vor dessen Festlegung, Verfestigung, durch eine Polarität getauscht wird, also durch eine Koppelung zwischen Betrachter und Objekt, oder mit jeder erdenklichen Polarität, wie oben und unten, oder tief und breit oder kalt und warm, oder links und rechts. Hier geht es um ein weiteres wichtiges Musterprinzip. Nichts ist eine identische Kopie des Vorherigen. Die Abläufe sind nicht darauf ausgelegt, keine Abweichung zuzulassen, sondern ganz im Gegenteil. Wir sprechen hier von analogen Systemen, im Gegensatz zum Digitalen. Es entstehen Missverständnisse in der Übertragung. Auf diese Weise findet Evolution statt. Unser ökonomisches System aber ignoriert das seit Henry Fords Fließ-bandsystem und begreift Innovation als einen domestizierten Prozess für spezielle Experten. David Noble (1977) »America by Design: Science, Tech-nology, and the Rise of Corporate Capitalism« → analysiert das Fließband bei Ford als Ursprung des modernen »Maschinenmenschen«: ein Mensch, der nicht kreativ tätig ist, sondern nur Mechanismus im vorgegebenen Takt. Innovation ist hier nicht Emergenz, sondern Top-down-Anweisung. Natür-liche Systeme, die weit komplexer sind als der Kapitalismus, haben einen ho-hen Grad an erlaubten »Fehlern« und an »offener Überlagerung«, wo-durch die Energieschwellen für das ganze System niedrig gehalten werden. Die »Bewegung« macht das System durchlässig und dynamisch. Überall findet man Synergien und selbstähnliche Formationen. Nichts ist völlig ab-geschottet oder isoliert. Nichts gehört nur einem allein.

Antonio Gramsci (1929–1935) in Gefängnishefte, speziell Hefte zu »Amerikanismus und Fordismus« → beschreibt: Fordismus bedeutet nicht nur technische Effizienz, sondern sozial-moralische Normierung. Gilles De-leuze (1968) »Differenz und Wiederholung« → liefert die philosophische Grundkritik: Wiederholung ist nie identisch. Systeme, die Identität erzwin-gen, ersticken Emergenz. Jean-François Lyotard (1979) »Das postmoderne Wissen« → beschreibt die moderne Ökonomie als »diskrete Maschine«, die Wissen auf funktionale Module herunterbricht. Das widerspricht analo-gem, verkörpertem Wissen, wie es in der Natur dominiert.

Es gibt zunehmend interdisziplinäre Ansätze, die das derzeitige ökonomische System als strukturell dumm, erschöpfend und systemblind kritisieren – und alternative Intelligenzformen vorschlagen. In der Post-Growth-Ökonomie (u. a. Tim Jackson, Jason Hickel) wird wirtschaftliche Intelligenz nicht mehr an Wachstum, sondern an planetarer Tragfähigkeit und sozialer Resonanz gemessen. Commons-basierte Ökonomien (Ostrom, Helfrich) zeigen, dass kooperative, nicht-marktliche Systeme hochkomplexe Ressourcenverteilung intelligent und lokal steuern können. Aus der kulturellen Praxis fordern Projekte wie Arts of the Working Class oder Precarias a la Deriva eine ästhetisch-politische Ökonomie, die nicht nur Güter, sondern Bedeutung zirkulieren lässt. In der neurodivergenten Theorie (Chapman, Walker) wird Intelligenz als strukturelle Durchlässigkeit verstanden – Systeme gelten als intelligent, wenn sie auf Abweichung, Differenz und Emergenz adaptiv reagieren, statt sie zu unterdrücken. Diese Strömungen skizzieren eine zukünftige Ökonomie, die nicht auf Kontrolle, sondern auf intelligenter Beziehung zur Welt basiert.

ICH FASSE ZUSAMMEN:

WAS IST DAS MNO-MODELL?

Es beschreibt die drei Grundachsen jeder Wirklichkeit: Objekt, Wille, Erleben. Diese drei erzeugen sich gegenseitig – sie sind nicht hierarchisch, sondern zyklisch verbunden. Wenn einer der Pole dominiert (z. B. das Objekt = Geldwert), kollabiert Bewusstsein. Das Modell liefert einen Gegenentwurf zur ökonomischen Reduktion auf messbare Objekte.

SINGULARITÄT ALS URSPRUNG ALLER FALTUNGEN

In Physik & Origami: Singularitäten sind Punkte, an denen sich Systeme »knicken«. Das Universum beginnt als Singularität: reine Einheit, in sich faltbares Potenzial. Die MNO-Struktur ist eine ständig aktivierte Faltung dieser Einheit. Lücken sind notwendig – sie ermöglichen Bewegung, Differenz, Entwicklung.

WAS SIND DIE FIXPUNKTE?

Fixpunkte sind in der MNO-Theorie jene temporären Stabilitätskerne, an denen das dauernd gefaltete Wirklichkeitsgewebe für einen Moment »einrastet«. Sie entstehen, wenn die ontologische Lücke (Δ) – das Minimal-Nicht-Objekt – und die drei Polgrößen Objekt, Wille, Erleben in einer bestimmten Konstellation kurzzeitig zur Ruhe kommen. In diesem Augenblick schließt sich der Resonanzraum, die Verschiebung verdichtet sich, und aus dem Fluss der Verzerrungen tritt ein klar erkennbares Muster hervor: ein Wort, ein Wert, eine soziale Ordnung, eine physikalische Konstante. Fixpunkte sind also keine ewigen Wahrheiten, sondern Momentaufnahmen der Emergenz – Marker dafür, wo die offene Struktur der Welt sich selbst für einen Herzschlag lang festlegt, bevor sie im nächsten Faltungszyklus erneut aufbricht.

DIE NOTWENDIGKEIT DER INDIVIDUELLEN ABWEICHUNG UND SOMIT DIE RELEVANZ DER SELBSTBESTIMMTEN ARBEITER:IN UND GESTALTERIN VON GESELLSCHAFT UND BEZIEHUNG.

Das Prinzip der Autopoesis, also der Schaffung aus sich selbst heraus, ist überall in der Natur zu finden. Dennoch ist das was und das wie geschaffen wird, kein isolierter Prozess, sondern ein Rückkoppelungsverfahren. Ich meine damit, dass wegen der Singularität, die allem zugrunde liegt, in den individuellen Faltungen nie ein Alien entsteht, also etwas komplett Anderes, das nicht von dieser Welt wäre. Das aber ist eine Grundangst vieler Unternehmer:innen, die denken, das Unternehmen würde zerfallen, gäbe man den Arbeiter:innen nur mehr Selbstbestimmung, oder würde noch mehr in der Gesellschaft demokratisiert werden. Es ist denkbar, dass die Konzerne sich deutlich transformieren und erweitern, aber die Ökonomie an sich würde durch Selbstbestimmung nicht ins Chaos stürzen, sondern wir könnten uns intelligenteren Strukturmustern öffnen als jenen der hierarchischen Kontrolle durch fremdbestimmte Leistungsbewertung. Somit kann dieser Akt der Selbsterschaffung, der selbstbestimmten Arbeit auch nicht zu einer nutzlosen Form führen, also zu etwas, was nicht Beitrag und Teil des Universums ist. Verweigert man sich aber der Beziehungsfähigkeit und reduziert alles auf einen isolierten Wert, wie Geld, dann kann man die Bedeutung eines jeden Lebewesens in einem System durch Konstruktion negieren, indem man lineare Wirkungen als die Ursachen der Welt begreift und alles, was nicht linear einer bestimmten Produktion folgt, dann das falsche Produkt erzeugt, oder eben das Wertlose. Ich will damit verdeutlichen, dass es wichtig ist, dass jede Arbeiter:in eine Abweichung in ihrer Arbeit durchführt, jede Bürger:in einen eigenständigen Beitrag bedeutet, die ihr entspricht, weil erst die Vielfalt an Formen, die Diversität, dazu beträgt, die Welt umfassender auszudifferenzieren, was wiederum erst das Erfassen und Erleben von Realität ermöglicht. Wir benötigen das Fremde, das Andere, um zu wissen, wer wir sind. Die Abweichung ist notwendiger Prozess einer jeder Formbildung, somit auch des Bruttosozialproduktes. Viele verstehen das instinktiv und es gibt Marketingabteilungen, die dazu ihre Sprüche haben, aber wer versteht wirklich das strukturelle Prinzip? Denn wenn wir dieses klar genug sehen, dann wird das Recht der Arbeiter:in auf Selbstbestimmung ein Naturgesetz, was in der Praxis ein erheblicher Unterschied ist.

Zunächst ein einfaches Beispiel: Stell Dir vor, Du hast reines weißes Licht – es enthält alle Farben in sich, ohne dass eine einzelne Farbe dominiert. Dieses weiße Licht ist wie die Singularität – der Ursprung, das ungeteilte

Potenzial von allem. In dem Moment, in dem Du aus diesem Licht z. B. Blau herausfilterst, benennst und als »Blau« festhältst, verlierst Du das Ganze. Denn blau ist jetzt nicht mehr das Ganze, sondern nur eine selektierte Ausprägung – eine bestimmte Erscheinung des ursprünglichen Potenzials. Alles andere (Gelb, Rot etc.) erscheint nun in Bezug auf das Blau, verliert seine ursprüngliche Offenheit und wird relativ. Das ursprüngliche Licht ist damit nicht zerstört, aber nicht mehr zugänglich – weil wir durch unsere Benennung, unsere Wahrnehmung und unser Handeln eine neue Wirklichkeit erschaffen haben, in der alles, auch das »Nicht-Blau«, verschoben ist. So funktioniert jede Realität: Indem wir etwas gestalten, benennen, benutzen – erzeugen wir nicht nur ein Objekt, sondern auch einen Verlust an Ganzheit, und gleichzeitig eine neue Ordnung, in der sich andere Dinge um das Benannte herum verschieben müssen. Die Welt wird also durch unsere Arbeit, unsere Sprache und unser Bewusstsein nicht objektiv abgebildet, sondern immer als Teil einer Sphäre erzeugt, die verzerrt ist – weil das, was fehlt (nämlich das ursprüngliche Potenzial), durch Repräsentanzen ersetzt wird, die nie ganz sind.

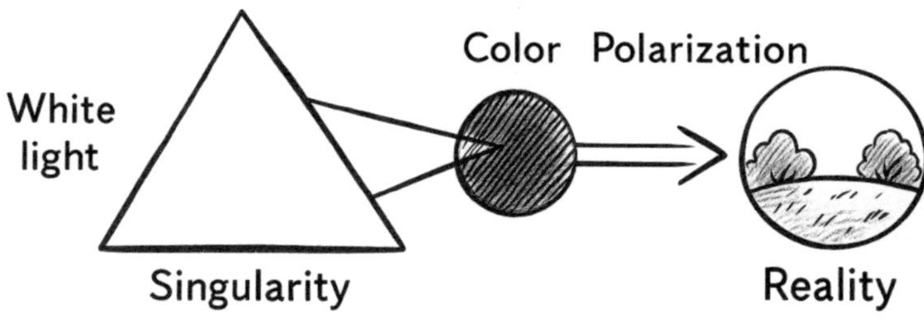

Wir alle – Pflanzen, Ideen, Tiere, Städte, Gefühle – sind in diesem Sinn Gestalten, die aus dem Licht ausgeschnitten wurden, und tragen diese Abwesenheit in uns wie einen Schatten. Aber gerade dieser Schatten, diese Differenz, macht Leben, Bewegung und Freiheit überhaupt erst möglich. Die Welt ist kein Objekt – sie ist eine dauernde Reaktion auf ihr eigenes Verschwinden.

Das folgende Beispiel zeigt, wie Identität, Produkt, Indimergenz immer zu eigenen Sphären führen, also zu einer abweichenden Verzerrung. Die Kunst besteht darin, diese Sphären offen und dynamisch zu halten. So wird daraus ein gemeines Ganzes, ein Akte der gemeinsamen Gestaltung von offener und humaner Gesellschaft.

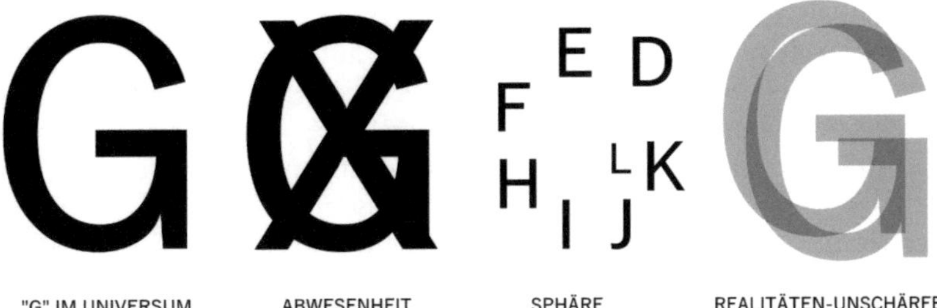

Wir nennen etwas G. Dadurch wird das Potenzial dessen, was G ursprünglich in der Singularität war, ausgelöscht und durch eine polare Beziehung ersetzt. Warum wird es ausgelöscht? Weil jede Definition, jede Verfestigung, eine Reduktion von Potenzial bedeutet. Man kann nicht Teilchen und Welle gleichzeitig sein. G wird nun, da es durch Definition als Qualität verschwunden ist, betrachten wir in diesem Beispiel die anderen Buchstaben als den Rest der Farbpalette, der Potenziale, also als Repräsentanzen der Singularität, von den anderen Buchstaben »zum Ausdruck gebracht«, also nicht mehr korrekt dargestellt, wodurch sie sich selbst ebenfalls in ihrem Kontext, ihrer Ordnung verschieben. Mit Repräsentanz meine ich, den Vorgang der Herauslösung aus der Singularität. Etwas wird zur Repräsentanz, ist aber nicht mehr das volle Potenzial, sondern beispielsweise ein Symbol dessen. Ein E, welches Teil einer G-Welt ist, erscheint nicht mehr als dasselbe E, wie ein E, welches nur E sein muss. Jeder Akt der Arbeit, der Gestaltung, der Benennung, erzeugt wie zuvor besprochen eine individuelle Realität, eine Sphäre. Alles wird zu einer Repräsentanz der Singularität, jedoch in der Verzerrung, die durch die Manifestation des Objektes entstanden ist (ihre Abwesenheit), oder durch einen individuellen Betrachter. Es entsteht nicht nur eine eigene Realität, die latent von G abweicht, die also eine unscharfe Realität in einer Sphäre bildet, sondern es bilden sich in der Polarität auch Ausformungen und Morphologien, die zwar in G integrierbar sind, die aber ohne die Abwesenheit von G nicht existieren könnten.

Diese Buchstaben-Morphologien kann man übertragen auf Lebewesen, die Formen von Pflanzen, politische Konzepte, oder schlicht alles, was in der Welt herumsteht und als Objekt beschreibbar wird. All das ist aber nicht G. Es ist nicht Gott und auch nicht MNO. Und es ist auch nicht das Bewusstsein.

Die Seinsverschiebung ermöglicht die Integralität der Welt. Dadurch ist Freiheit und Ordnung gleichermaßen möglich. Lebensraum wird immer wieder aus sich und in sich selbst geschaffen, also impliziert. Wir sind alle Mutationen einer Ur-Form, die eine Antwort auf das Nichts ist.

Es geht hier darum zu verstehen, dass die »gemeinsame Welt«, die »gemeinsame Wirtschaft« keine in sich feste Welt ist, sondern ein Organismus in sich verschobener Realitäten und Formen, denen wir gerecht, also die uns bewusstwerden müssen, damit die Arbeitsweise integrativ und innovativ bleibt. Es macht keinen Sinn, Arbeit zu sehr zu normieren. Die Arbeit muss davor geschützt sein, um Selbstbestimmung zu schützen. Nur so können wir uns auf die Suche nach den neuen Fixpunkten machen und die Gesellschaft authentisch, offen und human halten.

Das folgende Bild zeigt das ganze Modell zusammengefasst.

Der Mensch, die ökonomische Produktion, die Gestaltung von Gesellschaft ist demnach nicht Folge einer linearen Ordnung, also kausale Folge von Dingen und deren Abläufen, sondern eine verschobene Welt, eine einzigartig verzerrte Sphäre, die zwar allem ähnlich erscheint und doch Grund verschieden ist. Zwar in Beziehung zu allem steht, innerhalb und außerhalb der eigenen Welt, aber weder diese Beziehung noch das eigene Wesen jemals vollenden, gar abschließen kann, weil Existenz immer eine Lücke, ein Unbekanntes, etwas Offenes beinhaltet und wie diese Lücke, dieses Nichts zum Bezugspunkt von Bewusstsein und Realität wird, das habe ich mit dem MNO-Modell sehr umfassend beschrieben. (Siehe »Die Physik der Armen«) Dieses möchte ich nun als natürliche Grundlage ansehen, um die Frage der Fixpunkte weiter zu vertiefen.

ARBEIT ALS BEITRAG IN EINEM ÖKOSYSTEM.

In der Vorstellung, dass Bewusstsein, Realität, Gesellschaft, Ökonomie nur Antworten auf das Nichts sind und eben keine Dinge, die auf Dingen basieren, wird uns später ein tieferes Verständnis der Dynamik zwischen Markt, Politik und Arbeit eröffnen. Denn hierin wird eine Notwendigkeit erkennbar, die Andersartigkeit des Weltbezugs einer jeden Bürger:in oder Angestellten oder Selbstständigen in die Ökonomie und Politik zu integrieren, statt sie dem reinen Objektbezug unterzuordnen, wollen wir nicht den realen Bezug zur Wirklichkeit verlieren. Wenn wir also Realität nicht wie die Malocher als hartes Leben im Angesicht der Kälte des Kapitalismus begreifen, sondern als Weltbezug einzelner Menschen in einem Zusammenspiel, aus dem eine organische Welt entsteht, oder eine humane Gesellschaft. Also Synergien fördern, statt nur Anpassung. Hier zeigt sich

REALITÄTEN-AUGE

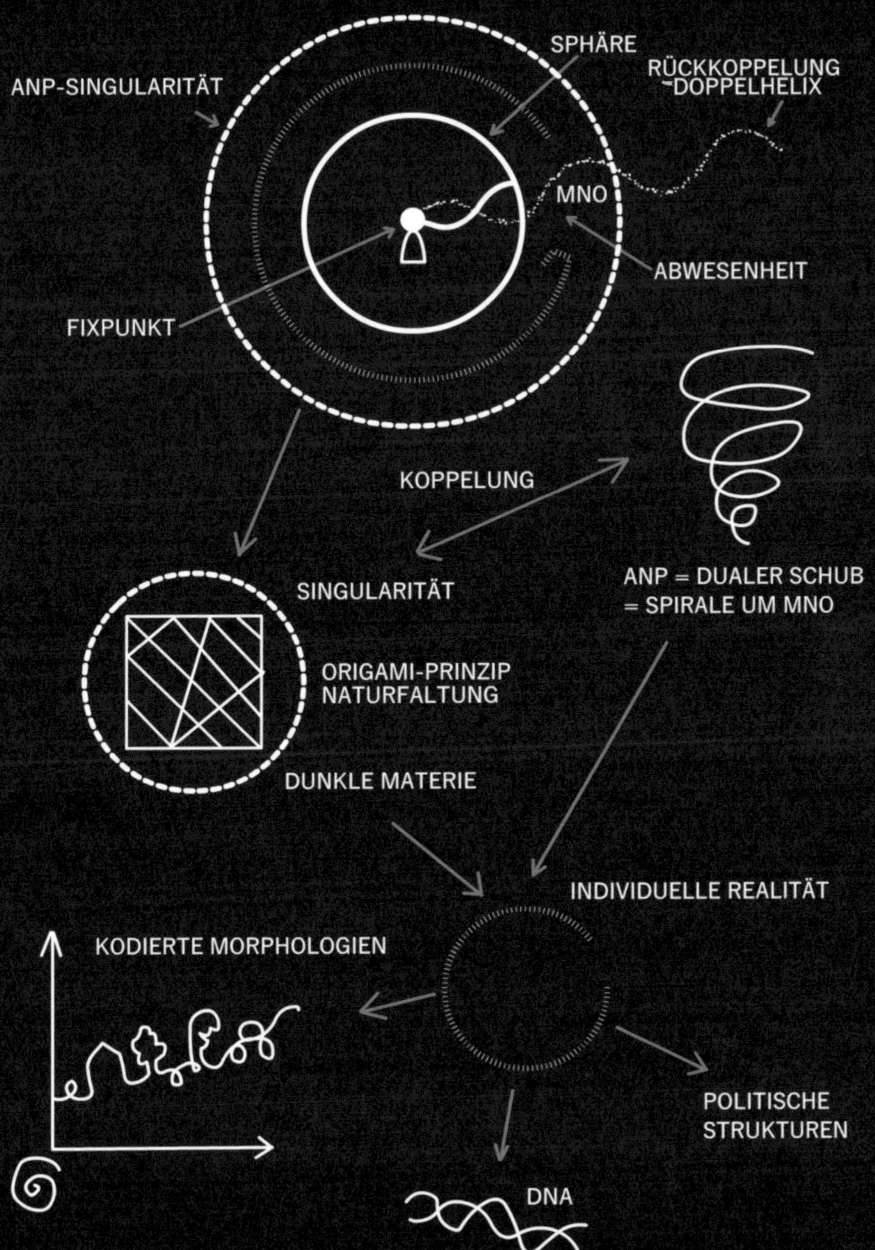

der Unterschied zwischen einer Simulation und einem Ökosystem. Eine Simulation ist wie eine Welt in einer undurchlässigen Kugel. Ein Ökosystem ist ein lebender Organismus von Wesenheiten, die selbstähnliche Einheiten bilden.

Es ist nicht nur eine politische Frage, was dem Leben ein Existenzrecht gibt, sondern eben auch eine physikalische, oder biologische. Wir können keine Existenzgrundlage konstruieren, die den Menschen als Ökosystem ignoriert, in dessen struktureller Einbindung in die physikalischen Grundlagen der Realität und des Bewusstseins. Eine Ökonomie oder ein demokratisches System der Zukunft, muss sich als Ökosystem versteht, als Ausdruck der komplexen Formen, nicht als Festlegung der primitiven und von Macht geleiteten Muster.

Das kapitalistische System, welches Arbeit allein als Funktion begreift und nicht als selbstbestimmten Beitrag freier Wesen, zu einer Realität, die offen und vielschichtig ist, hat dem Menschen im Materialismus versenkt und sich selbst darin im Potenzial gelähmt. Wir bezahlen Menschen dafür, dass sie oft eine Arbeit tun, die sie nicht machen wollen, die Werte behauptet, ihrem eigenen Erleben widersprechen. Dass der Sinn in der modernen Arbeitswelt keinerlei Rolle mehr spielt, hat den Menschen zerstört und zu einem gewaltigen Verlust an Potenzialen geführt, weil der Beitrag des Einzelnen nun mal wesentlich mit dessen Begreifen von Sinn und Relevanz im eigenen Weltbezug verbunden ist. Die Abweichung ist nicht Störung der Produktion, sondern Grundlage einer Produktivität, die zu einer gemeinsamen Welt beiträgt, die alle als eine Welt erleben, die auch ihnen als ganzen Menschen zum Überleben hilft.

Mein Ansatz führt zu einer fundamentalen Aufwertung einer jeden Arbeiter:in als selbstbestimmtes Wesen, das in dessen Andersartigkeit gewollt ist.

FIXPUNKTE UND RAHMEN

Wo aber liegt nun die Ordnung des Inneren eines Systems, mit deren Hilfe sich Gesellschaften in alltäglichen Fragen organisieren lassen?

Erinnern wir uns! Die Fixpunkte sind wie die kleinsten Bausteine der materiellen Welt. Sie verändern ihr Erscheinen pausenlos. Sie sind in gewisser Weise schwer berechenbar, es sei denn wir zwingen sie in einen kontrollierten Raum. Sie zu definieren ist schwierig, aber wir gehen davon aus, dass sie da sind. Weil wir davon ausgehen, haben wir uns ihnen angenähert, unserer Welt aus diesen Erkenntnissen heraus verändert. Die Fixpunkte sind im übertragenen Sinne das für die Schöpfungskraft und Kreativität des Menschen, was die kleinen Teilchen für die Materie sind. Manchmal erscheinen sie uns wie Kräfte, oder wie Motive. Wie absolute Ideen oder wie Attraktoren die Menschen seit Tausenden von Jahren prägten. Wie Gefühle, Inspirationen oder intuitive Erkenntnisse. Die Reise zu diesen Fixpunkten ist die Grundvoraussetzung für neue Perspektiven, neue Ideen, neue Produkte, neue Gesellschaften. Und doch bleiben sie ein Geheimnis. Alles, was sich in uns bewegt, geht von einem Kern aus. Es gibt keine Bewegung, ohne dass irgendwann der Impuls dafür gesetzt wurde. Dieser Impuls aber löst eine Welle aus, die gewissermaßen in der äußeren Welt, also in unseren Handlungen, ausläuft. So formen die Fixpunkte unsere Welt durch uns, durch unser Bewusstsein.

ES BEGINNT MIT WENIGEN FRAGEN:

Wer bin ich?

Was will ich?

Was liebe ich?

Mit wem möchte ich zusammen sein?

Warum machen wir die Dinge so und nicht anders? Ist es wirklich?

Was ist der Sinn?

Warum reagiere ich auf diese Weise? Wovor habe ich Angst?

Lassen Sie uns diesen Gedanken weiter verfolgen: Stellen Sie sich vor, Ihr Sein wäre ein akustischer und absoluter Ton, der im Moment aber durch Rauschen überlagert, nur schwach zu hören ist. Je näher Sie dem Ton, oder dem Impuls kommen, umso kraftvoller beginnt dieser zu schwingen und umso klarer wird der Rhythmus. Erinnern Sie sich an einem Moment im

Leben, an dem Sie sich voll und ganz einer Sache bewusst wurden und diese Erkenntnis Ihr ganzes Sein, Ihren Körper, Ihre Gefühle ergriff. Das sind die Momente, in denen wir den Fixpunkten ganz nah sind.

Machen Sie sich bewusst, dass es so viele absolute Töne, also über das Individuelle hinaus verbindende Fixpunkte im Universum gar nicht gibt, und der Unterschied zwischen den Menschen im Grad des Rauschens liegt. In der Form wie sie die Struktur der Natur ausleben, in jeder Sekunde neugestalten. Eine Gesellschaft mit viel Rauschen beispielsweise hätte Schwierigkeiten, eine gemeinsame Ordnung, wie eine Oktave, zu finden. Je mehr Menschen aber zum Kern vordringen, umso stärker wird die Resonanz. In einem geschlossenen System entsteht dadurch rhythmische Ordnung. Dies liegt daran, dass das, was uns im Inneren ausmacht, stets von universeller Qualität ist. (Singularität) Gerechtigkeit, Hilfsbereitschaft, Mitgefühl, Humor, Mut, Schönheit und Glück sind Motive, die jeden Menschen durchdringen. Jenes gefühlte Sein berührt uns alle und verleiht uns Zusammenhalt, und somit auch Struktur. Ich spreche also von jener Ordnung, die man Wahrhaftigkeit, Liebe oder Resonanz nennen könnte. Jene Ordnung, die beispielsweise das Verhältnis einer Mutter zu ihrem Kind bestimmt. Jener Instinkt, der uns das Richtige tun lässt, ohne dass dies von außen bestimmt werden könnte.

Diese Begriffe sind nicht nur Schlagwörter, sondern sie bestimmen unser Handeln, ja oft ein ganzes Leben. Sie sind das universelle Gerüst jeder Gesellschaft, dass aber im Rauschen verborgen bleibt. All unser Handeln geht im Kern von wenigen Grundmotiven des Menschen aus. Entfernen wir uns von diesen, können wir nicht mehr begreifen, was unsere wirklichen Motive sind. Wir entfremden uns von den Chancen unserer Zeit.

Dies hat klare praktische Konsequenzen. Die Fixpunkte zu suchen, ist kein Trip der Selbstverliebtheit, sondern der Schlüssel, um Bewusstsein in die größten Konflikte und Probleme dieser Welt zu bringen. Die Fixpunkte wirken sich, werden sie bewusst integriert, auf die Art aus, wie wir mit Konflikten und Veränderungen umgehen.

Der Gegenspieler zum Abenteurer und Fixpunktejäger ist der Rahmenbauer, also der Mensch der sich dem Umfeld anpassen möchte, Sicherheit in einem nach außen definierten Rahmen sucht. Wir alle tun das. Die Frage ist nur wann es sinnvoll ist die Welt in Arbeitsabläufen und Masterplänen festzulegen und wann wir konkret hinschauen müssen um zu sehen was da Neues vor unseren Augen ist, wie wir die Ressourcen von Menschen in besonderen Situationen integrieren können. Die Frage lautet: Wollen wir Gesellschaften verwalten, oder wollen wir sie beleben? Die Kardinalfrage lautet: Wie können wir beides verbinden?

Ich möchte mit einem Beispiel (Abb. 2) beginnen das verdeutlichen soll, wann es sinnvoll ist, Rahmen als Grundlage der Gestaltung zu verwenden und wann nicht. Dieses Beispiel verdeutlicht, wie eine Gesellschaft auf der Basis des ständigen Wandels bereits im Kleinen aufgebaut sein müsste, um sinnvolleres Handeln zur Folge zu haben und mehr innere Wahrheit auszudrücken.

Abb.2: *Zufällige Begegnung zweier Paradigmen*

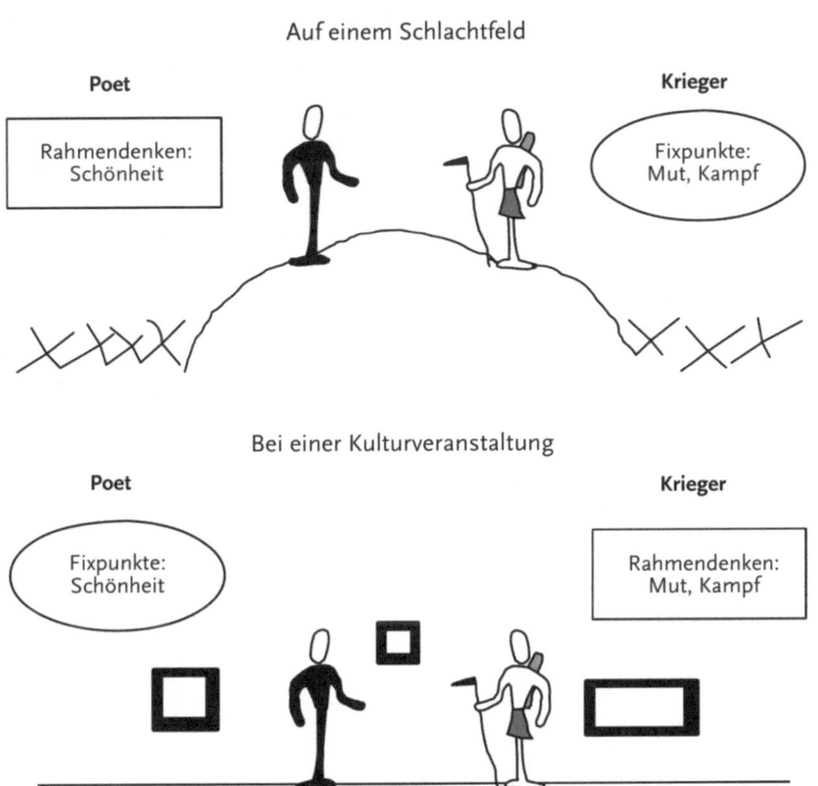

Die zwei Typen, ein Poet und ein Krieger, begegnen sich in zwei unterschiedlichen Situationen. Beide stehen gegensätzlich zum Paradigma des jeweils anderen. Beide sind zunächst Ausdruck von Wahrheiten (Fixpunkte). Sie leben ihr Leben vom selben gemeinsamen Kern ausgehend, haben sich aber in andere Richtungen entfaltet. Das Schlachtfeld ist der Ort an dem der Krieger zu Hause ist. Die Kulturveranstaltung ist dem Poeten vertraut. Innerhalb ihrer jeweiligen Welt drücken Sie wichtige Fixpunkte aus.

Der Krieger verkörpert Mut und Kampf als universelle und absolute Fixpunkte. Der Poet verkörpert Schönheit als wichtigen Fixpunkt. In ihrer jeweiligen Umgebung ermöglichen ihnen ihre Kerne, den Augenblick komplex wahrzunehmen und entsprechend den Erfordernissen zu handeln. Doch sobald sie in das jeweils andere Paradigma wechseln, also die Zeiten sich verändern, der Poet also auf dem Schlachtfeld steht und der Krieger bei der Kulturveranstaltung auftaucht, werden ihre Fixpunkte zu Rahmen, die sie daran hindern, situationsgerecht zu agieren. Sie haben so lange in der einen Welt gelebt, dass sie den Bezug zu ihrem inneren Wandel verloren haben. Sie haben sich selbst nur noch mit dem jeweiligen Fixpunkt identifiziert, statt zu verstehen, dass alle Fixpunkte in unserem Inneren in großen und kleinen Zyklen fließen und unser Selbst aus dem jeweiligen Augenblick erwächst und nur als Integration aller Fixpunkte für die Ewigkeit gebaut ist. Der moderne Mensch aber hat innere Integrität nie gelernt, weil er sich in einer Leistungsgesellschaft stets gegen den anderen definiert.

Dies passiert, weil die Angst vor innerer Veränderung, die möglicherweise den äußeren Status gefährdet, die Menschen dazu bringt, sich nur noch am Äußeren zu orientieren. Auch unsere Universitäten, ja die ganze Wirtschaft ist heute darauf ausgelegt Menschen an äußeren Dingen zu definieren. Und das ist der Punkt.

Der Poet schreibt beispielsweise ein Gedicht und wird währenddessen erschlagen. Denn was in einem anderen Kontext ein wichtiger Fixpunkt ist, nämlich Schönheit, wird plötzlich zu einer Mauer der Voreingenommenheit. Er merkt nicht mehr, wie sein Inneres stagniert, wie sein Handeln ihn längst in eine an der Oberfläche liegende Rolle gedrängt hat. Er kann seine innere Stimme nicht mehr hören, die laufend sagt, dass er nun weglaufen soll. Das am nächsten liegende wird nicht erkannt. Diese Erfahrung machen moderne Gesellschaften laufend. Sie geraten in eine Krise, die so lange andauern wird, bis sie sich von der verkrusteten Rolle lösen, und neue Kerne integrieren. Indem also der Poet Mut entfaltet, und der Krieger Sensibilität. Dadurch wächst eine Gesellschaft zusammen und wir erkennen uns selbst im Anderen. Die Krisen- und Realitätskompetenz nimmt zu. Es eine Rückbewegung von der Entfaltung des Einzelnen zurück in die Singularität des ursprünglichen Origami-Blattes, also in die gemeinsame Struktur. Ohne diese Bewegung des Selbstausdrucks aber, würde sich die Struktur nicht erweitern, sie bliebe unterkomplex.

Natürlich ist eine Gesellschaft umso dynamischer, umso mehr Kerne von den Menschen integriert werden. Angst nimmt ab und die Produktivität und Kreativität in der Wirtschaft steigt. Ich denke Sie verstehen, wie oberflächliche Gesellschaften die Angst vor Veränderung verstärken, während nach innen gewandte Gesellschaften Veränderung als Aufrechterhaltung der Ordnung und des freien Willens begreifen.

Indem eine Gesellschaft lernt, immer besser aus dem Augenblick und dem Unmittelbaren herauszuhandeln, wird sie offener, toleranter, dynamischer und kraftvoller, und stürzt sich eben nicht in Anarchie und Chaos. Sie erkennt natürliche Hierarchien des Moments.

Gewiss ist es hier für manche noch schwer vorstellbar, wie das Gemeinwesen mit all den komplexen Zusammenhängen wie Infrastruktur, soziale Sicherung, Justiz usw. geregelt werden kann, wenn von äußeren Rahmen abgewichen wird. Auch dies wird im Laufe des Buches erklärt werden. Zunächst ist es wichtig zu verstehen, dass Freiheit nicht mithilfe globaler Bestimmungen bewahrt werden kann ohne soziale Krisen heraufzubeschwören.

Carl Gustav Jung, »Psychological Types« zeigt, dass einseitige Identifikation mit einer Typfunktion (z. B. Krieger = Tat, Poet = Gefühl) zu neurotischer Starre führt, während Individuation verlangt, die komplementäre Seite zu integrieren. Kazimierz Dąbrowski, »Positive Disintegration« → erklärt, dass Krisen erst entstehen, wenn ein Mensch an einer alten Rollen-Struktur klebt; Wachstum erfordert Zerfall fixierter Ich-Schichten und Rekombination der inneren Kerne. Robert Kegan, »In Over Our Heads« → zeigt empirisch, dass Komplexitätsstufen des Selbst vom »sozialisierten Ich« (äußere Bestätigung) zum »selbst-transformierenden Ich« (Integration widersprüchlicher Werte) führen; wer steckenbleibt, scheitert an neuen Lebenskontexten. Edgar Morin, »La Méthode 2: La vie de la vie« → argumentiert, dass lebendige Systeme nur durch die Dialektik von Ordnung und Störung lernen; Fixierung auf eine einzige Organisationslogik macht sie fragil. Heifetz & Linsky, »Leadership on the Line« → zeigt, dass »Adaptive Leadership« verlangt, eigene Kernkompetenz zu verlassen (Krieger ↔ Sensibilität, Poet ↔ Mut), um kollektive Krisen zu bewältigen. Hartmut Rosa, »Resonanz« – belegt, dass Resonanzfähigkeit (Offenheit für das Unerwartete) höhere Krisen- und Realitätskompetenz erzeugt als rein funktionales Rollenhandeln. Victor Turner, »The Ritual Process« beschreibt Liminalität: wer von einer festen Rolle in eine Fremdzone tritt, erfährt Auflösung der alten Ordnung und kann neue Gemeinschaft (»Communitas«) stiften – vorausgesetzt, beide Pole (Mut & Schönheit) werden integriert.

Wir alle kennen die Ungerechtigkeit der Bürokratie, die unfähig ist, individuelle Leistung, Schuld oder Freiheit differenziert zu betrachten. Ungleichheit und Gleichheit kann man nicht von außen, nur auf einer Ebene beurteilen. Alles hängt mit allem zusammen. Wir sind miteinander verbunden, können nur gemeinsam die großen Fragen des Lebens lösen.

Die Fixpunkte, also unsere inneren Motive, sind vom sie umgebenden Raum nicht getrennt, sie sind nur durch ihre Bewegung im jeweiligen Moment herausdifferenziert. Jedoch sind sie, weil Sie eben Bewegung darstellen, wie Abschnitte von Wellen, die sich aus den inneren Kräfteverteilungen ergeben.

Sie unterliegen einer Struktur, die ich mit diesem Buch zu erforschen begann. Sie sind nicht zufällige Anordnungen von Wünschen und Sehnsüchten, sondern gehören zu größeren Prinzipien der Natur und Evolution.

DIE ROLLE DER ANGST IM SCHÖPFUNGSPROZESS

Schauen wir uns nun eine wesentliche Dynamik bei der Entstehung von Fixpunkten und deren Integration in Systeme genauer an. Wenn wir die menschliche Evolution, und vor allem die Evolution von Gesellschaften betrachten, wird erkennbar, dass Liebe und Angst als wesentliche Impulse des Menschen, diese stets in einen Kampf um die Freiheit verstrickten und es immer noch tun. Während die Liebe oftmals den erwünschten Fixpunkt fühlbar, erfahrbar macht, verkörpert die Angst mehr die ungeliebte Wahrheit (Erkenntnis, Fixpunkt), die innere Struktur, die wir nicht sehen möchten. Während die Liebe stets zu den Stärken der neuen Fixpunkte führt, die integriert werden wollen, lässt die Angst den Menschen in Regression verfallen und somit strukturell schwach werden. So bleiben wir den inneren Realitäten des Moments stets fern. Humberto Maturana & Francisco Varela, »The Tree of Knowledge« → zeigen, dass Liebe als ursprünglicher »Erhalt des Anderen im Sein« die ko-evolutionäre Basis sozialer Systeme bilden, während Angst defensive Strukturbildungen erzwingt. Antonio Damasio, »The Feeling of What Happens« → belegt neurowissenschaftlich, dass positive Affekte (Nähe/Liebe) das Bewusstsein erweitern und neue »proto-Selbst«-Karten (Fixpunkte) einzeichnen, während Furcht-Netzwerke die Reflex-Abwehr aktiviert. Stephen Porges, »The Polyvagal Theory« → erklärt, dass das autonome Nervensystem zwischen sozialem Bindungsmodus (love/safety) und Kampf-/Fluchtmodus (fear) umschaltet; dieser Switch bestimmt, welche inneren Wahrheiten zugänglich oder abgewehrt werden. John Bowlby, »Attachment and Loss« → zeigt, dass sichere Bindung (Liebe) exploratives Lernen fördert, unsichere Bindung (Angst) hingegen zu fixierten Abwehrstrukturen führt; so entstehen unterschiedliche Entwicklungs-Fixpunkte. Erich Fromm, »Die Kunst des Liebens« → argumentiert, dass Lieben eine aktive Kraft der Integration und Freiheit ist, während Angst zur Flucht in Konformismus und Autoritarismus zwingt – zentrale Dynamik gesellschaftlicher

Evolution. Sheldon Solomon, Jeff Greenberg & Tom Pyszczynski, »The Worm at the Core« (Terror-Management-Theorie) → zeigen empirisch, dass Angst vor Vergänglichkeit kulturelle Abwehrmechanismen produziert, während Liebe/Verbundenheit Offenheit für andere Weltbilder ermöglicht.

Weil die Natur sich in Zyklen wiederholt, immer wieder dieselben grundlegenden Werte in uns wirken, neigen wir manchmal dazu, diese in ihrer aktuellen Erscheinung als die negativen Erfahrungen, die sie mal waren, oder als die Künftigen, die wir uns erhoffen, misszuverstehen. Wenn Sie beispielsweise einmal von der Liebe enttäuscht wurden, glauben Sie, immer von der Liebe enttäuscht zu werden. Sie verwechseln den Fixpunkt Liebe mit den äußeren Bedingungen früherer Augenblicke. Wenn also das nächste Mal der Fixpunkt Liebe in ihrem Leben die Bühne betritt, meldet sich sofort die Angst. Das ist die Wurzel der Voreingenommenheit und zugleich die Dynamik vieler sozialer Probleme in Gesellschaften. Wenn Gesellschaften sich innerlich nicht mehr der Wandlung gegenüber öffnen, entstehen Parallelwelten, die sich über Spaltung und Missverstehen definieren und die Entwicklung einzelner Menschen blockieren. Wenn das Gegenüber immer nur im Äußeren wahrgenommen wird, entsteht beispielsweise schnell Rassismus, also die grundlegende Angst vor Menschen einer bestimmten Gruppe. Man sieht die innere Wandlung derer nicht, die von zu Hause fortgegangen sind, um etwas Neues zu erfahren und verteilt Stempel, die sie dazu zwingen, sich mit dem Alten wieder zu verbrüdern. So ist es mit dem Islam in Europa viele Male passiert. Innere Fixpunkte sind universell und kehren immer wieder zurück. Die Suche nach absoluten, spirituellen, emotionalen oder idealistischen Antworten auf Fragen des Lebens, hört nicht einfach auf, weil es zu bestimmten Zeiten glückliche oder weniger glückliche Umsetzungen davon gab. Wie Sozialismus, Faschismus, Gottesstaaten, Rationalismus oder die Antiatomkraftbewegung. Sondern die darin tief verschütteten Fixpunkte kehren immer wieder, weil sie für uns wichtig sind, weil wir uns ohne diese Fixpunkte nicht weiterentwickeln und Teile unseres Selbst zum Leidwesen vieler Menschen verdrängen. Dies ist die Folge, wenn politische, ökonomische und religiöse Strukturen sich zu sehr an Äußerlichkeiten orientieren und ihre Werte zu Rahmen werden, statt einfach nur dynamische Kräfte zu bleiben. Fortschritt ist immer ein Prozess der Integration. Wenn eine Gesellschaft Dinge ablehnt, ohne den dahinterstehenden Wert zu betrachten und zu integrieren, kommt sie nicht weiter. Sie verliert Struktur und Bewusstsein.

Diese Worte schrieb ich angesichts der Folgen den 11.September 2001. Heute ist es schwer nachzuvollziehen, wie die Stimmung damals war. Wie groß die Sehnsucht nach innerer Freiheit und Authentizität, angesichts des Aufstiegs populistischer Politik und offenen Hasses gegen Fremde. Für Menschen, die nach diesem Tag geboren wurden, ist es vielleicht schwer zu verstehen, wie anders die Welt davor war. Zumindest im Westen, in Europa und den USA lebte man in einer Zeit, in der es ewig aufwärts gehen sollte. Man dachte die Zeit der großen Krisen wäre vorbei und es würde keine großen Konflikte mehr geben. Die Welt schien auf dem Weg zu einer globalen Menschheit zu sein, die in Frieden und Gemeinschaft leben könnte. Heute haben wir Donald Trump im Weißen Haus. Es ist seine zweite Amtszeit. Jeder Tag ist von neuen Lügen und mehr Hass geprägt.

Welche Gesellschaft aber ist in der Lage ihre Probleme darin zu sehen, dass sie das Innere nicht mehr wahrnimmt? Dass sie nicht mehr über den Fake hinweg ins authentische Innenleben ihrer selbst blicken kann?

Zeige mir Deine Ängste, und ich zeige Dir Deine Vergangenheit und Deine Zukunft! Deine Gegenwart aber ist darin nicht zu erkennen. Die Evolution ist in gewissem Sinne die Geschichte des Kampfes zwischen Vergangenheit und Zukunft um das Deutungsmonopol des Hier und Jetzt. Immer wieder rangen neue Strömungen mit alten Ängsten wurden zu neuen Stärken und neuen Ängsten. Und doch wurde der Mensch immer differenzierter und sicherer in seiner Lebensführung. Die Fixpunkte entfalten sich entlang zweier wesentlicher Prinzipien, die ich als die zwei Sätze der Erweiterung des Individuums und seiner Gesellschaft beschreiben möchte. Wenn jene Kraft, die diesen zwei Sätzen am stärksten entspricht, verwirklicht wird, kann eine Gesellschaft, eine Firma, ein Mensch den nächsten Fixpunkt finden.

1. Die Kraft nimmt zu mit der Authentizität der inneren Entfaltung einer Bevölkerung.

2. Die Angst nimmt ab mit der Zunahme an Integration in einer Gesellschaft.

Abb. 3: Bewegungsrichtung der Fixpunkte

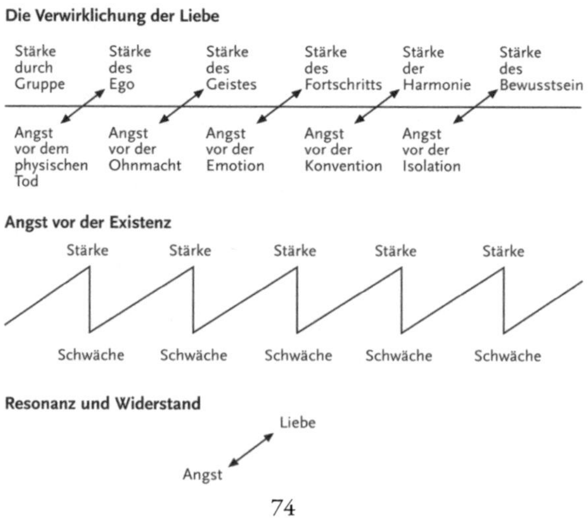

Beide Punkte werden auch in der repräsentativen Demokratie nur sehr reduziert umgesetzt, und schon gar nicht in einem Prozess ständigen Wandels. Statt Punkt 1 verwirklichen die meisten Regierungen entfremdete Konzepte, die sich gegen Vielfalt und unmittelbare Lebenswirklichkeiten wenden. Statt Punkt 2 basiert die Ordnung von Nationalstaaten häufig auf Spaltung. Es wird pausenlos gewertet und ausgeschlossen.
Unter Integration verstehe ich das Einbinden von immer mehr Fixpunkten des Augenblicks, was eine Gesellschaft immer vielfältiger und ganzheitlich macht. Dadurch wächst die Akzeptanz der Bedeutung aller Lebensformen für das Ganze. Dualistische Rahmen des Äußeren, wie Gut und Böse, nehmen ab.

Wenn diese zwei Prinzipien verwirklicht werden, finden sich die Lösungen von selbst. Wir verstehen dann, was gewollt ist. Wir verstehen das »Warum« in unserer Existenz. Diese zwei Sätze zeigen auch die Richtung in die moderne Demokratie verbessert werden kann. Ganz wesentlich bei der Beurteilung einer Entscheidung ist aber immer folgende Überlegung.

Die Hierarchie sollte stets in der inneren Kraft einer Sache gefunden werden, nicht in der Angst. Vorrang hat also, was starke innere Kraft (nicht äußere) ausstrahlt, und zugleich Angst nimmt.

ZUSAMMENFASSEND

Die Evolution ist das ständige Streben nach innerer Freiheit. Weil dadurch Komplexität, also weitere Entfaltung der Singularität möglich wird. Eine freie Gesellschaft ist nur denkbar, wenn der Mensch zu einer natürlichen Ordnung des Inneren findet. Wird diese zum Ausdruck gebracht, entfaltet eine Gesellschaft große Klarheit und Vitalität. Dafür aber ist es erforderlich die Gesellschaft so umzubauen, dass sie äußere Strukturen bildet, die sich in einem Gleichgewicht zwischen äußerer Ordnung und innerer Dynamik entfalten. Die Existenzgrundlage von Gesellschaften sollte also mehr auf innerer Bewegtheit, statt auf äußerer Normierung beruhen, um eine wahrhaft freie Gesellschaft aus heutiger Sicht zu ermöglichen. Zumindest geht es um ein gesundes Gleichgewicht. Weder Kapitalismus noch Demokratie bilden in ihren heutigen Formen ausreichend Dynamik. Das Problem des Kapitalismus ist die starke Ausrichtung auf rein materielle Werte, auf Objekte und Produkte, sowie auf die Arbeit als objektiviertes Produkt. In den demokratischen Systemen ist die Partizipation noch immer zu schwach ausgebildet und viel zu stark in Ritualen und institutionellen Formen verankert, als lebten wir noch in Gesellschaften des 19. Jahrhunderts, ohne Globalisierung in heutiger Form und ohne soziale Medien.

Stuart Kauffman, »At Home in the Universe« zeigt, dass Selbstorganisation und steigende Komplexität nur in Systemen entstehen, die zugleich strukturiert und dynamisch offen bleiben – innere Freiheit ist Evolutionsmotor. Ilya Prigogine, »Order out of Chaos« → erklärt, dass dissipative Strukturen (offene Systeme fernab des Gleichgewichts) ihre Vitalität aus innerer Bewegtheit schöpfen; zu viel äußere Normierung erstickt Evolution. Amartya Sen, »Development as Freedom« → belegt, dass gesellschaftlicher Fortschritt auf der Entfaltung individueller Freiheits-Kapazitäten basiert, nicht auf top-down Normierung; wahres Wachstum ist »inner freedom first«. Abraham Maslow, »Toward a Psychology of Being« → sagt, dass Selbstaktualisierung = höhere Komplexität des Selbst; Gesellschaften, die innere Ordnung fördern, werden kreativer und stabiler. Peter Senge, »The Fifth Discipline« → zeigt, dass lernende Organisationen ein Gleichgewicht zwischen klarer Struktur (äußere Ordnung) und kontinuierlicher innerer Erneuerung halten müssen, um vital zu bleiben. Karl Popper, »The Open Society and Its Enemies« → argumentiert, dass nur offene, evolutionsfähige Gesellschaften dauerhafte Freiheit sichern; feste Dogmen blockieren Komplexitätsentfaltung. Niklas Luhmann, »Soziale Systeme« → beschreibt Gesellschaft als autopoietisches System, das Ordnung durch rekursive innere Dynamik erzeugt; äußere Steuerung allein kann diese Komplexität nicht leisten. Edgar Morin, »La Méthode 3: La Connaissance de la Connaissance« → betont, dass Komplexitätsdenken eine Balance von Struktur und Bewegtheit verlangt; ohne innere Selbstorganisation kippt ein System in Starrheit.

Außerdem muss die Liebe zu Etwas stärker gewichtet sein als die Angst vor Strafe. Die meisten modernen Gesellschaften sind aber nach wie vor auf Angst begründet und verwirklichen darum nur äußere scheinbare Freiheit. Von innerer Freiheit aber ist auch in modernen Demokratien noch immer zu wenig zu finden. Alle Konflikte, von der Globalisierung bis zum Zerfall der Kulturen, kreisen um den Mangel an innerer Autonomie und Partizipation des Menschen.

In meinen späteren Büchern »Die Physik der Armen«, »Radical Worker« und »Speeds Arbeit« habe ich diese Grundprinzipien jeweils für andere Bereich vertieft und weiter ausgeführt. All diese Überlegungen aber nahmen mit »Gesellschaft ohne Vertrauen« ihren Anfang.

DISSOZIATION UND DIFFERENZIERUNG

Wandlung als wissenschaftlich fundierter Prozess, als kulturell getragenes Wissen, ist in den meisten Gesellschaften immer noch ein großes Tabu. Man lässt häufig weder freie Prozesse laufen, noch werden diese intelligent begleitet. Mit Zunahme an äußerem Aktionismus der Politik oder des Managements gehen immer mehr die wesentlichen Dinge einer Gesellschaft verloren. Sie werden durch ritualisierte Formate ersetzt. Die Bevölkerung spürt dies, findet aber nicht zu sich selbst. Es weiß nicht mehr, was es will. Zu lange wurde es vom Inneren getrennt, sprich hat verlernt, oder nie erlernt, wie Wandel geht. Diese Zeit ist wesentlich davon geprägt, dass Träume und innere Kreativität fehlen. Die Menschen trauen sich nichts mehr zu. Sie finden nicht zu ihrem inneren Rhythmus. Kurt Lewin, »Frontiers in Group Dynamics« erklärt, dass echter Wandel nur gelingt, wenn das soziale Feld auftaut, sich neu strukturiert und wieder stabilisiert; ohne innere Unfreezing-Phase bleiben Systeme in oberflächlichem Aktionismus stecken. William Bridges, »Transitions« zeigt, dass Organisationen und Gesellschaften äußere Veränderungen scheitern lassen, wenn sie den psychologischen Übergang (Loslassen, Leere, Neubeginn) tabuisieren. Otto Scharmer, »Theory U« – argumentiert, dass Transformationsprozesse eine kollektive Innenschau (»Presencing«) erfordern; ohne Kontakt zur inneren Quelle verlieren Akteure Klarheit und Kreativität. Edgar H. Schein, »Organizational Culture and Leadership« belegt, dass kultureller Wandel misslingt, wenn Führung nur Strukturen manipuliert und nicht die tiefliegenden gemeinsamen Grundannahmen adressiert. Jack Mezirow, »Transformative Learning in Practice« illustriert, dass Menschen erst durch kritische Selbstreflexion ihrer Deutungsmuster zu handlungsfähiger Autonomie finden; wird dies unterdrückt, entsteht Orientierungslosigkeit. Hartmut Rosa, »Beschleunigung und Entfremdung« legt empirisch dar, dass politischer und ökonomischer Aktivismus ohne Resonanzbeziehungen zu inneren Bedürfnissen in kollektive Sinnleere und Ohnmacht führt. Teresa Amabile, »Creativity in Context« weist nach, dass kreative Motivation verkümmert, wenn externe Kontroll- und Bewertungsfaktoren dominieren und Innerlichkeit keinen Raum erhält. Erich Fromm, »Die Furcht vor der Freiheit« erklärt, dass Gesellschaften, die Menschen von ihrer Innenwelt abtrennen, zu Konformismus und Passivität neigen; wahre Selbst- und Gesellschaftsentfaltung benötigt inneren Mut. Victor Turner, »The Ritual Process« zeigt anthropologisch, dass gemeinschaftliche Krisenrituale Liminalräume eröffnen, in denen Individuen neue Identitäten und kollektive Visionen finden; fehlt dieser Rahmen, bleibt Wandel tabuisiert.

Weil der Rahmen immer weniger passt, wachst die Orientierungslosigkeit, weil zunächst ein Vakuum hinterlassen wird, in dem der Augenblick keine neue Struktur erkennbar werden lasst. Diese entsteht in komplexen Welten im Hintergrund und wird zunächst kaum bemerkt. Der Zerfall schleicht durch die Hintertür einer fragmentierten Gesellschaft und wird höchstens als Kulturzerfall beschrieben, aber stets dem Fortschritt untergeordnet, ohne zu erkennen, dass der aktuelle Fortschrittsrahmen das ist, was gerade zerfallt.

Die meisten Rahmen bemerken ihren eigenen Tod nicht. Ihre Vertreter neigen dazu zu klammern, was das Vakuum und die Orientierungslosigkeit, natürlich auch die Angst im Hintergrund zunehmen lässt. Umso vielschichtiger eine Gesellschaft ist, umso länger dauert es, bis eine breite Masse den Zerfall bemerkt. Der Untergang des Sozialismus war ein langsamer Prozess, der lange Zeit vielen Menschen nicht bewusstwurde. Der Untergang des Kapitalismus hingegen dauert noch wesentlich länger. Weil wir heute durch unsere Medien wesentlich mehr nach außen orientiert sind. Wir bemerken zwar, dass dieser Rahmen nicht mehr passt, aber wir können nicht sagen warum. Denn in einer solchen Individualkultur und einer solchen Globalkultur, die an sich sowieso wenig strukturelle Scharfe aufweist, ist der Zusammenhang sehr schwammig. Darum haben wir heute viele Protestbewegungen, aber wenige alternative Ideen über das Zusammenleben. Diese lassen eine gewisse Zeit auf sich warten oder werden von den inneren Ängsten der Protestbewegungen sogar unterdrückt. Denn es ist einfacher gegen etwas zu sein, was offensichtlich ein Problem ist, als für etwas zu sein, von dem man noch nicht weiß, ob es der richtige Weg ist.

Tatsachlich machen wir in solchen Phasen viele Fehler, was auch der eigentliche Sinn ist. Denn die neuen Fixpunkte entstehen nur, wenn wir uns ein Stück weit dem Chaos hingeben und die Ängste integrieren. Wenn wir so lange warten, bis wir ein fertiges Ergebnis anbieten können, werden wir sehr lange leiden müssen und meist von gewaltsamen Revolutionen überholt. Doch in diesem Prozess des Überganges von der Dissoziation zur neuen Differenzierung liegt der Ursprung der neuen Fixpunkte. Was ich nun beschreiben mochte, ist ein grundlegender Prozess, der als Phase der Wandlung beschrieben werden konnte.

Diese Phase könnte irgendwann ständiger Bestandteil einer neuen Gesellschaft sein, der aber, weil nicht mehr verdrängt, viel weniger Schaden anrichtet als in der Vergangenheit, als wir überwiegend von statischen Gesellschaftsformen bestimmt waren. Wenn wir das Wesen der Veränderung kennen, kann die Gesellschaft diese für sich nutzen, statt sie zu bekämpfen. Das ist das Ziel der hier vorgestellten Gesellschaftsordnung der Fixpunkte.

Das nächste Bild (Abb. 5) zeigt die zwei Phasen Dissoziation und Differenzierung und beschreibt, wie der Mensch mit dieser Welle der

Wandlung, die von der Quelle ausgeht, heute in der Regel umgeht und wie er später damit umzugehen lernt.

Abb. 5: *Die Welle der Dissoziation*

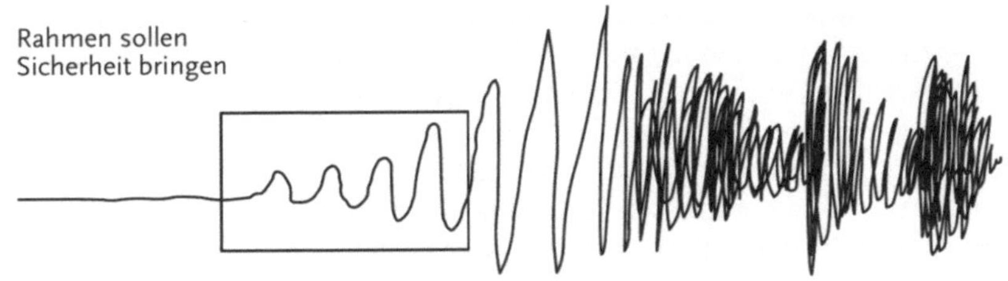

Die Zeiten sind turbulent. Die Ausdruckskraft
einer Gesellschaft ist schwach und orientierungslos.
Der Mensch ist weitgehend fremdbestimmt durch äußere
Rahmen, die ihm von seiner Angst auferlegt werden.

Die Zeiten der Differenzierung sind jene Zeiten in
denen Gesellschaften wieder hin zu universellem
Gleichgewicht finden. Die Gestaltung wird kraftvoll,
weil auf den Fixpunkten des Augenblicks aufgebaut.

In Zeiten der Dissoziation geht Struktur verloren und Gesellschaften beginnen zu zerfallen. Die Probleme mit Rahmendenken werden immer starker. Denken Sie an das alte römische Reich beispielsweise, das mit Zunahme der Globalisierungstendenz immer mehr an Zusammenhalt und Struktur verlor, und schließlich zerfiel. Zeiten der Dissoziation sind Zeiten, in denen Kultur, Kunst, Spiritualität weitgehend aus Gesellschaften verdrängt werden und stattdessen Ökonomie, Krieg und Realismus hervortreten. Diese versuchen dann krampfhaft den konservativen Rahmen aufrecht zu erhalten. Aus diesem zunehmenden Chaos erwächst aber schließlich eine neue Differenzierung aus dem Nichts heraus. Es wird also innerhalb dessen, was außerhalb des alten Rahmens liegt, ein neuer Wert erkennbar. Dieser wird in dem Moment so scharf erkannt, wie später kaum noch, wenn er selbst zu einem Rahmen wird.

Diese zwei Phasen, Dissoziation und Differenzierung, beschreiben immer bestimmte Abschnitte in der Geschichte der Menschheit in denen unterschiedliche Gesellschaftsmodelle entstanden. Hochkulturen, die überwiegend in differenzierten Zeiten wuchsen, basieren alle auf ganzheitlichen Weltbildern, während in Zeiten des Zerfalls meist eine zusammenhangslose Welt aus chaotischen Machtblöcken, aus einzelnen Glaubensströmungen, oder aus der Dominanz einzelner Gesellschaftsbereiche heraus entstand. Oswald Spengler, »Der Untergang des Abendlandes« zeigt, dass Hochkulturen ganzheitliche »kulturelle Seelen« besitzen, die in der Spätphase zerfallen, sobald einzelne Funktions-Bereiche (Technik, Ökonomie) das Ganze dominieren. Pitirim Sorokin, »Social and Cultural Dynamics« unterscheidet »Ideational« Hochphasen (ganzheitlich-transzendent) und »Sensate« Zerfallsphasen (fragmentiert, materialistisch) – zyklischer Wechsel zwischen Fülle und Dissoziation. Hochkulturen sind wesentlich von Ganzheitlichkeit und Fülle geprägt. In diesen Zeiten gab es beispielsweise immer ein Leben nach dem Tod und die Welt war voller übergeordnetem Sinn und das Nichts existierte nicht. Arnold J. Toynbee, »A Study of History« → beschreibt das Aufkommen von Zivilisationen als Antwort auf ein kreatives »Challenge-and-Response«; scheitern sie daran, verengen sie sich zu dominanzgetriebenen Machtblöcken. In dissoziierten Phasen gewann stets ein einzelner Gesellschaftsbereich die Oberhand und unterdrückte alle anderen Bereiche. Jean Gebser, »Ursprung und Gegenwart« → skizziert Bewusstseins-Epochen; die integrale Phase ist ganzheitlich, während die mental-rationale Spätmoderne in »defizitäres« Rahmendenken zerfällt. Die Rahmen wurden zu dominant. Entweder alles wurde beherrscht von einem Diktator und Militärmachthaber oder alles drehte sich nur um Ökonomie oder um Religion. Sie sehen schon, dass die Moderne demnach keine Phase der Entstehung einer neuen Hochkultur aus einem wichtigen Fixpunkt heraus ist, sondern eine Phase der Dissoziation, also der Blockade durch Rahmendenken. Es ist eine Phase des Zerfalls von klarer Struktur in der auslaufenden Welle. Ilya Prigogine & Isabelle Stengers, »Order out of Chaos« → erklärt, dass Systeme in Phasen hoher Struktur-Dichte instabil werden und in »dissipative« Zerfallszustände kippen, bevor neue Ganzheiten entstehen. In der Tat weist die Moderne keine ganzheitliche Struktur mehr auf. Der moderne Mensch ist, wie zuvor besprochen, dissoziiert, was bedeutet, dass seine Gestaltung in den leeren Raum hinein passiert. Es gilt nur noch das eigene Paradigma, also nur die eine Perspektive, die sich nicht selbst als Aspekt des Ganzen begreift. Der Kern ist verschüttet. Gregory Bateson, »Steps to an Ecology of Mind« → führt das Konzept der Schismogenese ein: wenn ein Teil-System (Militär, Religion, Ökonomie) die Regelungshoheit gewinnt, zerbricht die Gesamtökologie. Immanuel Wallerstein, »World-Systems Analysis« → beschreibt, wie kapitalistische Weltsystem-Zyklen Perioden hegemonialer Monokultur erzeugen, die anschließend in fragmentierte, konkurrierende Machtkerne zerfallen. Dissoziierte Gesellschaften in Zeiten höchster Rahmendichte gestalten ihre Welt auf Grund ihrer abstrakten Geschichte, nicht aber auf Grund einer umfassenden Wahrnehmung des Hier und Jetzt, in einem in sich geschlossenen System, in dem alles im Kontext zueinandersteht. Joseph Tainter, »The Collapse of Complex Societies« → zeigt, dass Komplexitätssteigerung ohne integratives Sinn-Narrativ Kosten explodieren lässt und Systeme in Zerfall (Dissoziation) treiben.

Das folgende Bild (Abb. 6) zeigt, wie diese zwei Phasen sich beim Wandel eines Paradigmas auswirken und wie fließendes Denken zu einem intelligenteren Management solcher Übergange führen kann. Wenn bereits auf Stufe 2 damit begonnen wird die neuen Werte zu integrieren und den alten Rahmen gehen zu lassen, kann man Stufe 3, also Krieg, sowie die nachfolgenden Konflikte, die aus 4 und 5a resultieren, verhindern, oder zumindest abschwächen. Weil man dann eher zu 5b kommt, also zu einer integralen Gesellschaft. Das wäre das Ergebnis von fließendem Denken, spätestens ab Stufe 2 also ab einem Zeitpunkt, ab dem die Rahmen immer größer und dominanter werden und deren Zerfall beginnt.

Abb. 6: *Der Wandel von Gesellschaften*

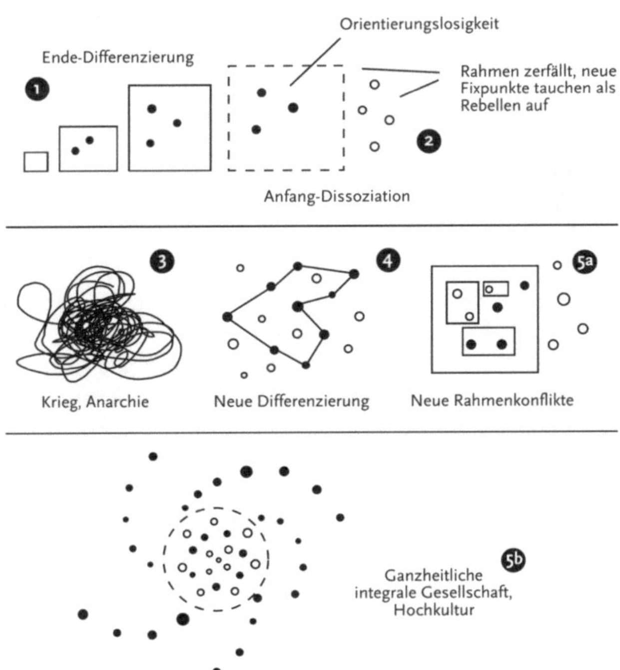

So ist zwar das moderne Deutschland gestalterisch durch seine von Angst geprägter Überregulierung viel eingeschränkter als beispielsweise das archaische Ägypten, aber natürlich war das archaische Ägypten bei weitem barbarischer. Die Dissoziation hat auch einen Sinn. Sie führt dazu, dass die Welt immer vielfältigere Formen annimmt. Der Streit definiert uns auch, und schafft Neues aus dem Chaos. Allerdings kann man eben nicht immer nur im Chaos leben, ohne den Sinn des Ganzen zu negieren und aufzuheben. Die Evolution entfaltet eine immer höhere Komplexität und fordert darum jede ganzheitliche Harmonie, sei sie noch so simpel oder noch so vielfaltig, durch die Bedingungen des Augenblicks neu heraus. Es ist eine ständige Neuorientierung und ein zyklisches Kreisen um die immer gleichen Fragen der Existenz.

Das folgende Bild (Abb. 7) zeigt, wie das Raster immer feiner wird und wir somit immer deutlicher die Kräfte differenzieren können, die sich in jedem Einzelnen entfalten wollen. Denn wie zuvor beschrieben, reichen alle Fixpunkte auf einen gemeinsamen Ursprung, auf eine gemeinsame Bewegungswelle zurück, die über

viele Ebenen hinweg gebrochen wird, bis das Bild vom Ganzen vollkommen verschwimmt und die Rahmen sehr groß und grob werden. Doch mit fortschreiten der Evolution entsteht immer mehr Gleichgewicht und Bewusstsein, obwohl es immer Dissoziation geben wird. So grausam die Dissoziation auch sein mag. Sie zerteilt uns, um uns später in einen noch komplexeren Kontext zusammenfügen zu können.

Wären all die Opfer nicht von der Evolution erbracht worden, würden wir heute noch in einer Welt leben, in der es nur richtig oder falsch, Gut oder Böse gäbe. Es würde somit noch viel mehr Ungerechtigkeit herrschen. Frauen, die vor der Ehe schwanger werden, würde man erschlagen, weil das Böse in dieser Vorstellung kein Recht auf Leben hat.

Die große Kunst im Umgang mit Dissoziation und Differenzierung liegt darin, die Zeitspanne zwischen den Beiden zu verkürzen. Somit werden sie bewusst gestaltet und Gesellschaften können mehr direkten Nutzen als Schaden daraus ziehen. Die innere Führung durch die immer bewusster werdende Quelle wird umso stabiler, umso besser wir mit diesen beiden Phasen umgehen können. Wenn die Dissoziation zu lange dauert, wird die Differenzierung immer schwächer ausfallen. Denn sie verlieren zu viel Energie.

Es geht mir darum, dass Sie verstehen, dass Wandel natürlich ist und es für Gesellschaften vorteilhafter ist den inneren Wandel bewusst zu gestalten, statt von diesem überrollt zu werden, in Form von gewaltsamen Rebellionen, Wirtschaftskrisen oder Terrorismus.

Aktuelle Transformationsforschung – von adaptive governance in der Klimasoziologie über conflict transformation in den Peace Studies bis hin

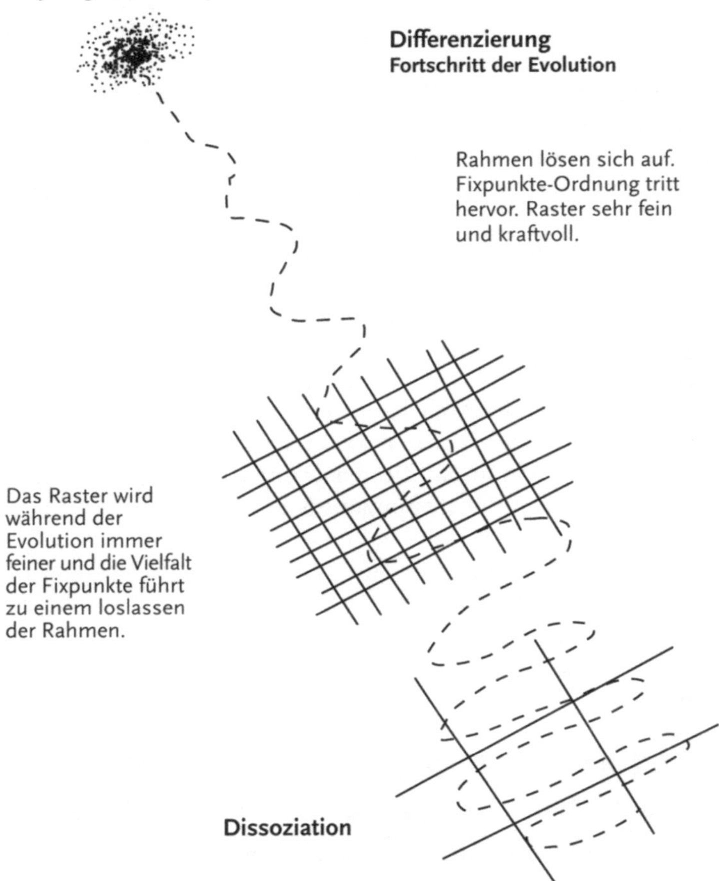

zur neurobiologisch unterfütterten resonance theory – zeigt verblüffende Konvergenz: Übergangs- und Krisenphasen lassen sich stabilisieren, wenn Gesellschaften den »leeren Raum« zwischen alter und neuer Ordnung bewusst choreografieren. Erfolgreiche Beispiele – Truth-and-Reconciliation-Prozesse in Südafrika, deliberative Bürger:innenräte in Irland oder die partizipativen Verfassungsforen in Chile – folgen alle demselben Muster: 1. Frühzeitige Anerkennung der Dissoziation (Benennung der Angst, Offenlegung der Machtasymmetrien), 2. sichere liminale Gefäße schaffen, in denen divergierende Werte als gleich legitime Perspektiven auftreten dürfen, 3. Koproduktive Formate (iterative Bürgerdialoge, multimodale Medienkunst, systemisches Stakeholder-Coaching), die einen raschen Übergang in eine neue Differenzierungsphase ermöglichen. Neuere neuroaffektive Studien belegen, dass kollektive Lernzyklen umso energieeffizienter verlaufen, je schneller Menschen in diesen Gefäßen eine Resonanz zwischen emotionaler Selbstregulation und gemeinschaftlicher Sinngebung finden – was exakt die »Verkürzung der Spanne« bedeutet, von der ich spreche. Kurzum: Wenn wir Dissoziation nicht verteufeln, sondern als notwendigen Nullpunkt gestalten, kann Differenzierung als kreative Fülle zurückkehren, bevor Angst und Erschöpfung die Systeme entleiben. Das ist kein Soft-Skill-Gerede, sondern polit-ökonomischer Realismus: Jede Milliarde, die wir in intelligente Übergangsarchitekturen investieren, spart ein Vielfaches an Repressions-, Wiederaufbau- und Traumafolgekosten.

Im Wechsel von Dissoziation und Differenzierung, also von Form und Krise, erkennen wir, warum Gesellschaftsordnung stets mit dem Zerfall der äußeren Machtblöcke in immer feinere Formen der Selbstbestimmung der Bevölkerung verbunden ist. Es ist das Ziel der Evolution, innere Freiheit zu verwirklichen, weil darin die optimale Nutzung jeder einzelnen Kraft für das Ganze liegt.

Umso unabhängiger die Zivilgesellschaft von äußerer Regulierung wird, umso stabiler wird sie. Freiheit ist nicht nur die Grundlage von Frieden, sondern auch von Stärke und Integrität. Die Suche nach der Freiheit hört aber, wie inzwischen häufig betont, nie auf, weil ansonsten die Evolution aufhören würde.

KERNSTRATEGIEN DES FLIESSENDEN DENKENS IN KUNST, WISSENSCHAFT UND SPIRITUALITÄT

Ich möchte hier kurz erwähnen, warum ich in diesem Buch neben Kunst und Wissenschaft auch Spiritualität als wichtigen Aspekt von Transformation integriere. Denn ein zentrales Element darin ist der »Glaube«. Damit meine ich nicht die dogmatische Seite davon, sondern den offenen, den empfangenden Aspekt. Ich meine also eine Haltung gegenüber einer Lücke, einer Offenheit, die Ambiguität zulässt, sowie humane Varianten davon, wie Hoffnung oder Solidarität. Das sind zentrale Bausteine einer jeden Gesellschaft. Damit sind nicht unbedingt die Kirchen gemeint, sondern das Prinzip des Glaubens selbst. In diesem Buch untersuche ich auch die Frage, ob nicht erst das Zusammenspiel aus Kunst (indimergente, enaktive Aktion),

Wissenschaft (Erweiterung der Komplexität und Emergenz) und Spiritualität (offenen, undefiniert submergenten Raum) fundamentale Transformationsprozesse ermöglicht. Eine Wissenschaft, die nur auf Objekte setzt, kann die Erfahrung von Existenz eben nicht befriedigend beschreiben.

William James, »The Varieties of Religious Experience« → zeigt, dass glaubensbasierte Offenheit (»faith-state«) eine psychologische Ressource für radikale Selbsterneuerung ist, jenseits dogmatischer Religion. Viktor E. Frankl, »Man's Search for Meaning« → belegt, dass Sinn- und Hoffnungsperspektiven (noetische Dimension) Resilienz und gesellschaftliche Rekonstruktion in Extremsituationen ermöglichen. David Bohm, »Wholeness and the Implicate Order« → erklärt, dass kreative Transformation ein Feld braucht, in dem Wissenschaft, Kunst und kontemplative Offenheit ein »undefiniertes Zwischen« teilen. John Dewey, »Art as Experience« → argumentiert, dass ästhetische Erfahrung eine Schwellenpraxis ist, in der Erkenntnis, Gefühl und transrationale Offenheit verschmelzen – Grundlage sozialer Erneuerung. Otto Scharmer, »Theory U« → zeigt praxisnah, dass systemische Wandelprozesse nur gelingen, wenn Akteur:innen eine Haltung des »Presencing« (empfangende Leere, spirituelle Aufmerksamkeit) kultivieren. Hartmut Rosa, »Resonanz« → belegt soziologisch, dass Transformationsfähigkeit von Gesellschaften an resonante Weltbeziehung geknüpft ist; diese erfordert offene, nicht-instrumentelle Haltung (Glaube als Grundvertrauen). Andrew Newberg & Eugene d'Aquili, »Why God Won't Go Away« → zeigt neurophysiologisch, dass spirituelle Praktiken neuronale Netzwerke aktivieren, die Ambiguitätstoleranz und Kreativität steigern – Ressourcen für kulturelle Innovation.

Fließendes Denken ist in meiner Arbeit die bewusste Fähigkeit, den eigenen Wahrnehmungs- und Bedeutungsstrom ununterbrochen mit dem jeweils lebendigen Augenblick zu koppeln – ohne sich an vorgefertigte Kategorien, Rollen oder Fixpunkt-Identitäten festzuklammern. Es ist ein bewegliches Bewusstsein: Es gleitet von der innersubjektiven Erfahrung (Gefühl, Intuition, Körper-Resonanz) zur äußeren Struktur (Sprache, Konzept, Handlung) und wieder zurück, wie ein Atem- oder Faltvorgang. Fließendes Denken integriert widerstreitende Impulse, statt sie binär abzutrennen; lässt Ambiguität zu, weil es in jedem Moment neu prüft, welche Bedeutung sich aus der Situation emergiert; verankert sich an wechselnden Fixpunkten, verweilt dort gerade so lange, bis der nächste Wahrheits- oder Handlungsimpuls auftaucht; erlaubt kreative Selbst- und Systemtransformation, weil es starre Rahmen durchlässig macht.

Damit ist fließendes Denken das mentale Pendant zum Minimal Necessary Ontology: eine dynamische, selbst-reflexive Bewegung, die Komplexität erhöht, indem sie fortwährend zwischen innerer Singularität und äußerer Vielheit pendelt – ohne den Fluss abzuschneiden.

Um fließendes Denken in Gesellschaften zu etablieren, entwickelte die Evolution drei wesentliche Strategien, die dazu dienen sollten, den Menschen immer wieder auf die Suche nach einem neuen Paradigma zu schicken. Doch die Tücke dieser drei Strategien liegt darin, dass sie in der Geschichte der Menschheit auch mit jenen Phasen zu kämpfen hatten, in denen Sie von den Menschen selbst als Rahmen betrachtet wurden. Sie sind aber nur Werkzeuge der Evolution, deren Sinn es ist, beweglich zu sein.

Wenn die Kunst zum Rahmen wurde, dann passierte Zensur und die Kultur wurde nur so oder so akzeptiert. Dadurch wurde sie daran gehindert, neue Paradigmen zu finden. Wenn die Spiritualität zum Rahmen wurde, entstanden Religionen, in denen das Wort, wie in der Bibel oder im Koran, wichtiger wurde als das Bewusstsein über den höheren Sinn in jedem Augenblick oder jedem einzelnen Menschen. Wenn die Wissenschaft zum Rahmen wurde, erstarrte Sie in verbohrtem Traditionalismus und Rationalismus und behinderte sich selbst auf der Suche nach Wahrheit in der jeweiligen Welt.

Die Essenz dieser drei Strategien ist meiner Ansicht nach in ihrer fortwährenden Suche nach einem tieferen Sinn allen Lebens zu finden. Denn sie sind für Gesellschaften die drei wesentlichsten Strategien, um neue Paradigmen zu finden und somit ins Innere vorzudringen.

Leider haben wir Wissenschaften, die zu oft in Rahmen denken, Religionen, die immer wieder das Hier und Jetzt verdrängen und Kunsteliten, die sich manchmal selbst aus den Lebenswirklichkeiten und Grundkonflikten ihrer Gesellschaften weitgehend entfernt haben. Es gibt tausende Ausnahmen. Aber vielfach haben wir die Werkzeuge der Innovation in den Zeiten der Differenzierung lahmgelegt und können sie nun in Zeiten der Dissoziation nicht mehr recht in Gang bekommen. Ein Weg, Gesellschaften in der Krise zu stabilisieren, ohne sie zum Stagnieren zu bringen, ist die Förderung dieser drei Bereiche, sowie die grundsätzliche Existenzsicherung.

Es ist aber erforderlich, dass Kunst, Wissenschaft und Spiritualität im Sinne der Lebendigkeit des Inneren verstanden werden. Es nützt also nichts, einfach nur Universitäten, Kirchen und Museen mit mehr Geld auszustatten. Es geht vielmehr um die Wiederbelebung dieser Bereiche, damit sie ihr inneres Feuer finden und sich aus der Institutionalisierung befreien.

Unter Labels wie »social practice art«, »citizen science«, »living labs« und »integral ecology« sind seit gut zwei Jahrzehnten Räume entstanden, in denen Kunst, Wissenschaft und spirituell-reflexive Praxis bewusst ineinandergreifen: So lädt die Long Now Foundation (San Francisco, 1996 / Seminarreihe seit 2003) mit ihrer 10 000-Jahre-Uhr zu kontemplativer Zeitskalierung in technologischer Forschung ein; das partizipative Protein-

Spiel Foldit (Seattle, 2008) → zeigt, wie Bürgerinnen-Kreativität wissenschaftliche Durchbrüche anstoßen kann; Science Hack Day (erstmals 2010, seither weltweit) verknüpft Maker-Kultur mit improvisierter Kunst und Datenethik; das Berliner Prinzessinnengarten Kollektiv (2009) kombiniert urbane Permakultur, Klangkunst und Community-Forschung als »ökologische Kathedrale« im Alltag; und das Amazonas-Residency-Programm LABVERDE (Brasilien, 2015) bringt Künstlerinnen, Biolog:innen und Indigene in ein gemeinsames »immersives Feldlabor«, in dem ökologische Spiritualität, sensorische Kunst und citizen science zu neuen Narrativen verschmelzen. Solche Formate machen erfahrbar, dass Transformation heute dort am stärksten zündet, wo transdisziplinäre Praxisräume die strenge Institutionalisierung von Universität, Kirche oder Museum aufbrechen und stattdessen Erfahrungs-, Sinn- und Forschungslücken als schöpferische Ressource kultivieren.

Diese drei Strategien Wissenschaft, Kunst und Spiritualität gehen für sich sehr unterschiedliche Wege und es ist klar, dass sie einen Dreiklang bilden sollten wenn es darum geht, die Realität einer Welt universell zu entdecken. Denn während die Kunst davon ausgeht, dass Wirklichkeit ein Schaffensprozess ist, geht die Spiritualität davon aus, dass Wirklichkeit eine Sache des Seins ist. Während Wissenschaft davon ausgeht, dass Wirklichkeit eine Sache der Wahrnehmung oder der beweisbaren Regeln ist. Alle drei haben recht. Weil alle drei Geburtsphasen von neuen Paradigmen beschreiben.

Die Kunst drückt einen neuen Aspekt durch das Individuum aus. Die Wissenschaft erkennt diesen Aspekt und stellt einen Kontext her. Die Spiritualität wiederum lebt das neue Paradigma von innen heraus. Natürlich sind alle drei Stufen sowohl innerhalb des Künstlerischen als auch innerhalb des Wissenschaftlichen, wie innerhalb des spirituellen Prozesses zu finden. Sie sind nicht voneinander trennbar. Sie finden aber ihre Höhepunkte in den jeweiligen drei Ebenen.

Durch ihr Wechselspiel ermöglichen Sie es, dass ein neues Paradigma geboren wird. Heute ist es vor allem die Lähmung der Wissenschaft, die in ihrem materiellen und objektivierenden Rahmen verkrustet ist, die fließendes Denken behindert. Kultur und Spiritualität haben an Einfluss wesentlich verloren. Die Wissenschaft besitzt immer noch eine dominante Stellung, die aber heute mehr von Rahmen, als von der Suche nach neuen Kernen und Werten geprägt ist. Sie erlebt, so eine These, auch darum eine fundamentale Krise und scheint innerlich auszubrennen. Die Dichte an neuen Entdeckungen lässt nach. Nicholas Bloom, Charles Jones, John Van Reenen & Michael Webb, »Are Ideas Getting Harder to Find?« (American Economic Review, 2020) → zeigt quantitativ, dass Forschungsaufwand exponentiell steigt, während die Rate fundamentaler Output-Zuwächse sinkt; Produktivitäts-Schub pro Forscher:in seit 1950er Jahren stark rückläufig. David Park, Jeroen Baas & John Ioannidis, »Meta-research: Evolution of the Most Cited Papers in Science (1900 – 2020)« (PLOS One, 2023) → finden, dass Anteil radikal neuer Paradigmenarbeiten an Top-1%-Zitationen kontinuierlich sinkt, obwohl Publikationsvolumen explodiert. Pierre Azoulay, Joshua Graff Zivin & Gustavo Manso, »Incentives and Creativity: Evidence from the Academic Life Sciences« (Rand Journal, 2011) → zeigen, dass Förderstrukturen zunehmend inkrementelle statt transformativer Forschung belohnen, was Entdeckungsrate fundamental verlangsamt.

Damals 2005, als ich diese Worte schrieb, war das ein Bruch mit wissenschaftlicher Konvention, den man mir nicht verzeihen wollte. Heute 2025 hat sich die Forschung geöffnet und wir sehen viele Diskurse in dieser Richtung.

Wissenschaftssoziolog:innen wie Bruno Latour oder Richard Whitley sprechen von einer »Mode-2-Wissenschaft«, in der Publikations- und Drittmittellogik Erkenntnisinteresse ersetzt. Das Schlagwort »Evaluation Gap« (Marc Edwards) → markiert den Spalt zwischen innerem Erkenntnisdrang und äußerer Metrik – entsprechend der hier beschriebenen »Rahmendominanz«. Hier reiht sich die Replication Crisis ein: Wenn 50 % psychologischer Top-Findings nicht replizierbar sind, deutet das auf ein System, das Output simuliert, statt Substanz zu erzeugen.

Ökonom Tyler Cowen (2011) popularisierte die »Great Stagnation«: Nach Elektrizität und Computern keine großen General Purpose Technologies mehr. Umstrittene Techno-Philosophen wie Peter Thiel werfen unserer Zeit »technologische Mut- und Sinnlosigkeit« vor – viel App-Innovationslärm, wenig fundamentale Physik. Hier knüpft meine Differenzierung/Dissoziation an: äußere Beschleunigung, innere Leere. Forscher wie Doyne Farmer oder Safi Bahcall argumentieren systemisch: Sobald ein Forschungs-Ökosystem zu dicht reguliert und »investorized« ist, kippt es in Phase Separation – inkrementelle Exploitation verdrängt explorativen Suchraum. Die Lösungsvorschläge (DARPA-Copy-Modelle, »skunkworks«, Long-Shot-Funds) zielen auf entdichtete Resonanzräume, in denen »fließendes Denken« und neue Fixpunkte wieder Pulse setzen können. Studien von Teresa Amabile und Adam Grant zeigen, dass intrinsische Motivation, Ambiguitätstoleranz und Flow zentrale Prädiktoren für Durchbruchsideen sind – alles Qualitäten, die in Score-getriebenen Umgebungen abgewürgt werden. Damit liefern sie die mikro-kognitive Entsprechung zu der hier beschriebenen makro-kulturellen Kritik.

DER AUFBAU EINER GESELLSCHAFT

Wie kann es gelingen aus einer dissoziierten Gesellschaft eine neue und starke Gemeinschaft aufzubauen, die in sich den Werten des Augenblicks folgt und somit große innere Dynamik besitzt, ohne im Chaos zu verfallen?

Lassen Sie uns die bisher besprochenen Grundlagen einer neuen Gesellschaft noch einmal verdichtet betrachten.

A. LERNE GLEICHGEWICHT!

Gleichgewicht und Ganzheitlichkeit sind wichtig, um den Druck der Dissoziation abzumildern, damit die Wahrnehmung für andere Dinge geöffnet werden kann. Bewusstsein wächst aus dem größeren Überblick, aus der Fähigkeit neue Positionen und Betrachtungswinkel einzunehmen. Die meisten Menschen machen in ihrem Leben viele Male die Erfahrung der Erweiterung ihres Horizonts. Meist ist dies der einzige Weg, um ein natürliches Gleichgewicht im Leben herzustellen, um sich immer wieder neuen Gegebenheiten des Lebens anzupassen. Als Markus Maderner und ich »Inner Flow Management« (Methode im gleichnamigen Buch beschrieben) entwickelten, ging es auch darum, ein Tool zu schaffen, mit dem wir mehr Ganzheitlichkeit in das moderne Management bringen. Ohne die Möglichkeit, komplexe Problem- und Wandlungsfragen bewusst aus der Breite an Perspektiven herauszubetrachten und zu erarbeiten, vergessen Manager zu schnell, wie Wandel eigentlich sinnvoll bewältigt wird, wie neue Dinge entstehen. Sie verkrampfen sich dann in einer Reduktion der Komplexität und verfallen einem »Tunnelblick«. Dafür braucht es aber Freiraume. Man muss akzeptieren, dass man gegen eine Veränderung nicht ankämpfen kann, sondern nur die Integration bleibt.

Die Methode Inner Flow Management (IFM) ist unser Versuch, die in Gesellschaft ohne Vertrauen ausgerollte Theorie der Fixpunkte in die Praxis von Organisation und Gesellschaft einzuschrauben. Markus Maderner und ich entwickelten IFM 2006 – 2008 genau dort, wo klassische Management-Routinen versagen: im Spannungsfeld zwischen hochkomplexen Systemzwängen und der unbändigen Kreativität einzelner Menschen.

1. WARUM WIR IFM ENTWICKELTEN?

Konzerne hatten sich an den eigenen Effizienzdogmen stranguliert: Entscheidungskraft wanderte zu Headquartern und Kennzahlen, während Manager:innen zu »kastrierten Haien« degradiert wurden. Ergebnis: Burn-out statt Innovation, Tunnelblick statt Ganzheit. IFM sollte jene innere Quelle wieder freilegen, die jedes System ursprünglich antreibt – denselben existenziellen Kern, den ich im Buch als Fixpunkt bezeichne.

2. DIE GRUNDSTRUKTUR

Der Name zerlegt sich in drei Funktions-Module:

Modul	Bedeutung	Verbindung zum Fixpunkt
Inner	die subjektive Ressource: Werte, Träume, Nerv des Einzelnen	macht den verborgenen Fixpunkt bewusst und ansprechbar
Flow	der lebendige Bewegungsrhythmus komplexer Systeme	hält den Fixpunkt beweglich, verhindert Verkrustung
Management	strukturiertes Einbetten in Projekte, Märkte, Politik	verankert den beweglichen Fixpunkt in greifbaren Aufgaben

Das Werkzeug basiert auf einer Maske – einem mehrschichtigen Raster aus *horizontalen Ebenen* (Person – Struktur – Environment) und *vertikalen Phasen* (Vision – Analyse – Implementierung – Auswirkung – Integration). Zentral darin verläuft die Achse der Identifikation: Sie prüft ständig, ob Individuum, Organisation und Umwelt noch auf denselben inneren Kern geeicht sind.

Abb. 1: **Inner Flow Management** – Das System

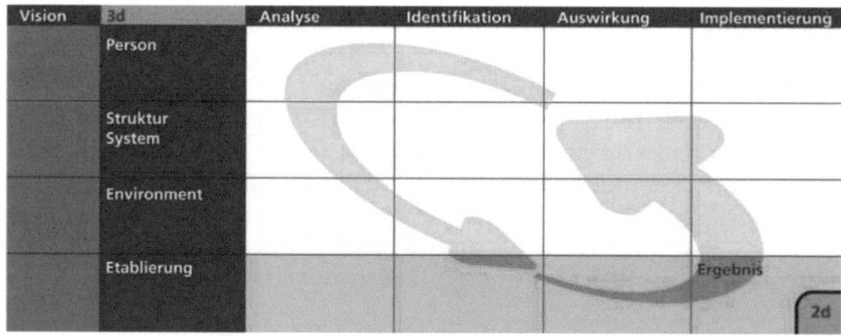

3. SO FUNKTIONIERT DIE METHODE

1. Selbst-Kalibrierung

   Jeder Beteiligte beginnt mit einem »Höllenritt« nach innen: Wo stehe ich? Was hemmt, was treibt mich? Erst wenn das persönliche Fixpunkt-Signal klar ist, lohnt der Blick aufs Gesamtsystem.

2. Masken-Navigation

   Mittels Fragenkatalog und Visualisierung werden die Daten quer über alle Ebenen gelegt. So entstehen *blinde Flecken-Karten*, aus denen sich Prioritäten ableiten lassen: Welche Perspektive fehlt? Wo erstickt Rahmendenken den Fluss?

3. Partizipative Schleifen

   IFM fordert radikale Partizipation. Teams iterieren zyklisch durch Vision → Analyse → Implementierung, bis Flow spürbar wird. Jede Schleife verdichtet den Fixpunkt, ohne ihn zu versteinern.

4. Rückkopplung auf Wirkung

   Kontinuierliche Prüfung, ob Auswirkung noch mit dem inneren Sinnkern korrespondiert. Weicht das System ab, beginnt der Zyklus erneut.

4. ZIEL- UND EINSATZFELDER

- Projekt- und Change-Management – komplexe Initiativen ohne Reduktion auf »Excel-Realität«.
- Innovationszyklen – Integration divergenter Expertisen, bevor Marketing-Hype das Produkt bestimmt.
- Krisen-Moderation – schneller Zugang zu verborgenen Ressourcen, um Dissoziation zu verkürzen.
- Politische & NGO-Arbeit – große Gruppen durch polarisierte Themen führen, ohne moralische Schablonen.

5. RELEVANZ FÜR DIE ARBEIT AN FIXPUNKTEN

Fixpunkte sind nur dann gesellschaftsnützlich, wenn sie atmen dürfen. IFM liefert das Atem-Gerüst:

• Bewusstmachung: Die Identifikations-Achse legt den inneren Kern frei.

- Dynamisierung: Der Flow-Begriff hält den Kern in Bewegung, verhindert dogmatische Erstarrung.

- Institutionalisierung ohne Einmauerung: Management-Module verankern die bewegliche Wahrheit in Strukturen, ohne sie zu strangulieren.

Kurz: IFM ist der praktische Schraubenschlüssel, um Fixpunkte aus der Sphäre heroischer Einsichten herunterzuholen und in Teams, Märkte und Kommunen einzubauen – ohne ihr anarchisches Potenzial zu dämpfen. Damit verkürzt sich die gefährliche Lücke zwischen Dissoziation und neuer Differenzierung: Wandel wird moderierbar, statt als Krise über uns hereinzubrechen.

IFM war der Versuch dies als Managementmethode umzusetzen. In den Jahren danach erarbeitete ich eine noch wesentlich komplexere Form der enaktiven Intervention in Systeme, Konzerne und Institutionen, die ich in Büchern wie »Radical Worker« oder »Speeds Arbeit« beschrieb.

Es gibt hier auch andere Ansätze. Der Wiener Psychologe Gerald Kreutzbruck, ein alter Freund, entwickelte beispielsweise aus Freuds acht Pathologien, welche die acht Grundcharaktere der menschlichen Psyche beschreiben, einen Würfel, an dem man die Zusammenhinge und Dynamiken der unterschiedlichen Charaktere und Aspekte des Menschen besser begreifen kann. Zu den acht Pathologien zahlt die Qualitat hysterisch, psychopathisch, schizoid, oral, depressiv, phallisch narzisstisch, weiblich passiv und masochistisch. Diese Charaktere sind Grundeigenschaften des Selbst, die von Natur her vorgegeben sind. Es sind absolute Fixpunkte, die in uns allen wirken. Kreutzbruck beschreibt die Aufgabe des jeweiligen Charakters als eine Reise zu seinem direkten Gegenüber. Dabei durchwandert das Bewusstsein die dreidimensionalen Eckpunkte eines Würfels, an dem die acht Charaktere entsprechend ihrer Qualitäten angeordnet sind. Dadurch werden auch Zyklen und Reihenfolgen oder Wege erkennbar. Es werden also die natürlichen Kräfterichtungen der Fixpunkte beschreibbar. Er sagt dazu über die Qualitat dieser 8 Identitaten: *»Pathologisch ist daran nur die relative Unbeweglichkeit, denn es handelt sich eigentlich um gesunde Polaritäten menschlichen Verhaltens.«*[2]
In der modernen Wirtschaft beispielsweise, besonders unter den

Werbegestaltern, beobachte ich oft die Rolle des Psychopathen (des Antreibenden) und die Rolle des phallischen Narzissten (des perfektionistischen Professionellen). In diesen zwei Ecken hangt ein großer Teil der Mediengestaltung fest. Wir erkennen also mit Hilfe der Landkarte von Kreutzbruck, wo das vordringliche Problem liegt, aber das bedeutet natürlich noch nicht, dass wir wissen, was im jeweiligen Fall konkret zu tun ist. Dafür müssten wir dieses Wissen vor Ort erneut infrage stellen und schauen, was sich wirklich zeigt. Kreutzbrucks System zeigt auf, dass es für viele Gestalter dieses Charakters nur natürlich ware, sich (aus dem Psychopathischen heraus) zum Depressiven oder (aus dem Narzisstischen heraus) zum schizoiden Träumer zu bewegen. Kreutzbrucks System führt also den kommerziellen Gestalter in diesem Fall wieder zurück zu Bereichen, die wir überwiegend aus der Kunst kennen. Eine gesunde Depression würde den Werber wieder in Kontakt mit dem Kern, mit dem Sinn seiner Gestaltung bringen.

Gleichgewicht und Ganzheitlichkeit ist aber nur die Basis, von der aus eine Gesellschaft errichtet werden kann. Ist dieses Gleichgewicht aber einigermaßen hergestellt, folgt der zweite Schritt.

B. GEH IN DEN HÖLLENRITT!

Innere Ganzheitlichkeit wird nach geraumer Zeit zu äußerer Ordnung. Unser freier Wille kann sich aber darin ab einem bestimmten Punkt nicht mehr entfalten. Es entstehen Muster aus der Leugnung der sich wandelnden Emotionen heraus. Wir verbergen die dunklen Seiten, weil diese die lieb gewonnene Ordnung zerstören wollen. Um die Ordnung also lebendig zu halten, müssen wir die Ganzheitlichkeit wieder verlassen und zum Kern vordringen. Wir müssen den authentischen Impuls finden, um die Dissoziation verkürzen zu können. Auf diesem Weg begegnen uns die verdrängten Emotionen als Dämonen, als Krisen und Konflikte. Je mehr eine Gesellschaft aus ihren authentischen Emotionen heraus lebt und somit äußere Ganzheitlichkeit zugunsten innerer Geometrie auflöst, umso weniger dramatisch ist die Reise zum Kern.
Der Weg zum Kern verlauft in gewisser Weise entsprechend dieser drei Ringe, die in dem nächsten Bild (Abb. 8) gezeigt werden. Der moderne Mensch gestaltet seine Welt überwiegend im äußeren Ring und treibt all seine Energie in den leeren Raum. Er gestaltet also dissoziiert. Er dringt nicht vor zum Kern des Augenblicks. Er bleibt in der äußerem Ganzheitlichkeit behaftet, wo sein innerer Ton nicht zu finden ist. Denken Sie nur daran, wie

jedes Unternehmen irgendwann von Gewohnheiten bestimmt wird, die den Wandel und das Bewusstsein behindern.

Abb. 8: Die Suche nach dem Kern

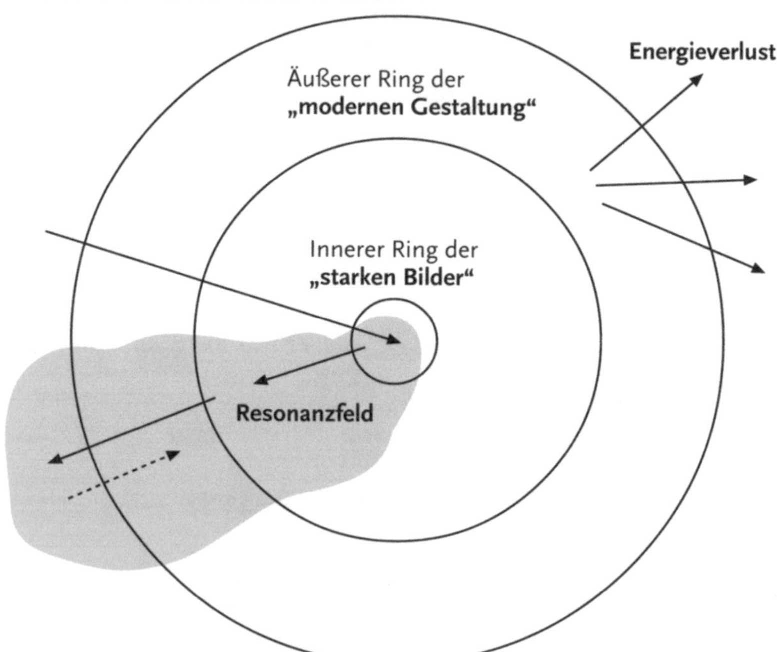

Die Kraft liegt in der Resonanz zwischen dem Kern und dem äußeren Ring. Der Weg hin zum Kern ist beschwerlich und voller Krisen. Der mittlere Ring ist turbulent und das Ich hat stets das Gefühl, sich darin zu verlieren. Es weiß noch nicht, was der nächste Fixpunkt ist. Also bleibt es lieber an der Oberfläche und meidet den inneren Bereich. Den inneren Ring hält der moderne Mensch irrtümlich oft für den Bereich der Täuschung oder des Chaos. Man denke nur an die Abwehr der meisten psychologischen Techniken der Bewusstseinserweiterung, die Psychologie an sich, sowie alle spirituellen und künstlerischen Bewegungen.

Joseph Campbell, »The Hero with a Thousand Faces« beschreibt die archetypische Unterweltspassage (»Belly of the Whale«) als Voraussetzung echter Neugeburt; Widerstand gegen den Abstieg hält das Ich an der Oberfläche. Carl G. Jung, »The Red Book« schildert die »Nachtmeerfahrt«: das moderne Bewusstsein fürchtet den inneren

Abgrund, verwechselt ihn mit Wahnsinn, findet aber dort den nächsten Fixpunkt der Individuation. Stanislav Grof, »The Adventure of Self-Discovery« → zeigt, dass psychedelisch-therapeutische Krisen genau im »middling ring« entstehen, wo das alte Ego kollabiert, bevor ein transpersonaler Kern erfahrbar wird; medizinisches Establishment deutet das oft als Pathologie. Victor Turner, »The Ritual Process« erklärt Liminalität als turbulente Zwischenzone: Gemeinschaften wie Individuen erleben dort Orientierungslosigkeit, doch erst die communitas mit dem Kern schafft neue Ordnung. Mircea Eliade, »Rites and Symbols of Initiation« → belegt in vielen Kulturen den initiatorischen »descent to the underworld«, dessen Ablehnung in säkularen Gesellschaften zu spiritueller Stagnation führt. Fritz Perls, »Gestalt Therapy Verbatim« → skizziert die »Onion Layers of Neurosis«: oberflächliche Klischeeschicht, phobische Angstzone, Implosionskrise – erst dahinter liegt das lebendige Selbst. Hartmut Rosa, »Resonanz« erklärt soziologisch: Resonanz setzt ein, wenn das Subjekt die Angstzone (innere Leere/Chaos) durchquert und auf einen neuen inneren Fixpunkt trifft; Beschleunigungskultur blockiert diesen Weg. Dante Alighieri, »Inferno« → literarische Ur-Metapher offenbart den Abstieg durch chaotische Kreise, bevor das Ich zur visione beatifica aufsteigen kann; moderne Lesarten verweisen auf psychische Transformationslogik.

Wenn wir den Höllenritt aber richtig verstehen, erkennen wir, warum ein Mensch eben nicht das »Normale«, sondern die Irritation sucht, um neue Ordnung zu finden.

Der Mensch sollte sich, wenn er die scharfe Form und die gezielte Wirkung in seiner Gestaltung und seinem Leben verwirklichen will, immer auf den Höllenritt zum inneren Kreis einlassen. Dieser ist fundamental und wird leider kaum an Universitäten gelehrt. Doch wenn niemand mehr bereit ist, auf die Heldenreise zu gehen, gegen die Dämonen der Unterwelt zu kämpfen und den heiligen Gral zu finden, bedeutet das unweigerlich das Ende einer Kultur und damit das Ende einer Gesellschaft. Weil das Universelle verloren geht. Wir werden zu Opfern einer scheinbar friedlichen Wohlstandsgesellschaft, die innerlich längst vor Ungerechtigkeit brodelt.

Wenn ich heute – nach all den Jahren künstlerischer Forschungsarbeit – meinen alten Höllenritt zum inneren Kern betrachte, erkenne ich darin dieselbe Logik, die ich im monotropen Denken vieler Autist:innen zu finden ist: ein erbarmungslos fokussierter Tunnel, der das Bewusstsein durch chaotische Zwischenringe zwingt, bis nur noch der singuläre Fixpunkt leuchtet. Autistische Monotropie ist kein Defizit, sondern die verkörperte Version jenes Abstiegs, den ich einst als spirituelle Initiation beschrieb – eine radikale Ökonomie der Aufmerksamkeit, die jede Ablenkung abstreift, um im Zentrum glasklare Kohärenz zu schmieden.

Genau dieses Prinzip habe ich schließlich in meine Methodik übernommen: Statt das Turbulente außen herum zu pathologisieren, nutze ich es als Beschleunigungsstrecke in die Tiefe. Der Höllenritt und die monotrope Spur sind zwei Namen für denselben transformatorischen Motor – nur dass Autist:innen ihn im Alltag eingeschaltet lassen, während die meisten von uns ihn erst unter extremem Krisendruck erleben.

Der Großteil der starken Bilder oder der starken Gestaltungen entsteht nicht unmittelbar im Kern, weil sich dort das Darstellbare aufzulösen beginnt. Wer mit dem Bewusstsein in den Kern aller Dinge vordringt, erkennt mehr und mehr absolute Symbole. Die Bilder werden starker und zugleich immer einfacher. Am Ende bleibt ein Kreis, ein Kreuz, ein Oktaeder, eine Farbe, ein Klang, ein Geruch. Der Weg zum Kern ist beschwerlich. Je mehr Sie sich vom äußeren Ring fortbewegen, umso mehr beginnen Sie, sich gleichzeitig zu verlieren. Ich möchte kurz den Eintritt des Menschen in den inneren Ring beschreiben. Daran werden Sie erkennen, wie universell diese Erfahrung ist. Jeder Mensch macht sie in jedem Augenblick durch, in jeder Entscheidung in jedem Funken seiner Existenz.

Irgendwann wagen Sie sich vor und betreten den inneren Ring in der Hoffnung am anderen Ende des Tunnels auf Licht zu stoßen. Zunächst wird es schlimmer, bevor es besser wird. Der Held verliert sein Ziel aus den Augen und droht, wieder in den äußeren Ring zu gleiten, doch er stemmt sich mit aller Macht dagegen und springt zum ersten Mal über seinen eigenen Schatten. Damit befindet er sich nun dort, wo alle Krisen beginnen. Er wird aus seinem bisherigen Leben hinausgeworfen, erlebt eine Art Tod oder schlicht eine dramatische Veränderung. Er versucht nun Klarheit in die Dinge zu bringen und begibt sich auf die Suche nach dem Kern. Doch es wird immer verwirrender. Seine Emotionen haben die Kontrolle übernommen. Je näher wir dem Kern kommen, umso unbeständiger ist alles. Es verändert sich viel schneller. Das Tempo wird gesteigert. Das Bewusstsein lernt und nimmt dadurch laufend neue Dinge wahr. Doch erahnen wir schon, wohin die Reise geht.

Je weiter wir zum Kern der Dinge vordringen, umso stärker wüten die Gewalten. Dann kommt der Plot Point, alles klart sich auf, wir finden eine Antwort, die uns für kurz auf den Kern blicken lasst. Wir finden den Anschluss zum nächsten Fixpunkt. Wir integrieren diesen und schaffen den Ausgleich. Wir schöpfen neue Energie. Der Held lässt los und gleitet wieder zurück in den äußeren Ring. Das ist der Weg des schöpferischen Prozesses. Das ist die Heldenreise, die jeder Mensch mit jeder Gestaltung durchlaufen sollte. Diesen Weg gingen auch die meisten großen Wissenschaftler, wie auch die großen Politiker:innen. Doch moderne Unternehmen meiden diesen Weg. Darum sind die Produkte oft so schwach. Die Dramaturgie der Heldenreise findet sich in den meisten Bewusstseinsriten der Weltkulturen und spielt immer da eine Rolle, wo jemand eine neue Bewusstseinsstufe erreichen soll. Dies ist eines der Grundprinzipien der gestalterischen Physik. Wenn dieser Weg nicht eingehalten wird, entstehen wie gesagt lediglich schwache Bilder. Dies zu verhindern und die Gemeinschaft zu stärken war beispielsweise das Ziel aller Riten bei Naturvölkern und Hochkulturen gewesen. Darum ist die Kultur als Basis des inneren Rings solcher Bedeutung. Sie schafft die Möglichkeit des Menschen, seine Gefühle auszuleben, hinab oder hinauf zu steigen, zur göttlichen Differenzierung seines Seins.

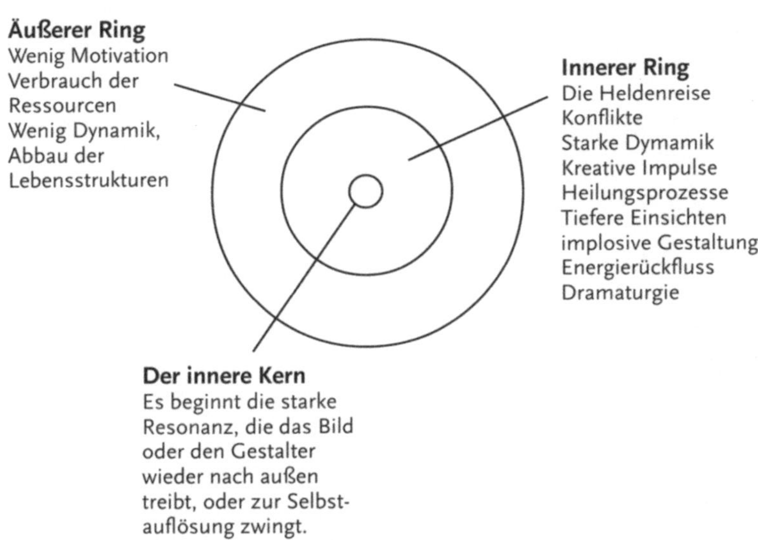

Abb. 9: **Die Qualitäten der zwei Ringe und des Kerns**
Der Kampf des Gestalters mit den Gewalten

Der Höllenritt ist nichts anderes als die operative Phase-Null meiner MNO-Theorie: der riskante Sturz in die eigene ontologische Singularität. Erst wenn alle äußeren Referenzen verglühen und das Ich in seinem innersten Punkt zusammenschrumpft, entsteht der radikale »Nullraum« – jener entfaltbare Vakuum-Kern, aus dem eine neue Realitätsfaltung hervorspringt. Im Modell gesprochen: Der Höllenritt komprimiert das alte Gefüge auf ε-Größe, die Singularität kippt, das Blatt klappt neu auf – und genau dort, im scheinbaren Nichts, beginnt die schöpferische Emergenz, auf der jede frische Ordnung ruht.

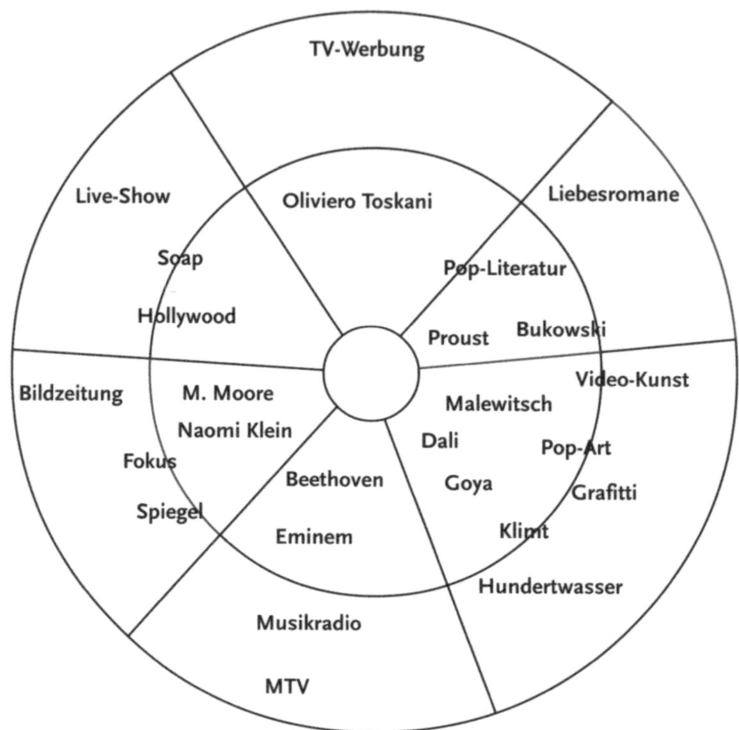

Das Bild (Abb.10) ist eine kleine Spielerei. Ich habe mehrere Formen menschlichen Ausdrucks entsprechend der Tiefe angeordnet, in der sie zu einem tieferen Kern vordringen. Dies ist ein Spiel und nicht zu ernst zu nehmen. Aber wir sehen daran, wie unterschiedlich sich die Ausdrucksformen anfühlen, wenn Sie naher am Kern liegen. Wenn wir, wie in der obigen Abbildung gezeigt, verschiedene Werke und Gestalter dort einordnen, wo wir sie unserer Wahrnehmung nach auf dem Weg zwischen Wahrheit und Vergessen (Lüge) erkennen können, bildet sich ein Meer von Begriffen und Namen, die sich in einem ständigen Fluss zwischen dem Kern und dem äußeren Ring befinden. Das menschliche Bewusstsein bewegt sich von verschiedenen Seiten kommend spiralförmig in diesen Kreis hinein, nähert sich über die Werke und Gestalter dem Kern und entfernt sich wieder von diesem. Die Werke selbst befinden sich ebenfalls in Bewegung.

Nichts in dieser Gesellschaft würde existieren, wenn Individuen sich nicht auf die Suche, auf diese Heldenreise nach der Wahrheit, begeben hatten. Es gäbe keine Wirtschaft, keine Kunst, keine Wissenschaft, keine Technik, keinen Sozialstaat, keine Reformen, kein zivilisiertes Leben, wenn wir nicht immer wieder die starken Bilder, die Urformen aller Morphologie suchten, um uns dann für den Erhalt einer Form für einen begrenzten Zeitraum oder für deren Auflösung zu entscheiden. So aber entstehen unsere Werte. Das ist die Quelle unseres freien Willens.

Der gestaltende Mensch befindet sich in der ständigen Bewegung zwischen Verdichtung und Rückzug. Es ist der Atem des Kosmos, der im Gestalter wirkt. Das nächste Bild zeigt dieses Atmen im künstlerischen Prozess und die daraus gebildete kulturelle Resonanz (Abb. 11).

Abb. 11: **Der Kampf des Gestalters mit der energetischen Kraft des Bildes**

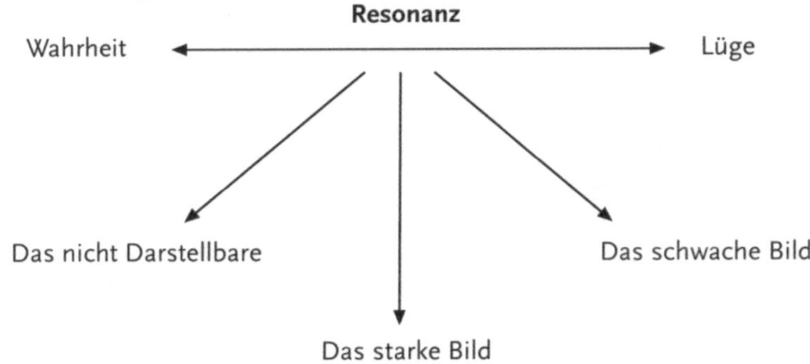

Ich mochte ein kleines Beispiel aus der Kunstgeschichte nehmen um zu verdeutlichen, was jener Kern der Welt ist, der in einem Werk durchschimmert und aus dem Scharfe und Kraft hervorgehen.

Wir sehen hier ein Bild von Eduard Manet (Abb.12), in dem eine Hure darstellt ist. Es gab damals beträchtliche Aufregung, weil er dieser Frau eine Seele in dem Bild gab, er drang hin zum Kern dieser Person, ja zum Kern ihres ganzen Berufsstands. Denn er differenzierte sie und ihre Welt. Er überwand die Vorurteile und gab ihr eine Seele, statt sie einfach nur als wertloses Objekt der Begierde zu sehen.

Das erste Bild zeigt das Original in schwarz-weiß. Beim zweiten Bild habe ich jene Stellen, die auf den Kern, also auf die Struktur des Kosmos verweisen, abgedeckt. Dadurch passiert eine so genannte Verdinglichung des

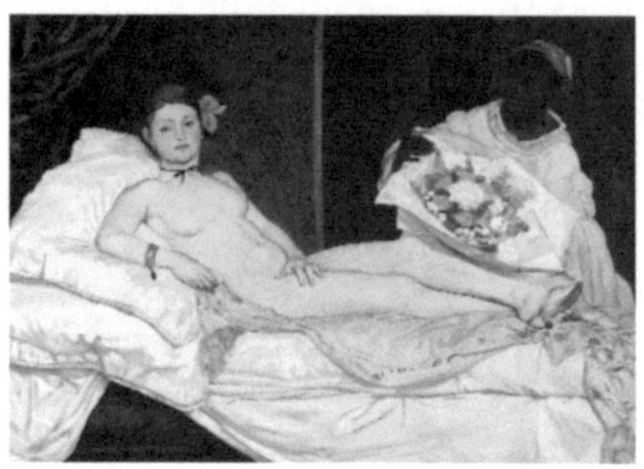

Abb. 12

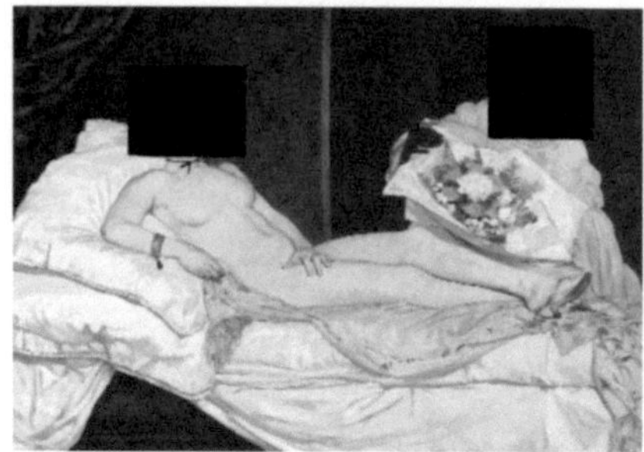

Abb. 13

Bildes. Es rutscht in den Bereich des Banalen, also der Dissoziation. Aus Kunst wird damit eine Vorstufe der Pornografie.

Verstehen Sie, worauf ich hinaus möchte? Das Verdecken der Gesichter, also der Identität dieser Menschen, lässt sie sofort zu leblosen Hüllen werden. Denn dieses Bild ist jetzt nur noch im Sinne des isolierten Voyeurs von Bedeutung. Es spricht nur noch die Ebene des äußeren Rings an. Es hat keine universelle Gültigkeit mehr. Es steht nicht mehr für das »Wir«, also für den Berufsstand der Huren oder für die Frauen an sich. Das Universelle, nämlich der absolute Fixpunkt in dieser Frau, wird durch das Abdecken der Gesichter sofort verflacht und materialisiert. Darin sehen wir, wie schnell die göttliche Symmetrie, der Fluss des Bewusstseins abbrechen kann und der kulturelle Wert der Selbsterkenntnis einer Hure zu einer pornografischen Oberflächlichkeit verkommt. Das Bild ist nun für die Gesellschaft kraftlos. Es führt nur zur Dissoziation und Verlorenheit. Es bietet der Seele keinen Halt mehr. Ein Vorgang den man häufig bei der Kommerzialisierung beobachten kann. Das passiert, wenn wir den Höllenritt meiden. Eine Gesellschaft wird dann wie in dem Manet zu erkennen, prüde und pervers zugleich wird. Sie kann die Hure nicht sehen, wie sie wirklich ist. Sie entwickelt Vorurteile und spaltet sich zwischen dualistischen Positionen wie Moral und Markt.

Im Bereich der kommerziellen Gestaltung verhält es sich oft so. Die Energie geht durch Verdinglichung verloren. Verdinglichung ist der Prozess, bei dem der Rahmen mit dem Kern vertauscht wird. Der innere Ring mit all seinen höllischen Qualitäten wird gemieden. Nur im Höllenritt lernen Sie zwischen Rahmen und Fixpunkten zu unterscheiden.

Sie kommen beispielsweise in ein Team mit fünf Leuten. Zwei sind ihnen sympathisch und im Grunde wie sie selbst. Die anderen drei mögen Sie nicht. Wie also kommen Sie in dem Projekt weiter?

Wenn Sie sich auf die Seite der Zwei schlagen, entsteht eine Spaltung und zwei Fronten werden gebildet. Das Projekt bekommt Probleme. Aber wenn

Sie sich zu den drei anderen schlagen, werden die Zwei vielleicht beleidigt sein. Sie verlieren alte Sicherheiten. Ihr neuer Fixpunkt versteckt sich hinter den Dreien. Ich nenne sie jetzt mal die drei Dämonen. Die anderen nennen wir die zwei Engel (siehe Abb. 14).

Abb. 14: *Der Fixpunkt hinter den Dämonen*

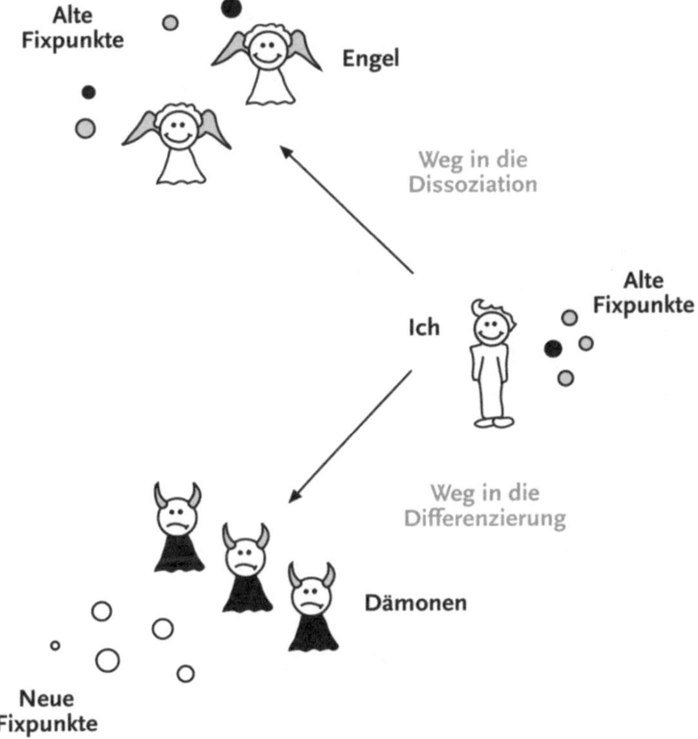

Wenn Sie sich zu den Engeln wenden, werden sie dissoziieren, weil sie sich vom aktuellen Fixpunkt abwenden, mit den Engeln Rahmen bauen und spalten. Wenn Sie sich den Dämonen zuwenden, werden Sie die neuen Fixpunkte, also deren Werte, integrieren und wie durch ein Wunder, wird das Projekt friedlicher und sinnvoller gelingen, weil Sie zu einem Vermittler geworden sind.

Das ist der Beginn von fließendem Denken. Ihr äußeres Modell ist neutral. Ihre innere Orientierung erwächst aus Gleichgewicht. Sie lassen Ihrem Fixpunkt, Ihrer Seele, freien Lauf: Wenn Sie die Prüfung mit den

Engeln und den Dämonen überstehen, fangen Sie an ein Meister des fließenden Denkens zu werden.

Verstehen Sie die Weisheit, die in den Dämonen steckt? Mangel ist immer negativ bewertet. In Phasen der Dissoziation, in denen an Rahmen geklammert wird. Wenn Sie jemanden nicht mögen, bedeutet es, dass dieser etwas hat, was Sie nicht haben, aber für Gleichgewicht erforderlich ist. Er ist anders als Sie. Er verkörpert die Angst vor Ihrer eigenen Entwicklung. Sie erahnen, dass jeder in jedem enthalten ist. Frieden ist die Vervollkommnung des eigenen Potenzials, durch laufende Integration. Durch seine Integration tragen Sie dazu bei, den Dualismus und die Spaltung der Welt zu lösen. Darum steigt durch Integration unser Bewusstsein stets höher in Richtung Quelle (Singularität). Wenn es nichts mehr gibt, was Sie ablehnen, erkennen Sie sich vielleicht selbst als die Quelle allen Lebens. Sie erlangen dann Verstandnis über den Sinn der Welt sowie Ihre eigene Selbstbestimmung. Sie können unmittelbarer an der Schöpfung teilnehmen und dienen somit der Evolution des Ganzen. Dieser Aufstieg ist die natürliche Folge der Integration in einem geschlossenen System.

Der Höllenritt bedeutet nicht, dass die Ganzheitlichkeit letztlich scheitert und Ideale sowieso nicht umsetzbar sind. Der Höllenritt ist das Werkzeug, mit dessen Hilfe wir Fixpunkte von Rahmen unterscheiden lernen. Der Höllenritt schult uns darin, fließend zu denken und zu entdecken, was wir wirklich wollen. Darum müssen wir einen Weg finden, den Höllenritt in der Gesellschaft salonfähig zu machen. Es bedarf also einer Kultur des inneren Wandels, statt äußerer Besitzstände und der auf Materie basierenden Strukturen. Diese spielen auch ihre Rolle, aber der Schöpfungsprozess beginnt stets im Inneren.

C. FINDE DICH SELBST!

Erinnern Sie sich daran als ich sagte, Realität sei ein gestalterischer Akt? Sobald Sie aus dem inneren Ring zurückkehren, werden Sie merken, wie Sie beginnen ihre Welt neu zu ordnen. Denn Ihre Fixpunkte wirken sich nun aus. Sie wurden integriert und sind Teil ihres Seins. Sie haben die spirituelle Aufgabe erfüllt und haben sich dem künstlerischen Prozess gestellt. Nun ist es wieder Zeit, die Sache zu bewerten und zu hinterfragen. Denn Sie werden jetzt ein neues ganzheitliches System etablieren. Aber es wird sehr von Ihren eigenen, inneren Wahrheiten des Augenblicks bestimmt sein.

Die 3. Stufe liefert die Basis für die 1. Stufe. So schließt sich der Kreis. Umso integrierender Sie agieren, umso freier werden Sie. Dies ist das was ich in der MNO-Theorie den Sphärenzyklus nannte, was später zum MNO-Modell in »Die Physik der Armen« führte.

Abb. 15 zeigt nochmal die drei Stufen:

Abb. 15: *Die drei Stufen fließenden Denkens*

1 **Lerne Gleichgewicht!**   **Differenzierung**

Orientierung geben: Ganzheitlichkeit und kulturelle Strukturen

Beck: Beige, Violett, Rot, Blau, Orange, Grün, Gelb

Kreutzbruck: hysterisch, psychopathisch, schizoid, oral, depressiv, phallisch, narzistisch, weiblich passiv und masochistisch

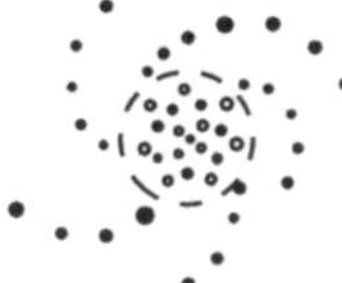

---

2 **Geh in den Höllenritt!**   **Dissoziation**

Orientierung geben: Auflösung der kulturellen Strukturen im Augenblick

Was fühle ich?
Was ist hier anders?
Was bewirkt dies bei mir?
Wo drückt es?
Wo möchte ich hin?

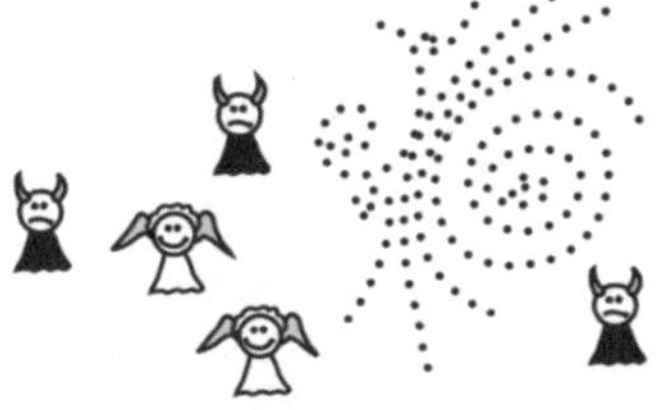

---

3 **Finde Dich selbst!**   **Neue Differenzierung**

Orientierung geben: Erkenntnis der eigenen Fixpunkte und deren Dynamik

Ich bin... Dieses Produkt ist...

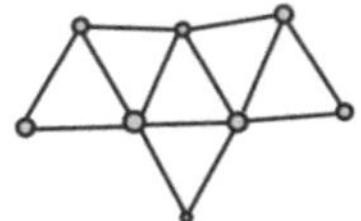

Die Sequenz »Lerne Gleichgewicht – gehe in den Höllenritt – finde dich selbst« bildet die pragmatische Dreifaltigkeit meiner frühen Transformationspraxis.

1.LERNE GLEICHGEWICHT = vorbereitende Stabilisierungs-Schleife. Hier trainiere ich Aufmerksamkeit, Körper und System auf ein Minimum an innerem Ruhezustand – wie ein Ökosystem, das vor der Feuersbrunst Wasser speichert.

2.GEHE IN DEN HÖLLENRITT = radikaler Absturz in die Singularität. Alles bisher Ausbalancierte wird bewusst destabilisiert, bis nur noch der nackte Fixpunkt bleibt; das entspricht der *release-Phase* in der Panarchy-Resilienzforschung (Holling) oder der »Ω-Phase« in komplexen Ökosystemzyklen.

3.FINDE DICH SELBST = Re-Faltung; aus der Singularität heraus entfaltet sich ein neues, kohärenteres Selbst-System. Das spiegelt die *reorganisation*-Phase der Ökologie oder die *third loop learning*-Logik in sozialen Lerntheorien.

Im MNO-Modell erscheinen diese drei Schritte als:

Vor-Fluss (Balance) → *Singularitätskollaps (Höllenritt)* → *Post-Fluss (Neufaltung)* – also exakt die triadische Choreografie von Offenheit, Nullraum, Emergenz, die meine spätere Arbeit in IFM und Artistic-Research-Settings operationalisiert. Gesellschaftstheoretisch korrespondiert das mit den Zyklen Differenzierung → Dissoziation → Integration (Sorokin) oder dem »r-K-Ω-α«-Loop[3] der Transformationsökologie. In allen Feldern gilt: Ohne initiales Gleichgewicht verbrennt der Prozess, ohne den Abstieg bleibt er oberflächlich, ohne die Neufaltung erstarrt er.

[2] Aus einem Seminarpapier von Gerald Kreutzbruck, zum Atman Training

[3] Der „r–K–Ω–α-Loop" ist die Kurzform des Adaptive-Cycle-Modells der Transformations- und Resilienzökologie (C. S. Holling 1986; Gunderson & Holling 2002). Er beschreibt, wie komplexe Öko- (und Sozial-) Systeme zyklisch zwischen Stabilität und Umbruch pendeln:

Phase	Symbol	Kerndynamik
Exploitation / Wachstum	r (rate)	Schnelle Pionier-Expansion: Ressourcen werden erobert, Vernetzung locker, Innovation hoch.
Conservation / Bewahrung	K (carrying capacity)	System saturiert, Strukturen verfestigen sich, Effizienz steigt, Flexibilität sinkt.
Release / Kollaps	Ω (Omega)	Schock oder Überlastung bricht die starre Struktur auf; gespeicherte Energie wird abrupt freigesetzt („creative destruction").
Reorganization / Erneuerung	α (alpha)	Chaotische Neuordnung; Elemente rekombinieren, neue Nischen entstehen, Richtung eines frischen r-Schubs wird gesetzt.

Der Loop verdeutlicht, dass Krisen (Ω) notwendiger Teil evolutiver Vitalität sind: Ohne Freisetzung keine Neufaltung (α). Er wird heute auf Wälder, Finanzmärkte, Städte oder politische Regime angewandt, um Übergänge, Kollaps-Risiken und Innovationsfenster zu analysieren und gezielt zu moderieren.

DON BECK UND DIE INNEREN HIERARCHIEN

In Gesellschaften, die sich in einem Übergang von einem Paradigma, über eine Zeit der Stagnation hin, zu einer neuen Ordnung bewegen, ist es von zentraler Bedeutung eine Basis zu erreichen, auf der alle relative Geleichwertigkeit erleben. Das nimmt bereits viele Grundkonflikte aus dem Spiel. John Rawls, »A Theory of Justice« (1971) zeigt, dass Übergangsgesellschaften nur dann stabile Kooperation erzeugen, wenn eine »faire Ausgangsbasis« wahrgenommen wird; relative Gleichwertigkeit minimiert Grundkonflikte. Ralf Dahrendorf, »Gesellschaft und Demokratie in Deutschland« (1965) argumentiert, dass latente Klassenkonflikte erst dann abklingen, wenn Statusgruppen subjektiv gleiche Chancen auf Teilhabe erleben. Samuel Huntington, »Political Order in Changing Societies« (1968) belegt historisch, dass Modernisierung ohne soziale Ausgleichsmechanismen zu Instabilität, Gewalt oder Militärputsch führt. Amartya Sen, »Development as Freedom« (1999) zeigt empirisch, dass relative Capability-Gleichwertigkeit in Transformationsphasen Demokratie- und Friedensdividenden erzeugt. Gurr, Ted Robert, »Why Men Rebel« (1970) formuliert die Theorie der relativen Deprivation: wahrgenommene Ungleichheit ist ein Haupttreiber politischer Gewalt in Übergangszeiten. OECD, »Divided We Stand: Why Inequality Keeps Rising« (2011) verknüpft aktuelle Daten: höhere Einkommensgleichheit korreliert mit geringerer politischen Polarisierung, besonders in Phasen wirtschaftlicher Umbrüche. Francis Fukuyama, »Political Order and Political Decay« (2014) betont, dass staatliche Legitimität in post-industriellen Übergängen von subjektiv erlebter Gleichwertigkeit abhängt; andernfalls Wachstum ohne Ordnung.

Das Geheimnis lautet somit Ganzheitlichkeit. Es geht um das, was man für einen gesellschaftlichen »Relaunch« benötigt, wenn sich eine Gesellschaft in sich verliert, den Kontakt zu ihren inneren Werten nicht mehr auffindet und in größere Krisen zu geraten droht. Ganzheitlichkeit ist hier sehr wichtig, weil sonst die einzelnen Menschen immer noch das Gefühl haben, man würde Sie in ihrer Existenz nicht schätzen und unterstützen. Da bedarf es eines Konjunkturprogrammes der inneren Werte.

Wenn wir die Gesellschaft auf Ganzheitlichkeit ausrichten, stellen wir eine grundsätzliche Akzeptanz allen Seins her, was von den Rahmenbildungen und Spaltungen geschwächt wird, die vor allem aus egogetriebenen Machtkämpfen entstehen. Dies bedeutet aber auch, dass es notwendig ist, eine gemeinsame Basis der Sicherheit der Existenz zu ermöglichen. Verstehen Sie, dass diese ganzheitliche Versorgung nicht das eigentliche Modell einer neuen Gesellschaft ist, sondern nur ein Hilfsmittel, um den inneren Motor neu anwerfen zu können. Denn Ganzheitlichkeit an sich wird immer nach geraumer Zeit zu einer äußeren Harmonie, die wiederum das Innere lähmen kann. Ich verstehe unter dieser Ganzheitlichkeit als Mittel zwei wesentliche Dinge.

1. DIE SICHERUNG EINES GRUNDEINKOMMENS (ODER EINEM ZEITGEMÄSSEN MASS AN EXISTENZIELLER ABSICHERUNG), SOWIE DIE SICHERUNG DER GRUNDBEDÜRFNISSE DES MENSCHEN NACH NAHRUNG, REISEFREIHEIT, BILDUNG UND KULTUR.

2. DIE ANERKENNUNG DES LEBENDIGEN UND FÜR DIE GESELLSCHAFT WERTVOLLEN IN JEDER EXISTENZ, SEI SIE NUN GUT ODER SCHEINBAR BÖSE, FLEIßIG ODER SCHEINBAR FAUL, NÜTZLICH ODER SCHEINBAR NUTZLOS.

Diese zwei Grundgedanken führen in der Umsetzung zu einer Gesellschaft mit ausgewogenen Kräften. Die Existenzangst nimmt ab. Von dieser Vorstellung ausgehend kann man damit beginnen, dem inneren Fluss des Augenblicks zu folgen und andere Prioritäten zu entwickeln. Dadurch wird die Ganzheitlichkeit zu einer Entwicklungsspirale, die sich in den Augenblicken immerzu fortschreibt und neu definiert.
In der modernen Politik herrscht noch immer ein grundlegendes Missverständnis, welches historisch bedingt ist. Soziale Sicherung ist genauso essenziell wie innere und äußere Entwicklungsfreiheit, Veränderung genauso wie Tradition. Diese zwei Seiten der linken und der rechten Politik sind beide erforderlich und könnten heute zu einem sachlichen Gemeinsamen transformiert werden. Dazu ist es erforderlich die soziale Idee, wie auch die liberale und konservative Politik, dort zu platzieren, wo sie am sinnvollsten ist. Die Politiker:in von Morgen wird darum vielleicht eine integrative Politiker:in sein. Eine die alle Ideen integriert und je nach Fragestellung die optimale Perspektive in einem kreativen und konsensorientierten Prozess gemeinsam mit Menschen aus ganz unterschied lichen Bereichen der Gesellschaft bewusst mitgestaltet.
Probleme mit überteuerten Sozialsystemen beispielsweise kann man nicht nur mit neoliberalem Rationalismus allein lösen. Will man die Kosten effizient in den Griff bekommen, bedarf es auch kultureller, sozialer Errungenschaften, die einen sinnvollen Ausgleich bilden. Reife Gesellschaften entwickeln sich nicht mehr durch Machtkämpfe einzelner

Lager weiter, sondern durch Arbeitsteilung auf der Ebene der Ideen und Ideologien - durch integrative Politik.

Die Herausforderung der Politik von Morgen ist die Fähigkeit zur Integration und zum Erlangen von komplexen Bewusstseinsformen, die zu intelligenteren Lösungen für die Gemeinschaft führen und mehr Menschen daran beteiligen.

Ich möchte hier die sehr wichtige Arbeit des amerikanischen Politikberaters Don E. Beck herausgreifen, weil ich denke, dass sein Modell den Blick auf die Rolle der Fixpunkte und deren Integration noch klarer macht. Die Rede ist von Don Beck, dem Begründer von Spiral Dynamics Integral. Sein Modell ist ein, wie ich finde, sehr nützliches Instrument für die Zeit für einen Übergang, für das Herstellen eines Bewusstseins über die Notwendigkeit der dynamischen Integration. Es ist sowohl auf integraler Ganzheitlichkeit als auch auf fortwährender Wandlung aufgebaut. Nicht zuletzt erklärt sich aus den Forschungen von Clare Graves, Christopher Cowan und Don Beck, warum wir heute vor diesem Paradigmenwechsel stehen, den ich in diesem Buch wesentlich beschreibe.

Das Modell von Beck hilft die unterschiedlichen Wertecluster einer Gesellschaft, die hinter den jeweiligen Lagern und Ideen oder Ideologien stehen miteinander schrittweise zu versöhnen oder eine Transformation einzuleiten.

Don Beck entwickelte gemeinsam mit dem Psychologie-Professor Clare W. Graves das Modell Spiral Dynamics (ab 1970 ff.), das gesellschaftliche Entwicklung als Abfolge farbcodierter »Werte-Meme« beschreibt: von archaisch-tribal (Beige) bis integrativ-holistisch (Türkis). Beck nutzte das Raster, um in Südafrika (1994 – 97) Übergangs-Workshops zwischen ANC, Zulu-Nationalisten und weißen Sicherheitskräften zu moderieren und später US-Unternehmen, Think-Tanks und sogar George W. Bush zu beraten. Sein Ansatz zielt darauf, verfeindete Wertecluster sichtbar zu machen, jedem Lager evolutionäre Würde zuzusprechen und Transformationsschritte so zu timen, dass keine Ebene gewaltsam übersprungen wird.

Kritische Forschung hebt jedoch drei Schwachstellen hervor. Erstens fehlt eine robuste empirische Validierung: Meta-Analysen (vgl. A. Kremer, »The Colour Test: Empirical Gaps in Spiral Dynamics«, 2019) → zeigen, dass Wertemuster in großen Datensätzen (World Values Survey, Schwartz) selten so sauber segmentieren, wie Beck annimmt. Zweitens wird dem Modell ethno-teleologischer Bias vorgeworfen: Die lineare Farbleiter suggeriert, westlich-postmoderne Stufen seien »höher« – eine Kritik, die auch Ken Wilbers integrale Version traf (J. Forman, »Integral or Imperial?«, 2008). Drittens neigt die Beratungs-Praxis zur Managerialisierung, indem sie komplexe Machtfragen auf Farbcoaching verkürzt (vgl. M. Edwards, »Spiral Dynamics in the Boardroom«, 2015). Trotzdem bleibt Becks Kernidee – Konflikte als Werte-Interferenzen zu lesen – anschlussfähig an andere Forschungsstränge: Ingleharts »Silent Revolution« (1977) kartiert den Shift von materialistischer zu post-materialistischer Orientierung; Robert Kegan (»In Over Our Heads«, 1994) beschreibt Ich-Entwicklungsstufen, die Becks Meme spiegeln; und die Panarchy-Ökologie (Holling) liefert ein zyklisches Komplexitätsmodell, das besser mit nichtlinearen Rückfällen umgehen kann. Wer Beck heute nutzt, sollte sein Farb-Narrativ daher als heuristische Brille nehmen, sie jedoch mit empirischen Wertestudien, Entwicklungspsychologie und Systemökologie kreuzen, um Transformation nicht auf Farbkarten-Didaktik zu reduzieren.

Ich begegnete Don Beck im Jahr 2005 während zwei seiner Vorträge und war vor allem von seiner praktischen Erfahrung inspiriert. Er war wie gesagt als Politikberater in Südafrika, zur Zeit der Apartheid, wesentlich an der Lösung vieler Probleme beteiligt gewesen und beriet immer wieder Staatsmänner in Fragen der Evolution von Gesellschaften. Als Don Beck mit seiner Arbeit in Südafrika anfing, wollte er von der ethnischen oder mit der gesellschaftlichen Stellung verknüpften Motivation der Menschen wegkommen und stattdessen ein universelleres Kräftespiel beschreiben, in dem kulturell geprägtes Verhalten auf bestimmten Denkweisen aus bestimmten Lebenskontexten heraus beruhte. Er beschrieb »Memes«, die sich im Menschen zusammen mit den äußeren Lebensumständen entfalteten. Er wollte zeigen, dass Weltbilder mehr von den Lebensumständen des Hier und Jetzt, sowie von inneren Kräften getrieben sind, als von der Abstammung oder Sozialisation und Hauptfarbe, also von äußeren Schablonen. Das lenkte die Aufmerksamkeit auf Dinge, die man verändern konnte, statt Kulturen in harten Fronten ethnischer oder religiöser Rahmen zu verhärten. Don Becks System ist in sechs historischen, und zwei zukünftigen Entwicklungsstufen gegliedert, die das ganzheitliche Grundspektrum von Gesellschaften darstellen sollen.

Der Unterschied zwischen den Memes und den Fixpunkten ist folgender:

Die Memes beschreiben kulturelle Wertecodes innerhalb von Strukturen, also innere Ordnungen von Systemen, die sich im Laufe der Geschichte zu festen Strukturen manifestiert haben, aus denen immerzu neue Evolutionsstufen hervor gingen. Ein Meme ist ein systemischer Wertecode, der eine Antwort auf frühere Wertecodes ist, oder den Versuch unternimmt die Schatten eines anderen Codes zu korrigieren.

Während Moral beispielsweise ein Wertecode ist, der in barbarischen Gesellschaften früherer Zeiten mehr Freiheit und Sicherheit für den Einzelnen ermöglichte, entwickelte sich dieser Code in den 7oer Jahren des vergangenen Jahrhunderts zum Schatten eines verklemmten Bürgertums, der in der sexuellen Revolution mit einem neuen kulturellen Code überwunden und später in der Umweltbewegung der 8oer Jahre neu integriert wurde. Hinter der Moral sowie der sexuellen Revolution bewegten sich Fixpunkte in großer Komplexität. Daraus kristallisierten sich allgemeingültige Memes heraus.

Die Fixpunkte sind das, woraus Memes entstehen. Die Memes sind, werden sie einmal herausgebildet, weitgehend stabil. Die Fixpunkte hingegen sind Bewegungsmomente einer inneren Ordnung, jenseits der Trennung zwischen Geist und Materie, Mensch und Natur. Impulse aus denen Bewusstsein und Unbewusstes, Gedanken, Gefühle, Werte des Individuums einer tiefer liegenden inneren Struktur entspringen, die vielleicht nie völlig verstanden werden kann. Memes sind allgemein definierbar, Fixpunkte sind es nicht. Memes sind das Ergebnis unserer Geschichte (angedacht) und helfen als feste Strukturen unser Handeln in einem größeren Kontext zu verstehen. Die Fixpunkte sind der Grund für die

Abb. 16: **Don Becks Spiral Dynamics** in acht Entwicklungsstufen

Zyklus	positiv	negativ	
türkis	ganzheitliches Bewusstsein	negatie Seiten noch unbekannt	Second Tier
gelb	integral und flexibles Denken in evolutionären Stufen	unverbindliches Verhalten, Neigung sich rauszuhalten, wenn es Widerstand gibt	
grün	soziales und humanistisches Denken. Umweltbewegung	Ablehnung von Hierarchien führt zu Orientierungverlust und Strukturlosigkeit	First Tier
orange	vernetztes und ökonomisch pragmatisches Denken. Fortschrittsdenken	globalisierte Wirtschaft ohne tieferen Sinn. Rationalismus und Materialismus	
blau	Autorität und Rechtsstaat, Demokratie und Organisationen	Überbürokratisierung und biedere Zustände	
rot	starkes Ego-Denken. Aggressiv, aber auch voller Power. Freier Wille herrscht	totalitäres Verhalten und Diktaturen	
violett	mystisches eingebunden Sein in Stammesgemeinschaften oder Naturreligionen	sehr von Angst zusammengehaltene Gemeinschaften	
beige	unmittelbare Überlebensstrategie, Reflexartiges Handeln	sehr animalische Motive	

immerzu neue Annäherung an die innere Ordnung der Dinge. Die Fixpunkte sind von außen betrachtet wesentlich unkonkreter als die Memes, führen uns aber wesentlich näher an die Konkretheit des lebendigen Moments.

Graves, Cowan und Beck beschrieben die Memes als hierarchisches System innerer Ordnungen von Gesellschaften, Systemen und deren Evolution. So entstand eine Entwicklungsskala, gewissermaßen eine Geschichte der kulturellen Codes, die bis heute in uns wirken und besonders für Zukunfts- und Trendforscher, wie auch für Soziologen, Unternehmer und die Politik interessant sind.

Die Skala von Becks farbkodiertem System reicht von Beige über Violett, Rot, Blau, Grün bis zu Gelb und Türkis. Wobei die Farbzuweisung an sich willkürlich ist. Sie soll nur die Kommunikation vereinfachen.

Mit diesen Farben gemeint sind Entwicklungsstufen, wie die Entstehung von Rechtsstaaten (blau) aus Stammesgesellschaften (rot) heraus, sowie die Bildung des freien Hedonismus der Spaßgesellschaft (orange), das sich wesentlich aus dem Konflikt mit starren Konventionen (blaue Schatten) entfaltete. So ordnet Beck alle gesellschaftlichen Strömungen in 6 wesentliche Stufen ein, die wie Brennpunkte dieser kulturellen Entfaltungen sind. Man könnte sie auch als Bündel von Fixpunkten verstehen. Es sind also wiederkehrende, universelle Bausteine von Gesellschaften, die im Laufe der Evolution integral erweitert werden.

Lassen Sie sich Zeit, die Tabelle (Abb. 16) genauer zu betrachten. Die Tabelle entfaltet sich von unten nach oben, hin zu immer mehr Komplexität und Universalität in den gesellschaftlichen Systemen. Alle Stufen sind im Vergleich mit dem Vorgänger Versuche, mehr Freiheit zu erreichen, also das System so zu erweitern, dass es eine größere Vielfalt integriert, die durch Neuerungen der Evolution entstanden sind. Nur in der Summe von der Bevölkerung anerkannt und in jedem Moment neu entfaltet, erweitern sie aber Gesellschaften tatsächlich. Man kann also die unteren Stufen nicht überspringen, ohne Spaltung und Unfreiheit im Ganzen zu provozieren. Denn sie entsprechen einer inneren Logik, einer Struktur des kollektiven Bewusstseins, was man auch den Bewusstseinsfortschritt der Menschheit nennen könnte.

Durch die Arbeit von Don Beck wird verständlicher, warum die Evolution stets auf Erweiterung der Freiheit begründet ist, denn jeder Wechsel zu einer anderen Stufe, ist geprägt vom Pendeln zwischen hoher Individualität und Kollektivität, also zwischen Ich und Welt, oder Individuum und Gesellschaft.

Spiral Dynamics erzählt kulturelle Evolution als farbig aufsteigende Wendeltreppe. In der MNO-Theorie erscheint dieselbe Bewegung jedoch nicht als lineare Höher-Höher-Höher-Leiter, sondern als zyklische Pol-

Spirale, die permanent zwischen Nichts (Singularität) und sichtbarer Welt pulsiert.

Spiral-Stufe (Beck)	MNO-Lesart	Zyklusfunktion
Beige / Purple	Primäre Emergenz	Differenzierung vs. Stabilisierung
Orange / Green	Dissoziation → Suche	Rahmendichte, Sinnverlust, Ruf nach Kern
Yellow / Turquoise	Neue Singularität	integrierte Re-Faltung – Start der nächsten Runde

Jede Farbe markiert somit einen Umlauf im MNO-Sphärenzyklus: erst tritt ein Wertememe als »Fixpunkt-Funke« aus der Singularität; dann baut es Strukturen, versteinert, kollabiert – und macht Platz für das nächste Emergenz-Fenster. Die Spirale ist also kein Pfeil nach oben, sondern ein Donut, der sich Schicht für Schicht um das zentrale »Loch« (Nichts) legt, während ein feiner Pol-Atem zwischen Innen-Leere und Außen-Form die Bewegung treibt.

DIESE PERSPEKTIVE ERWEITERT BECK IN ZWEI PUNKTEN:

1. POLAR STATT LINEAR – Gelb & Türkis sind nicht Endstation, sondern Schwellen zur nächsten Implosion. Der wahre Fortschritt sitzt im »Atem« zwischen Zentrierung und Entfaltung, nicht im äußeren Radius.

2. FIXPUNKT-ARBEIT – Jede Stufe braucht ihren eigenen Höllenritt in die innere Null, sonst bleibt sie dogmatischer Rahmen. MNO liefert genau das Werkzeug, den Einbruch bewusst zu moderieren.

Damit verschmilzt Spiral Dynamics mit der MNO-Logik: Evolution ist kein Wettlauf nach oben, sondern ein permanenter Falt-Loop, in dem jede Gesellschaft ihr Farbspektrum nur dann gesund durchläuft, wenn sie den Sprung ins Nichts – die Singularität – immer wieder wagt.

Auf der Suche nach den Fixpunkten ist es wichtig zu verstehen, dass es Prioritäten, Richtungen und Strukturen in ihnen gibt, die ihr Auffinden konkretisieren. Der neue Fixpunkt ist immer ein Freiheitsgewinn, immer ein Fortschritt, eine Erweiterung des Bewusstseins. Beachten wir dies nicht, würde das Bauchgefühl des einen mit der Idee des anderen um die Herrschaft konkurrieren. Die einzelnen Individuen könnten sich nicht in ein Ganzes integrieren, es gäbe keinen Bezugspunkt außerhalb des Individuums. Der Fixpunkt steht also immer in einem direkten Kontext zum Umfeld. Er ist nie willkürlich, immer konkret und stets eine Erweiterung. Alles andere ist in der Praxis nur unwesentliche Ablenkungen. Ein Traum ohne Kontext zur äußeren Welt kann nicht integriert werden. Ein Traum mit einem direkten Kontext hingegen kann ein sehr wertvoller Hinweis eines neuen Fixpunktes sein. Darin liegt der große Unterschied zwischen Realitätsbewusstsein und einer Verlorenheit in einer unkonkreten Selbstsuche.

In IFM haben wir mehrere Mechanismen entwickelt, um Fixpunkte in direkten Bezug zur Situation zu bringen. Um dadurch innere Ordnungen des »Wesentlichen« innerhalb der Komplexität zu ermöglichen, die das Individuum dennoch integrieren. Dadurch erreichen wir den optimalen kreativen Flow zwischen Neuem und Bestehendem, Wesentlichem und Innovationen in hoch komplexen Systemen und wir erhöhen die Partizipation jedes Einzelnen.

DIE FANTASIE DES ÄTHERS ALS DYNAMISCHES WELTBILD DER WISSENSCHAFT

Am Anfang dieses Buches begann ich mit der Vorstellung, die Welt könnte so aufgebaut sein, wie die Musik. Im Inneren universelle Themen, im Äußeren maximale Vielfalt. Musik basiert auf Resonanzen, die in einem geschlossenen System entstehen. Diese Resonanzen erschaffen sich steigernde Energie aus minimalen Impulsen heraus. Ich zupfe die Gitarre und Millionen Menschen bewegen sich in einem harmonischen Zusammenspiel, aus dem heraus Selbstvertrauen, Sicherheit und Glück hervorgehen.

Als ich dieses Kapitel damals schrieb, war ich noch weit entfernt von der Präzision der MNO-Theorie, wie ich sie in »Die Physik der Armen« später entwickelte. Ich will dieses Kapitel nicht zu sehr umbauen, es soll ein Stückweit auch Dokument einer früheren Reise bleiben. Dennoch nehme ich einige Veränderungen vor, um an meine spätere Arbeit anzuschließen. Letztlich ging es mir hier darum das Zusammenspiel der Fixpunkte als Resonanzphänomen zu beschreiben, wie ich es im MNO-Konzept später deutlicher präzisierte, samt Anbindung an Physik und Mathematik.

Wenn das Sein aus Fixpunkten, Kernen oder Werten aufgebaut ist, die wegen ihrer Dynamik die Notwendigkeit eines freien Willens in Systemen implizieren, und in uns allen als universelle Kräfte wirken, die sich in ständiger Bewegung befinden, suchen wir heute natürlich verzweifelt nach einer Struktur, nach einem Medium, aus dem heraus eine solche Wechselwirkung möglich wäre. Wir fragen uns, warum der Geist die Grundlage der materiellen Welt sein könnte und wie dies möglich sein soll? Später erläuterte ich in »Die Physik der Armen«, wie nicht der Geist die Grundlage von materieller Welt sein kann, vergleichbar mit dem Hard-Problem in der Bewusstseinsforschung, sondern beide aus Rückkoppelungen mit einem Nichts resultieren. In der unsprünglichen Fassung dieses Buches benutzte ich den Begriff des Äthers, der dunklen Materie, die alles im Universum zusammenhält, als eine Metapher, die wie gesagt erst Jahre später von mir präzisiert wurde.

Der Äther war in der griechischen Antike das »fünfte Element« – die subtile Substanz, in der Götter atmen und Sterne kreisen. Klassische Physik des 19. Jh. griff den Begriff als »Luminiferous Ether« auf, ein allgegenwärtiges Medium, das Lichtwellen tragen sollte. Nach Einsteins Spezieller Relativität (1905) verschwand der Äther als stoffliche Hypothese; man ersetzte ihn durch Feldkonzepte. Heute lebt er – entmaterialisiert – in der Sprache der Quantenfeldtheorien (Vakuumfluktuation) oder in esoterischen Diskursen als »Akasha-Feld«. In meiner MNO-Theorie entspricht der Äther der Nullzone zwischen Nichts und Welt: kein stofflicher Träger, sondern ein potenzialgesättigter Möglichkeitsraum, aus dem Singularität sich faltet. In Gesellschaft ohne Vertrauen wollte ich genau das spürbar machen: dass zwischen fixiertem Ich und harter Struktur ein vibrierendes Zwischen existiert – eine Art innerer Äther –, der Transformation trägt, wenn wir ihn nicht zwanghaft verdichten. Der alte Äther war also Materie mit zu wenig Daten; mein Äther ist Minimal Necessary Ontology: radikale Offenheit, in der Fixpunkte entstehen und wieder zerfließen.

Man kann Gesellschaften nicht im Sinne der Freiheit weiterentwickeln, ohne immer wieder einen neuen Traum, ohne ein neues Konzept der Wirklichkeit zu haben. Wenn die Freiheit weiterentwickelt werden soll, muss sie auch die letzte Bastion der Beschränkung des Bewusstseins überwinden. Nämlich die Trennung zwischen Geist und Materie. Man könnte auch profaner sagen, dass es um die Lösung des Konfliktes zwischen Geld und Seele geht.

Es mag manchen so erscheinen, als ziehe ich einen sehr weiten Bogen, um den Begriff der Freiheit in Gesellschaften zu erklären. Aber gerade Weltbilder sind für Gesellschaften so wichtig, dass man nicht darum herumkommt, diese zu betrachten, wenn man über die Gründe für gesellschaftliche Strukturen spricht. Die Äthertheorie und die Idee der Fixpunkte sind im Kern verwandte Überlegungen, die von einem wohlwollenden Kosmos ausgehen, der das freie Individuum will und braucht. Beide gehen davon aus, dass wir alle derselben Quelle entstammen und über diese Quelle miteinander verbunden sind. Dass die Übergänge eher fließend, und die Trennung zwischen den Dingen eher eine Frage des Bewusstseins als eine Frage des tatsächlichen Wesens der Materie, ist.

Wenn es wenige universelle Kerne der Existenz gibt, die sich wiederum in unendlich viele Fixpunkte entfalten und alles Sein nur darauf basiert, ein anderes Verständnis der Quelle zu sein, gibt es keine realen Lücken zwischen der inneren und der äußeren Welt. Sie sind eins. Nur durch ein Zusammenspiel mit dem Augenblick differenzieren sie sich in unterschiedliche Gewichtungen, werden zu treibenden Kräften.

Das folgende Bild (Abb. 17) zeigt den Unterschied zwischen einem Universum aus Rahmen und einem aus dynamischen Fixpunkten.

Die Form und Struktur ergibt sich im Äther- später im MNO-Modell aus der Resonanz in einem geschlossenen System, in dem Geist auf schnellerer und Materie auf langsamerer Schwingung beruht. In meinem Vokabular ist der Äther kein dünnes Gas mehr, sondern ein selbstresonierender Möglichkeitsraum: Ein geschlossenes Feld, in dem jede Schwingung sofort auf sich selbst zurücktrifft. In dieser Kammer entstehen Knotenpunkte – stehende Wellen –, die wir als Form, Gestalt, schließlich als Materie wahrnehmen. Geist tritt hier als Hochfrequenz-Modus auf:

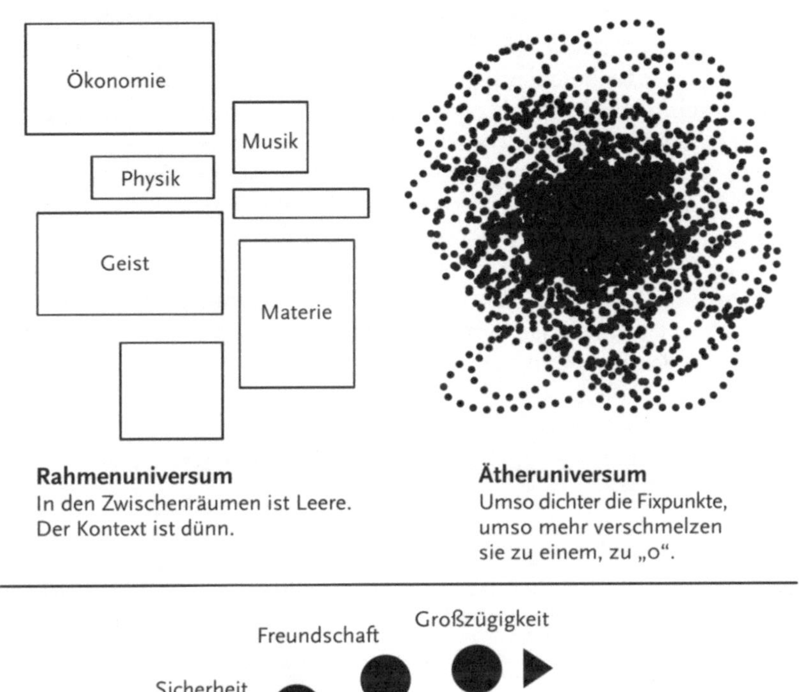

ultrakurze Wellenlängen, kaum Trägheit, reines Potenzial. Materie ist derselbe Vorgang in abgebremster Taktung: längere Wellenlängen, mehr Interferenz, dadurch Dichte.

DAS MNO-MODELL PRÄZISIERT DIESEN VORGANG:

Singularität – ein Impuls bricht aus dem Nullraum, eine Primärschwingung.

Faltung – die Welle läuft im geschlossenen System im Kreis, koppelt sich mit sich selbst, bildet einen Resonanzknoten.

Fixpunkt – der Knoten stabilisiert sich, wird für das Bewusstsein als »Ding«, »Gedanke«, »Wert« erlebbar.

Geist und Materie sind also Frequenz-Phasen derselben Resonanzschleife. Je schneller das Ping-Pong im Feld, desto immaterieller erscheint der Knoten (Idee, Intuition); je langsamer, desto massiver (Objekt, Körper). Transformation geschieht, wenn wir die Frequenzsteuerung verändern: Entweder beschleunigen wir einen erstarrten Materieknoten – er verflüssigt sich, öffnet neue Möglichkeitsfächer –, oder wir verlangsamen einen flüchtigen Geistesblitz, bis er in der Welt greifbar wird.

Damit verbindet sich das uralte Ätherbild[4] mit meiner Systemkritik aus Gesellschaft ohne Vertrauen: Die moderne Gesellschaft klebt an niederen Resonanzbändern – Materie ohne Geist –, während Fixpunkte verknöchern. Der Weg zurück zur Lebendigkeit besteht darin, das geschlossene Feld bewusst zu stimmen: Resonanz erneuern, Frequenzen modulieren, Knoten tanzen lassen. Genau dafür dient MNO: als Bedienoberfläche dieser unsichtbaren Resonanzkammer.

[4]1 | Michelson–Morley, Einstein und der „klassische" Äther

• Michelson–Morley (1887) zeigte – innerhalb der Messgenauigkeit – kein Relativgeschwindigkeits-Effekt des Lichtes gegen einen ruhenden Äther. Daraus folgte die Annahme, dass Licht im Vakuum kein Trägermedium benötigt.

• Einstein übernahm den Nullbefund nicht „missverständlich", sondern machte ihn 1905 zur Basis der Speziellen Relativität: Die Lichtgeschwindigkeit ist für alle Inertialsysteme gleich, ein klassischer Luminiferous Ether ist überflüssig.

• Spätere Versuche (Dayton Miller 1920er-Jahre) meldeten kleine Signale, die sich jedoch als Temperatur-Artefakte herausstellten (Shankland et al., 1955). In der heutigen Metrologie ist die Äther-Drift weiterhin ≤ 10-17-fach der Lichtgeschwindigkeit – faktisch Null.

2 | Quantenvakuum und Casimir-Effekt

• Der Casimir-Effekt (Theorie 1948, erste hochpräzise Messung Lamoreaux 1997) bestätigt, dass Quantenfelder im Vakuum Fluktuationen besitzen. Diese virtuellen Photonen sind aber nicht identisch mit dem „Äther" des 19. Jahrhunderts; sie verletzen keine Relativität und sind relativistisch invariant.

• Dass zwischen Metallplatten bestimmte Vakuummoden unterdrückt werden, erzeugt eine messbare Anziehung. Dies hängt nicht von „Ätherwirbeln" ab, sondern von quantenelektrodynamischen Randbedingungen; Wind- oder Wirbel-Hypothesen sind physikalisch unbelegt.

3 | Weitere Behauptungen

• „Gravielektrischer" Äther-Generator (H. Müller) oder Geräte, die „direkt Strom aus dem Äther" liefern, sind bisher nicht peer-reviewt repliziert; in der Fachliteratur gelten sie als spekulativ bzw. pseudowissenschaftlich.

• Dunkle Materie wird nicht als klassischer Äther verstanden, sondern als gravitierendes, nicht-baryonisches Massensubstrat, das mit Licht kaum koppelt – konsistent mit Einsteins Gravitation.

Relevanz für MNO:

Für die MNO-Logik bleibt entscheidend: Es existiert ein physikalisches Nullfeld (Quantenvakuum), das permanente Fluktuationen trägt. Das ist nicht der Äther der klassischen Wellenträger-Hypothese, wohl aber eine reale „potenzialgesättigte Leere", die dein Modell als Singularitätsfeld metaphorisch anspricht. Um die Brücke sauber zu schlagen, empfehle ich, den Begriff „Äther" explizit als metaphorisches Kontinuum zu kennzeichnen und ihn nicht mit den historischen oder spekulativen Strom-Generator-Narrativen zu vermischen.

SICHTBARE UND FRAGLICHE RESONANZPHÄNOMENE IN DER ARBEIT VON EMOTO UND JENNY

Bevor ich Masaru Emoto und Hans Jenny als Beispielbühnen betrete, will ich klarstellen, dass beide Experimente – Emotos »Wasserbotschaften« (1990er) und Jennys Kymatik-Versuche (1960er) – wissenschaftlich umstritten sind: ihre Datenerhebung ist schlecht kontrolliert, die Replizierbarkeit gering, die Interpretation oft esoterisch überdehnt. Trotzdem taugen sie mir als plastische Metaphern, um zu zeigen, was geschieht, wenn eine Gesellschaft ihre Fixpunkte einmauert. Emoto friert Wasser ein, fotografiert willkürlich selektierte Kristalle, behauptet: positive Worte → harmonische Formen, negative Worte → Chaos. Jenny streut Sand auf vibrierende Platten; bei bestimmten Frequenzen erscheinen elegante Mandalas, bei disharmonischen Frequenzen bricht das Muster. Ob ihre Bilder nun streng reproduzierbar sind oder nicht – sie illustrieren ein Prinzip, das in der seriösen Physik längst bestätigt ist: Resonanzfelder ordnen oder zerstören Struktur. Übertragen auf Gesellschaft heißt das: Wenn wir den geistigen Rahmen – unsere politischen Dogmen, ökonomischen Monokulturen, kulturellen Ticks – so eng ziehen, dass er wie eine starre Frequenz alle anderen Schwingungen übertönt, dann kollabieren die komplexen Schneeflocken des Sozialen zu amorphem Matsch. Die Fixpunkte – jene lebendigen Quellen, aus denen neues Sinn-Wasser sprudeln könnte – verkrusten.

Genau hier dockt meine MNO-Theorie an: Sie sieht Realität als geschlossenen Resonanzraum, in dem jedes System zwischen Singularität (leerer Möglichkeit) und Weltentfaltung hin- und herpulsiert. Blockieren wir die innere Reise – aus Angst, aus Kontrollsucht, aus institutioneller Trägheit –, dann sturen wir das gesamte Feld: Kreativität versiegt, Ökonomie wird ineffizient, Ökologie kippt. Emotos Eiskristalle und Jennys Chladni-Figuren sind deshalb für mich keine Beweise, sondern didaktische Spiegel: Sie zeigen anschaulich, wie Rahmenblockierung auf Mikro-Ebene Form zertrümmert – und erlauben mir, dieselbe Dynamik auf Makro-Ebene verständlich zu machen. Wer das als »naiv« abtut, verkennt den Wert guter Metaphern: Nicht, weil sie wahr sind, sondern weil sie uns zwingen, den mentalen Käfig einen Spalt zu öffnen – damit der Fixpunkt wieder atmen kann.

Jeder Schneekristall, so Emoto, ist anders und doch entfalten sie alle eine ähnliche Form, die in Hierarchien der Schönheit oder der Komplexität gegliedert sind. Doch wären alle Schneekristalle gleich, würde das Leben im Wasser nicht funktionieren. Es wäre in seiner Entwicklung gehemmt. Es hat einen Grund, dass die Natur vielfältig ist. Weil hinter dieser materiellen

Vielfalt eben auch die Vielfalt von nichtmateriellen Kräften liegt, deren Dynamik alles in Bewegung hält. Denn Vielfalt in einem geschlossenen und lückenlosen Raum gibt jener Struktur die nötige Energie, die erforderlich ist, damit sich selbstähnliche Strukturen aufbauen können. Die Kräfte sind nicht ausgeglichen, können aber auch nicht ins Nichts entweichen. Es gibt also neben der Entropie auch eine Syntropie, also eine entgegenwirkende Reaktion, die auf jede Aktion sofort folgt. Vielfalt bedeutet, dass sich möglichst viele Fixpunkte, also Kräfte, zu einer Schöpfung vereinen. Aus ihrer Dynamik entfaltet sich die Struktur eines Schneekristalls beispielsweise. Gäbe es aber nur Monotonie, was die Folge äußerer Ordnung ist, müsste die Energie zu deren Erzeugung, von anders wo herkommen. Also von außen. Diese Energie würde sich dann schnell verbrauchen. Das Geheimnis der Schöpfung liegt aber darin, dass Vielfalt die Energie für deren Entstehung aus sich selbst heraus entfalten kann. Das ist der eigentliche Schlüssel jener Kraft, die in allem steckt. Weil alle Formen der Natur nur ähnlich, aber nicht identisch sind. Die Energie wird umso stärker, umso vielfältiger das Umfeld ist. Auf Gesellschaften übertragen, würde dies bedeuten, dass der Weg des Menschen zu sich selbst, also das Auffinden der inneren Kerne, die Gesellschaft mit mehr Energie versorgt. Weil dies die Individuen in ihrem Wert für das Ganze stärkt. Während die Angst und die Kontrolle in den politischen und ökonomischen Strukturen zur Schwächung von Gesellschaften führen. Die Träume gehen dann zurück, was Lebenschancen verringert. Was wir also heute für die Grundlage von Wirtschaft halten, nämlich Druck, Leistung und Abhängigkeit, ist ein Irrtum der Geschichte.

Kenneth G. Libbrecht, »The Physics of Snow Crystals" (Reports on Progress in Physics, 2005) – zeigt, dass jeder Schneekristall wegen winziger Schwankungen von Temperatur und Feuchte unikale, aber selbstähnliche Hexagonformen bildet; Vielfalt ist hier emergentes Ordnungsprinzip, nicht Störung. Luigi Fantappié & Ulisse di Corpo, »Syntropy: The Energy of Life" (2004) – führen den Begriff Syntropie als »Entropie umkehrende, ordnungstreibende Dynamik geschlossener Systeme« ein; verweisen auf biologische Selbstorganisation als Gegenpol zur Wärmezerstreuung. Stuart Kauffman, »At Home in the Universe" (1995) – argumentiert, dass komplexe, selbstähnliche Muster wie Schneeflocken oder Gen-Netzwerke aus einem Maximum an innerer Diversität die höchste »autocatalytic energy« schöpfen. David Tilman et al., »Biodiversity and Ecosystem Stability" (Nature, 2006) – liefert empirische Daten, dass ökologische Produktivität mit Artenvielfalt steigt; monotone Systeme benötigen externe Energiezufuhr und sind Kollaps anfällig. C. S. Holling, »Resilience and Stability of Ecological Systems" (1973) – zeigt, dass Resilienz proportional zur funktionalen Diversität eines Systems ist; Homogenisierung senkt

Energie-Rückkopplung und erhöht Kollapsrisiko. Richard Florida, »The Rise of the Creative Class" (2002) – überträgt das Prinzip auf Städte: kulturell vielfältige Milieus erzeugen höhere ökonomische Energie (Innovation, Wachstum) als kontroll-zentrierte Industrieregionen. Amartya Sen, »Development as Freedom" (1999) – zeigt, dass Freiheit zur individuellen Entfaltung die produktive Energie von Gesellschaften steigert, während Zwangs- und Abhängigkeitsstrukturen langfristig Wachstum dämpfen.

Überlegen Sie nur was für ein gewaltiger Sturm aus den Gedanken oder den Gefühlen aller Lebewesen auf diesem Planeten entsteht, überträgt man diese Resonanz auf ein in sich geschlossenes System, in dem nichts entweichen kann. Ein ganzes Universum wäre erschaffbar, in dem sich die Formen aus der inneren Dynamik entwickeln. Resonanzen würden dabei einem klaren, geometrischen Aufbau führen. Jede kurzfristige Zerstörung würde noch mehr Vielfalt hervorrufen, und was mit gewaltigen Kräften begann, würde sich immer weiter differenzieren. Und selbst wenn die Welle irgendwann auslaufen und sich erschöpfen würde, könnten wir Billionen von Jahren aus dieser Dynamik Energie gewinnen und unendlichen Reichtum erzeugen. Wir müssten nur die innere Struktur begreifen, statt immerzu im Äußeren nach der nächsten Ölquelle zu suchen, daraus eine Industrie zu bauen und die Vielfalt damit zu zerstören.

Nun stellte Emoto in seinen Fotos fest, dass Gedanken, Musik, große menschliche Emotionen oder einzelne Wörter dazu führen, dass Wasser sich auf der Ebene der Cluster anders formt, was eben diese wunderbare Idee als Realität belegt. Wenn sie denn belegt wäre. Emoto wies also scheinbar nach, dass Kräfte und innere Motive, die im Menschen und in seiner Gestaltung liegen, einen direkten Einfluss auf Kräfte der Materie und aller Natur haben. Dies erschien auch mir, als ich zum ersten Mal davon hörte und man seine Arbeit noch nicht kritisch betrachtet hatte, als wahrlich erstaunlich. Es ging geradezu ein Aufatmen durch die Welt. Endlich wäre der Beweis erbracht.

Die folgenden drei Bilder stammen aus Emotos Buch »Wasserkristalle«, dass 2001 erstmals erschien, und zeigen wie gesagt als Illustration einer schönen Idee, wie Rahmendenken, also nicht authentisches Sein, die natürliche Struktur zerstört, während bewusste Komplexität im Augenblick hilft, Fixpunkte neu zu ordnen. Das erste Bild (Abb. 18) stellt einen Wasserkristall dar, der sich bildete, nachdem man dem Wasser Musik von Beethoven vorgespielt hatte. Also seine sehr bewusste Struktur hoher Komplexität.

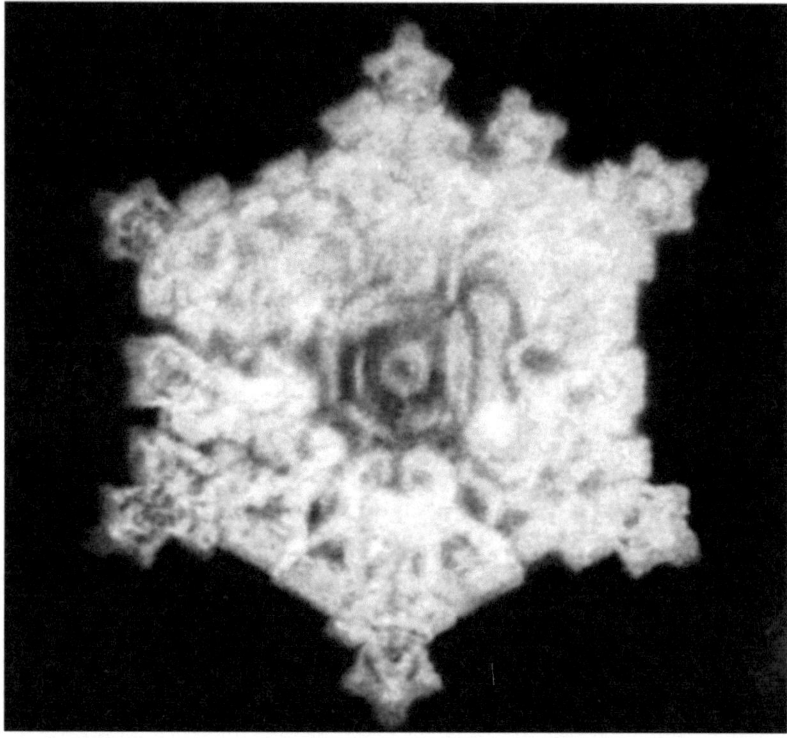

Das zweite Bild (Abb. 19) stellt Wasser dar, dem eine, wie Emoto sagt, finstere Heavymetal-Musik vorgespielt worden ist. Wobei Emoto betont, dass Heavymetal an sich nichts Negatives sein muss. Es zeigt aber, dass ein künstlerisches Prinzip von geringer Komplexität und Universalität, also ein abstrahiertes Mainstreamprodukt, von der Natur mit strukturlosen, also dissoziierten Formen beantwortet wird. Die Ordnung bricht zusammen. Die Energie entweicht. Ein ähnliches Bild entstand, nachdem er einem Wasserglas einige Stunden dem Wort »Dummkopf« ausgesetzt hatte. Das dritte Bild (Abb. 20) zeigt einen Wasserkristall, der sich aufgrund der Wortkombination »Liebe Dankbarkeit« bildete. Ein solides, empirisch geprüftes Pendant zu Emotos ästhetischen Schneekristall-Fotos liefern die modernen Studien zur Turing-Morphogenese: Bereits 1952 zeigte Alan Turing theoretisch, dass zwei chemische Stoffe – einer aktivierend, einer hemmend – in einem geschlossenen Reaktions-Diffusionsfeld zur spontanen Musterbildung tendieren. Seit den 1990er-Jahren hat die Biophysik diesen Mechanismus vielfach nachgewiesen: Belousov–Zhabotinsky-Reaktionen erzeugen rotierende Spiralwellen im Reagenzglas

Abb. 19

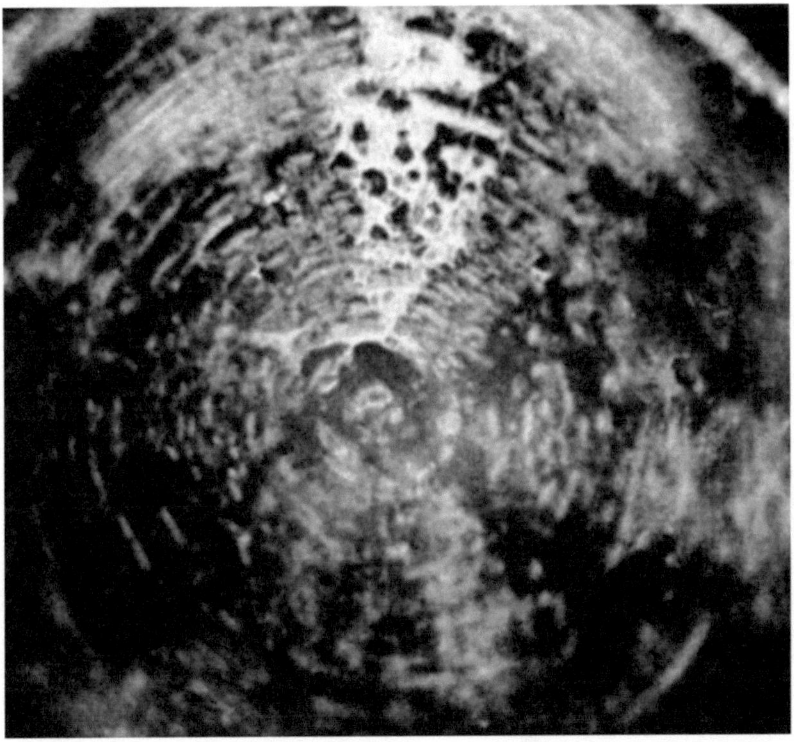

(Epstein & Pojman 1998). Das Zebrafisch-Fell bildet seine schwarz-weißen Tupfen exakt über solche Reaktions-Diffusions-Gradienten (Kondo & Miura 2010, Science). In der Materialforschung lassen sich per Faraday-Resonanz (stehende Wellen auf einer vibrierenden Flüssigkeitsoberfläche) kolloidale Partikel in perfekte Mandala-Strukturen ordnen; ein leises Verändern der Ansteuerfrequenz genügt, damit aus Hexagonen plötzlich Wirbelgitter werden (Frenkel & Kadri 2018, PNAS). Alle drei Systeme zeigen: Form ist Resonanz. Minimale Änderungen in der »geistigen« Eingangswelle (Frequenz, Inhibitor-/Aktivator-Rate) modulieren das gesamte Erscheinungsbild – exakt die Pointe, die ich mit Emoto illustrieren wollte, nur hier unter Laborbedingungen replizierbar. Damit erhält die Metapher der blockierten Fixpunkte einen sauberen naturwissenschaftlichen Boden: Wenn äußere Rahmen (falsche Frequenz, starre Grenzbedingungen) das Feld dominieren, brechen die selbstorganisierten Muster ein – sei es im Zelldesign, in der Ökologie oder in gesellschaftlichen Wertestrukturen.

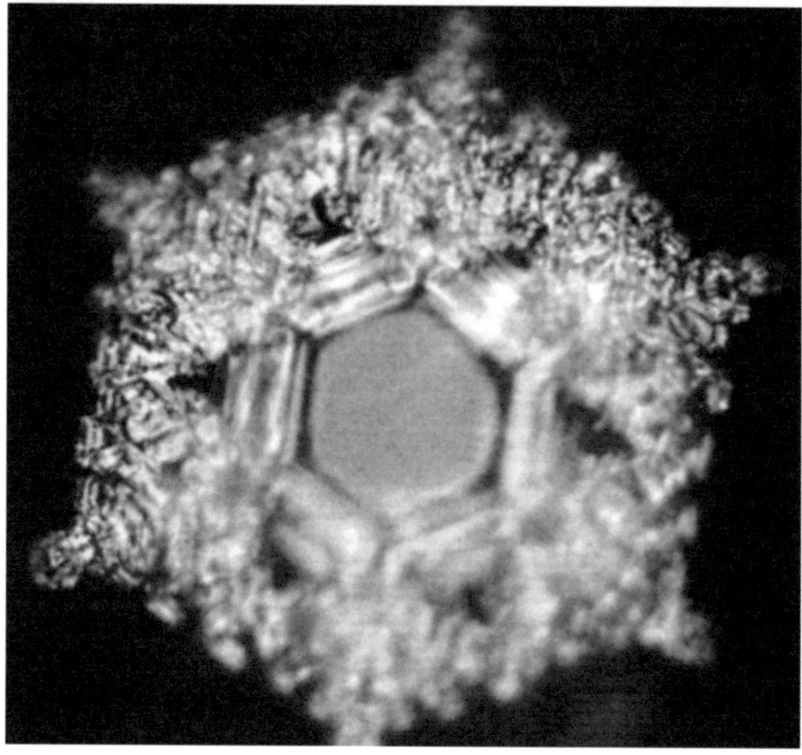

Bei frühen Hochkulturen, dem Mittelalter, aber auch in der Renaissance, waren viele dieser Grundvorstellungen schon populär. Man hatte begriffen, dass bestimmte Kräfte zu bestimmten Formen führen. Wie dies genau vor sich ging, war aber noch sehr unklar und in Metaphern gedeutet. Die folgende Zeichnung stammt von Johannes Kepler. Sie zeigt die 5 Elemente als Geometrien. Auch die Astrologie ging von geometrisch wirkenden Kräften aus, die auf den Augenblick auswirkten und je nach Bewegungsphase der Planeten andere Dinge bewirkten. Die Astrologie ist zwar auch ein Rahmensystem, aber es deutet die Realität als Wandlung, nicht wie in der modernen Physik vielfach als fixe Größe. Dennoch liegt in dieser Wandlung der Kräfte ein innerer Sinn, eine innere Struktur. So sind die Elemente des Lebens nicht willkürlich, sondern strukturiert. Doch innerhalb einer Zeitlinie entfalten Sie ihre Geometrie eben hintereinander, weshalb wir die Ordnung nicht sofort als Ganzes erkennen können.

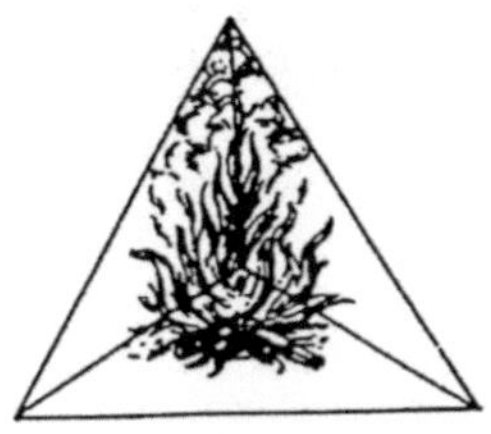

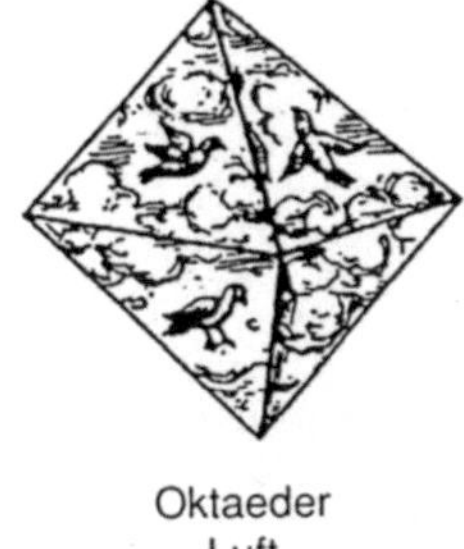

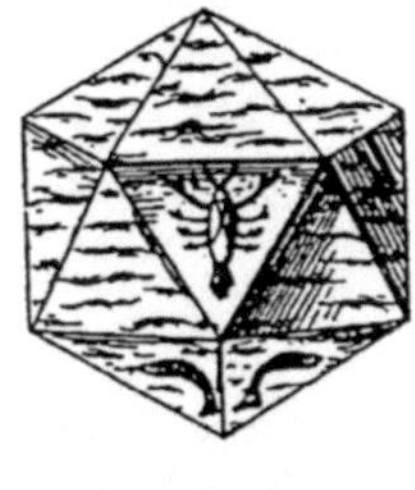

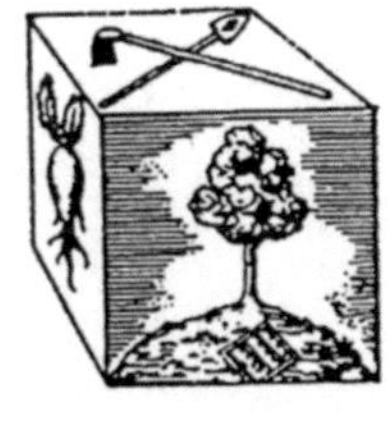

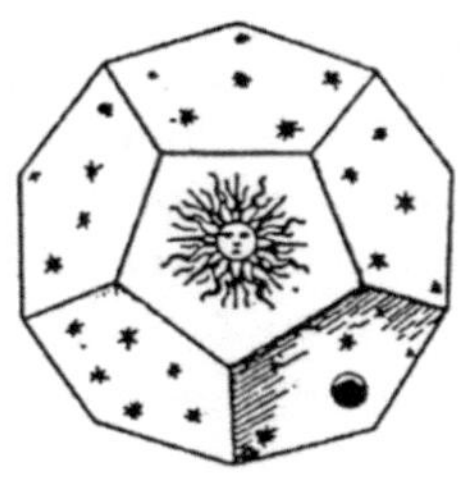

Hans Jenny, der Schweizer Mediziner und Naturphilosoph, stellte in den 1960ern mit seiner Cymatik eine verblüffend einfache, aber tiefreichende Versuchsanordnung vor: Er streute feinen Sand oder Lycopodium auf Metallplatten, leitete Sinustöne durch einen Lautsprecher ein – und ließ die Körnchen zu geometrischen Arabesken tanzen. Sobald Jenny die Frequenz nur minimal veränderte, kollabierte das alte Muster, ein neues Mandala sprang hervor. Form als gefrorener Klang – womit wir hier begreifbar machen können, dass Fixpunkte resonante Knoten sind: Wird das Feld starr oder verstimmt, bricht die Ordnung; stimmt man es neu, entsteht Struktur ohne äußere Zwangsrahmen.

Wichtig: Jenny war kein Einzelgänger. *Alternative, empirisch robuste Parallelen* bestätigen das Prinzip:

Forscher:in / Konzept	Kurzbeschreibung	Resonanz zum Jenny-Prinzip
Alan Turing (1952) – *Morphogenese*	Zwei chemische Reaktions-Diffusionsstoffe erzeugen spontan Tupfen & Streifen in Embryonen.	Muster sind stehende Wellen chemischer »Frequenzen«.
Chladni / Faraday (1800/1831) – Platten- & Flächenresonanz	Sand auf vibrierender Platte bildet Symmetrien; Flüssigkeitsoberflächen werden zu Polygon-Gittern.	Akustische Anregung ⇒ sichtbare Ordnung.
Belousov–Zhabotinsky-Reaktion (1960er) – Chemische Spiralwellen	Autokatalytische Lösung produziert rotierende Farbspiralen.	Frequenzwechsel ⇒ Musterkollaps und Neuordnung.
Ilya Prigogine – *Dissipative Strukturen*	Nichtgleichgewichts-Systeme organisieren sich bei Energiedurchfluss selbst.	Ordnung entsteht aus Verstimmung & Rückkopplung, nicht durch äußere Formvorgabe.

Alle zeigen denselben Kern: Schwingung + Rückkopplung = Gestalt. Jenny liefert die anschauliche Bühne, Turing & Co. das mathematische Rückgrat. Deshalb ist Kymatik für meine Argumentation so wertvoll: Sie lässt das abstrakte Spiel der Fixpunkte direkt vor Augen springen – und verbindet Kunst, Physik und Metaphysik in einem einzigen vibrierenden Bild.

Die Ordnung dieser Partikel könnte auch die natürliche Ordnung einer neuen Gesellschaft sein. Man kann dieses Bild (Abb. 22) auch mit einem Kunstwerk vergleichen.

Die Kraft entsteht daraus, dass jemand einen Wert nach dem anderen, eine Frequenz nach der anderen, integrierte. Ginge die Sache in Serie, wäre die Kraft verloren, weil der Reichtum an Fixpunkten und Werten verloren wäre. Die Struktur würde zerfallen.

Ein Rechner würde die Sache einfach rational reduzieren. Würde Millionen solcher Bilder replizieren, bis die ganze Welt darin erstickt.

Immer wenn dies mit Gesellschaften passiert, was beispielsweise eine Wirkung der Industrialisierung war, wird das Volk von äußerer Ordnung abhängig und kann den eigenen Puls nicht fühlen. Wenn nun eine Mehrheit eine äußere Ordnung aufstellen lässt, die eine Minderheit unterdrückt, ist es nur eine Frage der Zeit, bis der Damm bricht und die natürliche Ordnung

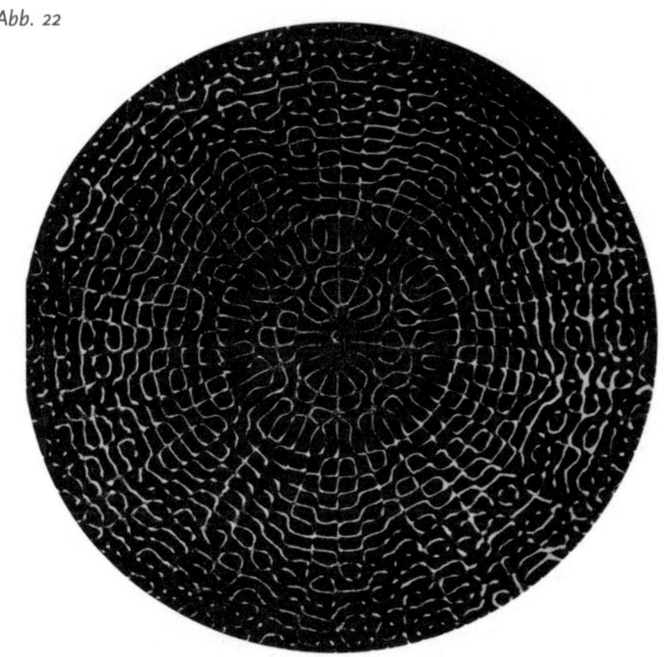

Abb. 22

ihre Freiheit einfordert. Daran wird klar, warum das Verständnis des Inneren der direkte Weg zu mehr Frieden ist.

Das nächste Bild (Abb. 23) zeigt ähnliche Versuche mit einer Flüssigkeit.

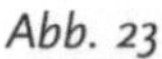

Abb. 23

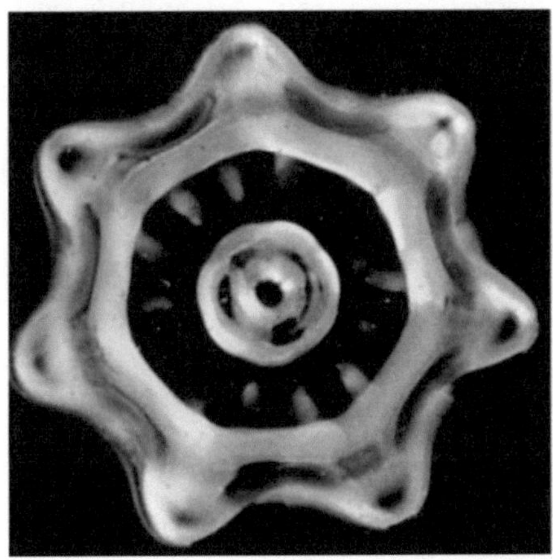

Auf mikroskopischer Ebene ließen sich dabei wunderbare Formen schaffen, wie das nächste Mandala artige Bild (Abb. 24) zeigt, dass in sich genau den harmonikalen Proportionen des goldenen Schnitts entspricht. Es vereinigt all das, was die Griechen einst als die Formgesetze des Kosmos erkannten und in ihrer Architektur einsetzten. Ähnliche Geometrien, wie in diesem Bild

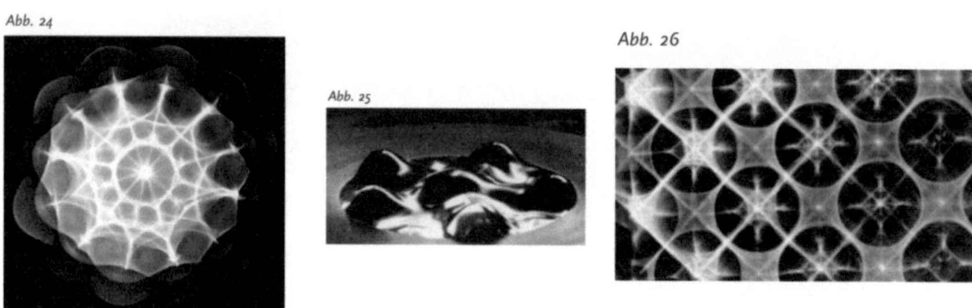

Erstaunlich ist auch, dass solche Schwingungen auf Makroebene bei dickflüssigen Stoffen ähnliche Morphologien bilden. Das Abbild (Abb. 25) zeigt eine sich nach oben stülpende Flüssigkeit, die ein wunderbares gleichseitiges Fünfeck herausbildet. Abschließend möchte ich noch ein Bild zeigen (Abb. 26), das mithilfe mehrerer Frequenzen entstand und ganz deutlich die Komplexität illustrieren, in der flächendeckend bestimmte Gitterstrukturen mithilfe von Frequenzen erzeugt werden konnten.

Für Hans Jenny war Goethes Aussage, die Architektur der Welt sei nichts anderes als materialisierte Musik, nur eines von vielen Hinweisen, dass die harmonikalen Gesetze der Proportion, also der Kultur tatsächlich jene des Kosmos sind. Aber die Kultur war immer lebendig und hat sich in ihren Wahrheiten immer wieder neu dem Augenblick gestellt. Wenn wir die Erkenntnisse dieser Forscher zusammenfassen und Emoto ernst nehmen, zumindest als Experiment, kommen wir zu erstaunlichen Bedeutungen für den gestaltenden Menschen. Es muss demnach davon ausgegangen werden, dass die Nichteinhaltung der harmonikalen Gestaltungen, also des fließenden Denkens, wie der Suche nach Wahrheit, Sinn und Schönheit zu einer Störung der kosmischen Frequenzen führt, was sich wiederum auf den menschlichen Geist und seine Welt direkt auswirkt. Auch wenn man das Universum nicht als Schönheit allein brachten sollte, sondern eben als diesen Zyklus zwischen Werden und Verfall, zeigen sich doch Muster, die Fragen aufwerfen, bezüglich der Grundlagen der Gestaltung von Gesellschaft und humanen Strukturen, sowie Ökosystemen.

Manchmal muss man die Arroganz moderner Wissenschaftlichkeit auch dafür kritisieren, dass sie was schon Schamanen früherer Zeiten wussten, so lange von unserer Aufmerksamkeit verdrängten, nämlich simple Grundmuster des Lebens. Zu lange wurden diese von unserer »Zivilisation« ignoriert.

DIE SCHULE DER TRÄUME

Gesellschaften, die sich allein an äußeren Kennzahlen orientieren, erodieren. Denn jede echte Innovation – technologisch, kulturell, demokratisch – wird zuerst innen geboren: im Traum, in der Nachtlogik, im stillen Labor unserer Fixpunkte. Darum behaupte ich heute noch entschiedener: Eine zukunftsfähige Kultur muss sich auf ihre kollektive Traumfähigkeit gründen, nicht auf Umfrage-Tabellen. Wer Schulen, Unternehmen oder Jobcenter so baut, dass Menschen lediglich Fakten reproduzieren, kappt genau jene Quelle, aus der Sinn, Mut und Gestaltungskraft fließen.

Meine autistische Arbeit von Jahrzehnten, im Montropismus der Neurodivergenz bestätigt das: Autistische Hyperfokussierende leben diesen Traum-Modus im Wachzustand; ihr »inneres Kino« liefert radikal klare Fixpunkte, sobald man es nicht abwertet, sondern moderiert. Darum verstehe ich die Schule der Träume heute als Trainingsraum für fließendes Denken:

1) BALANCE FINDEN – den inneren Rhythmus gegen äußeren Lärm schützen.

2) HÖLLENRITT WAGEN – Traumlogik zulassen, auch wenn sie das Ego erschüttert.

3) FIXPUNKT DESTILLIEREN – den verdichteten Kern in die Welt falten.

Unternehmen, Regierungen, Universitäten, die diese Sequenz ignorieren, bleiben Gefangene externer Sachzwänge; jene, die sie kultivieren, eröffnen einen Resonanzraum, in dem Menschen ihre Träume – und damit das Gemeinwohl – realisieren können. Träumen ist kein Luxus, sondern systemische Pflicht: Ohne innere Vielfalt keine gesellschaftliche Energie, ohne Energie keine Evolution.

MELANCHOLIE UND DIE SUCHE NACH DER FORM

Ohne die stille Passivität des Träumens finden wir als Gesellschaft nicht zueinander. Weil wir die Tiefe des Universellen nicht erreichen. Wir erkennen nicht das große Gemeinsame. Wir verstehen auch nicht die tiefe Verletzlichkeit der inneren Ordnung jeder Gesellschaft. Hartmut Rosa, »Resonanz – Eine Soziologie der Weltbeziehung« (2016)

→ zeigt, dass tiefe, nicht-instrumentelle Weltbezüge – Schlaf, Kontemplation, Muße – die Voraussetzung gemeinschaftlicher Resonanz sind; ohne sie zerfällt das Gemeinsame in lauten Wettbewerb. Mark Solms & Jaak Panksepp, »The Hidden Spring« (2021) → belegen neurowissenschaftlich, dass Traum- und Ruhezustände das Default-Mode-Network aktivieren; diese Passivphase ist der Kern unserer empathischen, sozialen Simulation. Jonathan Haidt, »The Righteous Mind« (2012) → argumentiert, dass moralische Kohäsion aus inneren, vor-reflexiven Bilderwelten stammt; ohne imaginative Empathie bleibt Gesellschaft tribalistisch gespalten. Carl G. Jung, »Über die Archetypen des kollektiven Unbewussten« (1934) → legt dar, dass gemeinsame Traumsymbolik eine verborgene psychische Infrastruktur bildet, die Völker verbindet – fehlt der Zugang, herrscht Projektion und Feindseligkeit. Ernst Bloch, »Das Prinzip Hoffnung« (1954) → zeigt philosophisch, dass utopisches Träumen kollektive Handlungsräume öffnet; ohne diese »stille Passivität« bleibt Gesellschaft im Status quo gefangen. Eve Ekman & Paul Ekman, »Cultivating Emotional Balance« (2017) → in empirischen Interventionsstudien weisen sie nach, dass geführtes Tagträumen und stille Achtsamkeitsphasen prosoziale Emotionen stärken und Gruppenkonflikte reduzieren.

Der Träumer ist in der modernen Welt immer gefährdet, für verrückt gehalten zu werden, wenn er seine Träume des Inneren für reale Möglichkeiten hält. Darum führt das äußere Weltbild an sich dazu, das Innere der Gesellschaft laufend zu verletzen und zu irritieren. Die daraus resultierende Depression ist die Suche nach dem verschwundenen inneren Wert, nach dem inneren Sinn. Für Autist:innen wie mich ist dies ein Dauerzustand der Vertiefung in der Welt.

Darum ist es erforderlich, jene Vorstellung von Normal grundlegend in Frage zu stellen, weil das Normale zu einem Verlust an natürlicher Ordnung in einer Gesellschaft führt. Michel Foucault, »Histoire de la folie« (1961) – legt dar, wie gesellschaftliche Macht das ‚Unnormale‘ einsperrt und damit kreative Erkenntnisquellen versiegelt; erst das Öffnen dieser »Binnen-Kolonien« setzt neues Wissen frei. Thomas S. Kuhn, »The Structure of Scientific Revolutions« (1962) – zeigt, dass Paradigmenwechsel nur durch Anomalien möglich sind; Norm-Wissenschaft konserviert, Anomalie treibt Evolution. Wir müssen die Angst vor dem Unnormalen abgeben, damit wir zulassen können, dass aus scheinbar innerem Chaos immer wieder neue Ordnung wachsen kann und die Evolution somit vorankommt. Mary Douglas, »Purity and Danger« (1966) – anthropologisch belegt, dass Kulturen ‚Schmutz‘ definieren, um Ordnung zu behaupten; zu rigide Reinheitsnormen blockieren adaptive Re-Organisation. Stuart Kauffman, »At Home in the Universe« (1995) – komplexitätsbiologisch:

Selbstorganisation benötigt ständige Abweichung vom Gleichgewicht; monotone Systeme verlieren Evolutionspotenz. Scott E. Page, »The Diversity Bonus« (2017) – ökonomische Modellierung und Laborexperimente zeigen, dass heterogene (‚unnormale‘) Teams mehr Lösungskraft haben als homogene, selbst wenn die Durchschnittskompetenz gleich ist.

Die Kategorie des Normalen ist reichlich nutzlos bei der Suche nach Bewegtheit und innerer Richtung. Was ich nun beschreiben möchte, ist ein Plädoyer, für den gesunden Wahnsinn. Die Spaltung zwischen Geist und materieller Außenwelt hat viele Probleme mit sich gebracht. Diese Spaltung machte den Menschen wahrlich verrückt. Aber nur weil die Außenwelt so gar nichts mit den Träumen des Inneren anzufangen wusste. Wir alle kennen diesen verwirrten Blick unseres Gegenübers, wenn wir Dinge erzählen, die diesem fremd erscheinen. Wir alle haben schon einmal vor der Wahl gestanden, ob wir uns für verrückt halten lassen wollen oder nicht. Meist entscheiden wir uns, unsere Träume zu verstecken. Doch warum eigentlich?

Viele scheinbare Erkrankungen des Geistes sind Versuche neue Fixpunkte zu finden. Leider werden die meisten Verrückten auf diesem Weg gebremst. Man begleitet sie nicht bis zur Wiederverschmelzung ihrer Existenz mit dem neuen Sein. Dies wird oft mit Medikamenten verhindert, weil die normalen Menschen Angst vor dieser Kraft haben. Denn der Wahnsinn wirkt für Außenstehende sehr bedrohlich und strukturlos. Man kann nicht erkennen, dass die Struktur im Inneren liegt und sich von Augenblick zu Augenblick immer weiterentwickelt. Diese scheinbare Planlosigkeit ist oft sehr impulsiv und unkontrollierbar, denn sie hat den Sinn, Rahmen und Konventionen zu überwinden. Weil das aber für eine an der Oberfläche orientierte Gesellschaft bedrohlich erscheint, weil der Mensch dann nicht mehr normal zur Arbeit gehen kann und sehr unverständlich wird, neigt man dazu, diese Prozesse zu verdrängen. Aber wenn sich die Seele in einem von Rahmen verstellten Umfeld bewegen will, bedient sie sich oft des Wahnsinns, also der Schizophrenie, der Psychose oder schlicht jugendlicher Verrücktheit.

Ich will also darauf hinaus, dass wir in nicht so weiter Zukunft Gesellschaften haben könnten, die Phasen der Verrücktheit genauso berücksichtigen, wie Phasen in denen der Mensch beispielsweise Urlaub auf einer Südseeinsel macht. Jede Evolution des Geistes geht mit Phasen des Verrücktseins einher, weil die Dissoziation dazu gehört, um neue Ordnung zu etablieren. Versuchen wir aber die Phase der Dissoziation zu verhindern, verlängern wir diese nur und sie verwandelt sich in eine Normierung, in eine äußere Spaltung. Sie wird also zu dem, was wir normal nennen, aber eigentlich ziemlich verrückt ist, wie all die Dinge, die in der Welt völlig verkehrt laufen.

Das menschliche Bewusstsein ist darauf angewiesen, laufend Rahmen aufzubrechen. Eine Gesellschaft, die dies nicht fördert, erzeugt somit automatisch äußere Rahmenkonflikte, die in äußere Gewalt münden können oder geistige Erkrankungen, die innerlich ungelöst bleiben.

Ich betone dies, weil ich damit verdeutlichen will, dass wir gerade in der heutigen Phase der Dissoziation eine Kultur benötigen, die jenen wahnsinnigen und verrückten Prozess der Suche nach Fixpunkten vollkommen öffnet. Wir können von den Menschen in den Irrenhäusern sehr viel über unsere Realität und deren Entstehung lernen. Dieses Lernen des Verrücktseins zugunsten innerer Wandlungsfähigkeit sollte in der Schule beginnen und in der Wirtschaft weitergeführt werden. Wir müssen verstehen, dass Verrücktheit nur bedeutet, dem Augenblick zu folgen, statt einer abstrakten äußeren Ordnung. Neue Werte können wir nur finden und integrieren, wenn wir innerlich frei werden.

Was ich hier behaupte, ist natürlich das genaue Gegenteil dessen, was man heute vielfach noch für eine gesunde Umgebung hält. Man denkt, Konformität, Normalität und Bürgerlichkeit seien stabile Verhältnisse für eine Gesellschaft. Dies stimmt in den kurzen Phasen der Differenzierung aber eben nicht in Zeiten der Dissoziation, in der eine Gesellschaft aus Angst vor Veränderung an äußeren Rahmen klammert. Stabile Verhältnisse in einer Gesellschaft werden durch Liebe und bewusste Beziehungen ermöglicht, sowie durch freie Bewegung und Wandlungsfähigkeit aber nicht durch ängstliche Konformität. Darum ist so manche Kleingartensiedlung ein Kriegsschauplatz und viele Plattenbausiedlungen werden zu sozialen Krisenherden.

Die Pubertät ist meist die einzige Phase im Leben eines modernen Menschen, in dem er sich in diese Wandlung noch hineinwagt. In der Pubertät ist die Melancholie eine starke Kraft. Ohne sie ist es schwer, im späteren Leben Mitgefühl und Sensibilität zu entwickeln. Melancholie ist tatsächlich ein sehr intelligentes Konzept. Ohne Melancholie und Traurigkeit aber wäre das Ego des Menschen sehr viel dominanter und mitfühlendes Handeln wäre schwer vorstellbar. Die Melancholie ist die Bereitschaft zumindest teilweise zu sterben, um am anderen Ende etwas zu finden, dass größer ist als man selbst.

Der Jugendliche erlebt mit Eintritt in die Pubertät immer mehr Frustration, wegen seiner Ich-bezogenheit. Er möchte einerseits mehr Freiheiten haben, scheut sich andererseits aber vor den Verantwortungen. Er steht wie vor einem Abgrund und hat Angst hinüber zur anderen Seite zu springen. Er will den Rahmenkonflikt zwischen dem Rahmen seiner Eltern und seinem eigenen nicht verlassen. Denn er weiß nicht, was ihn erwarten wird. Er weiß nicht, was er aufgeben muss. Der Übergang vom Jugendlichen zum Erwachsenen ist damit verbunden, dass die jugendlichen Träume und

Dissoziationen in eine neue Differenzierung und Weltsicht integriert werden. Jedenfalls sollte es so sein. In einer dissoziierten Welt aber, werden die Träume der Jugend rasch verdrängt, sobald der Jugendliche erwachsen wird. Die Gesellschaft kann mit Träumern heute wie gesagt noch wenig anfangen. Denn in einer dissoziierten Welt erwachsen zu werden, bedeutet von einer Welt unbegrenzter Imagination in eine Welt unbegrenzter Einschränkung zu wechseln. Das Absolute wird also verdinglicht. Die Liebe wird zu Kommerz. Zu einer niemals befriedigbaren Sucht. Sie wird auf die objektive, harte Realität begrenzt, aber eben nicht hin zu einer reiferen Imaginationsfähigkeit transzendiert. Es findet keine Übersetzung des jugendlichen Traumes in eine erweiterte Struktur, die jene kreative Kraft der Kindheit mit ins Erwachsenenalter retten könnte. Darum gelingt es heute nur wenigen, ihren Traum bis ins hohe Alter weiterzuleben. Darum haben wir mit dem Traum von der absoluten Liebe in uns negative Erfahrungen gemacht. Wir sind hart gelandet.

Würden wir aber nach der Moderne in einer vielleicht vor uns liegenden differenzierten Hochkultur erwachsen werden, könnten wir unsere Träume mit ins Erwachsenendasein übersetzen. In dieser neuen Welt wäre dann viel mehr möglich. Wir würden unsere wahren Träume verwirklichen, statt uns für äußere Dinge aufzugeben. Wir würden nicht hart landen, sondern in eine differenziertere Struktur eingebettet sein. Dies würde für die Gesellschaft einen gewaltigen Gewinn bedeuten. Grundsätzlich sind die Träume von Menschen mit dem Sinn ihres Lebens verbunden. Jedes Leben ist ein Geschenk an die Vollkommenheit einer Gesellschaft.

STANISLAV GROF, C.G JUNG UND DIE INNEREN BILDER HÖHERER EBENEN

Stanislav Grof (geb. 1931) ist ein tschechisch-amerikanischer Psychiater und einer der Begründer der transpersonalen Psychologie. Ursprünglich LSD-Forscher in Prag, floh er in die USA, als psychedelische Forschung politisch verboten wurde. Dort entwickelte er – gemeinsam mit Christina Grof – das Konzept des Holotropen Atmens, um veränderte Bewusstseinszustände ohne Substanzen zugänglich zu machen. Sein Lebenswerk umfasst über 60 Jahre intensive Arbeit mit außergewöhnlichen Bewusstseinszuständen, die er als evolutionäre und heilende Potenziale des menschlichen Geistes verstand, nicht als Pathologien. Grof liefert den psychologisch fundierten Schlüssel zum »Höllenritt«: Er zeigt, dass innere Krisen – wenn tief genug durchlebt – keine Störung sind, sondern Transformationseinladungen. Seine Idee der perinatalen Matritzen (Geburtsphasen als Urstrukturen für spätere Erfahrungen) spiegelt das Modell der Fixpunkte und Singularitätsknoten – beides sind tiefe Strukturen, die unterhalb gesellschaftlicher Rahmen wirken. Grof legitimiert damit das hier beschriebene Verständnis, dass sich Systeme nur wandeln, wenn das Individuum durch den Resonanzkollaps hindurchgeht. Seine klinischen Erfahrungen mit innerer Auflösung und Re-Faltung liefern somit einen Erfahrungsboden für die MNO-Logik: Zyklus – Absturz – Integration – Emergenz. Wo klassische Psychologie pathologisiert, erkennt Grof wie ich eine evolutionäre Bewegung.

Mitte der 9oer Jahre des 20. Jahrhunderts hatte ich selbst mehrfach die Möglichkeit, mit meinem Freund, dem Wiener Psychotherapeuten Gerald Kreutzbruck, einem direkten Schüler von Grof, jene psychischen Bilderwelten, die für die Existenz von absoluten Fixpunkten im Universum sprechen, für mich zu entdecken. Die Sitzungen mit Kreutzbruck waren, von meiner künstlerischen Arbeit abgesehen, meine ersten direkten Ausflüge zu jener kosmischen Struktur fließenden Denkens und der damit verbundenen inneren Traumwelten.

Schon C.G. Jung hatte Mitte des letzten Jahrhunderts eine Struktur aus höheren und universellen Fixpunkten erahnt, als er von den Archetypen sprach. Doch blieben Jungs archetypische Strukturen noch weitgehend unklar in ihrem Gesamtkontext, bezüglich des ganzen Universums. Jung war aber ohne Zweifel einer der ersten Psychologen, die diese Struktur hinter der Seele, in deren kollektivem und universellem Muster, erkannte. Er begriff diese jedoch zunächst als Struktur ohne spezifischen Inhalt. Sie waren Platzhalter für Projektionen. Die Verbindung zwischen Form und Inhalt wurde von ihm nicht als Ergebnis einer inneren Dynamik erkannt, sondern er hielt die Archetypen für Kopien historischer Urbilder. Er sah also nicht Bild und Gedanken, Schwingung und Form als grundsätzliche Einheit, die zum Wesen allen Seins zählte.

Die Archetypen waren weitgehend Projektionsflächen und in vielem getrennt vom Selbst des Individuums. Das Selbst konnte zwar durch die Archetypen zu einer narzisstischen Spiegelung gelangen. Die psychologische Forschung ver stand aber nicht, inwiefern die Archetypen reale und vor allem sich laufend ent wickelnde Strukturen der Seele waren.

Meine Arbeit führt Jungs Archetypenverständnis entscheidend weiter, indem sie das, was er als kollektive Urbilder intuitiv erahnte, in ein systemdynamisches Modell einbettet – nämlich die Fixpunkte als schwingungsbasierte Singularitäten, aus denen emergente Realität hervorgeht. Während Jung die Archetypen als strukturelle Leerformen verstand, die mit individuellen Projektionen gefüllt werden, begreife ich Fixpunkte als konkrete energetisch-informationelle Knoten, die nicht nur psychische Inhalte spiegeln, sondern das Universum in jedem Maßstab organisieren – von der Zelle bis zur Gesellschaft. Wo Jung Form und Inhalt noch trennt, arbeite ich mit ihrer inneren

Koppelung: Fixpunkte sind nicht einfach Platzhalter, sondern ontologische Verdichtungen – Momente, in denen Schwingung (Geist) zur Form (Materie) wird. Das MNO-Modell ergänzt Jungs Archetypologie also um eine operative Resonanzlogik, die zeigt, wie aus dem »Nichts« (dem unbestimmten Raum hinter allen Archetypen) über die innere Dynamik von Differenzierung und Rückfaltung Welt konkret entsteht.

Zudem überschreite ich den psychologischen Rahmen: Bei mir sind Fixpunkte nicht nur psychische Phänomene, sondern physikalisch, sozial, ästhetisch und ökonomisch wirksame Einheiten – multidimensionale Ordnungsimpulse, die ganze Systeme neu falten können. Insofern steht meine Arbeit in direkter Linie zu Grof, Jung und auch Deleuze, entwickelt ihre Ansätze aber weiter zu einem strukturell integrierten, evolutionstheoretisch anschlussfähigen Modell von Realität.

Der Mensch besaß also somit kein lebendiges, kollektives und universelles Bewusstsein, sondern lediglich ein kollektives Unbewusstes, dass wie Schablonen der Vergangenheit ein Überbleibsel der Sozialisation darstellte. Alles Psychologische kam demnach immer von äußeren Erfahrungen und nie von inneren Kernen. Jung und Reich zählten zwar zu jenen Schülern Freuds, die am weitesten in den Bereich des Inneren vordrangen, aber der Großteil der modernen Psychologie, die auf sie folgte, blieb stets in der Spaltung zwischen innen und außen behaftet. Fast immer befasste sich die Psychologie mit Verletzungen, die der Seele von außen zugefügt wurden. Wie aber das Innere entstand, ja was die Seele über die Gehirnmasse und die Nervenbahnen hinaus sein sollte, blieb weitgehend verschwommen. Erst in den letzten Jahrzehnten, mit Grof, Wilber und vielen anderen, begann ein grundlegendes Umdenken. Die Ergebnisse meiner eigenen Reise zur archetypischen Ebene waren, als ich noch ca. 21 Jahre alt war, Bilder wie das Folgende. (Abb. 28)

Abb. 28

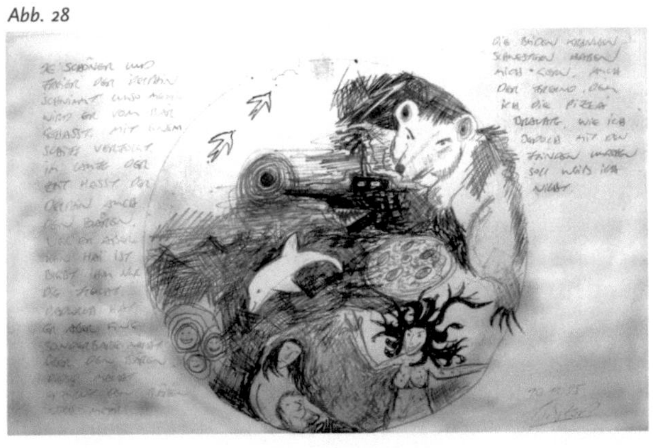

Sichtbar sind darin universelle Symbolwelten mit subjektiver, kollektiver und absoluter Bedeutung. Diese, mithilfe von Grofs Methode entstandenen Bilder, zeigen eine Verschmelzung zwischen den Träumen der höheren Ebenen, kollektiven Träumen und meinen eigenen.

Anhand dieses Bildes möchte ich nun auch erläutern, wie unsere Träume mit der dem Welterleben verwoben sind und wie universell die Verbindung sein kann.

Der Bär, der Delphin, das Meer, usw… sind universelle Fixpunkte, die sowohl mit tatsächlichen physikalischen Erscheinungen als auch mit subjektiven Aspekten und auch kollektiven Fixpunkten und Dynamiken verbunden sind. Nehmen wir das Meer und gehen wir auf die Suche nach dem dazugehörigen Traum der höheren Komplexitätsebenen der Singularität. In unseren kollektiven Träumen finden wir den Traum von »Weite«. Doch was war nun vorher da? Die Weite oder das Meer? Was wurde, nach diesem Gedanken, von wem geträumt, damit auf kollektiver Ebene der Traum von der Weite entstand und auf der Ebene der Materie das Meer sich herausbildete? Vielleicht träumten jemand von Licht oder von Leere, von Stille? Gewiss waren es sehr einfache Dinge, die später immer komplexer weitergeträumt wurden. Verstehen Sie das Prinzip, wie alles als Übersetzung des einen Traumes entstehen könnte? Mensch und Natur sind darum durch gemeinsame Fixpunkte, Träume und gemeinsame Bewegungskräfte miteinander verbunden, in Augenblicken in denen beispielsweise ein solches Bild entsteht. Ich weiß nicht, ob der Ozean sich verändert wenn ich ein Bild davon male, da ich eine schwächere Kraft bin, aber im Prinzip könnte dieses Bild hohe Wellen schlagen, wäre ich mir der Verbindung mit jenem Ursprungstraum bewusst. In umgekehrter Richtung aber hat das Meer als Fixpunkt einen großen Einfluss auf mein Leben. Die Kraft strömt über das Meer und über meinen Traum wieder zur Welt zurück. Verstehen Sie, wie die Träume durch uns hindurch atmen? Wie sie uns vom Kern fort und wieder zurückführen. Verstehen Sie auch, wie die 8 Stufen von Don Beck sich auf genau dieser Weise in Gesellschaften entfalten? Es ist eine Idee, ein Sinnbild, eine Metapher für ein tiefer liegendes physikalisches Prinzip, dass sich mir erste Jahre später entschlüsselte.

In dieser Zeit, als dieses Bild vom Meer entstand, war es die Kraft des Meeres, die meine Gedanken in eine bestimmte Richtung führte. Mein Bewusstsein wechselte mithilfe dieses Bildes auf eine andere Ebene. Plötzlich sah ich mein Leben viel klarer. Ich konnte eine Richtung erkennen.

Das folgende Bild zeigt diese Resonanz zwischen innerem und äußerem Erscheinen der Welt. Es zeigt, wie das eine das andere schafft, und umgekehrt. Wobei das komplexere und universellere stets stärkeren Einfluss hat. Daraus ergibt sich Entfaltungsrichtung und somit neue Ordnung. Das ist es, was gemeint ist, wenn Indigene beispielsweise sagen, der Wind würde ihnen eine Geschichte erzählen. Dann bringt der Wind das Bewusstsein auf eine andere Ebene. Das Thema wird erhöht und bekommt aus der abstrakten Ebene heraus eine natürliche Richtung, die in der von äußeren Grenzen verstellten Welt nicht auffindbar ist. Der Ton ist klar zu hören. Das Rauschen verschwindet. In dem wir mit unseren Wünschen näher an die Quelle rücken, also an universellere Themen, wird der Ausdruck klarer. Wir erfahren, was wir eigentlich wollen, weil diese Klarheit von oben wieder in die unteren Ebenen gespült wird. Das ist auch der Sinn jeder Meditation beispielsweise.

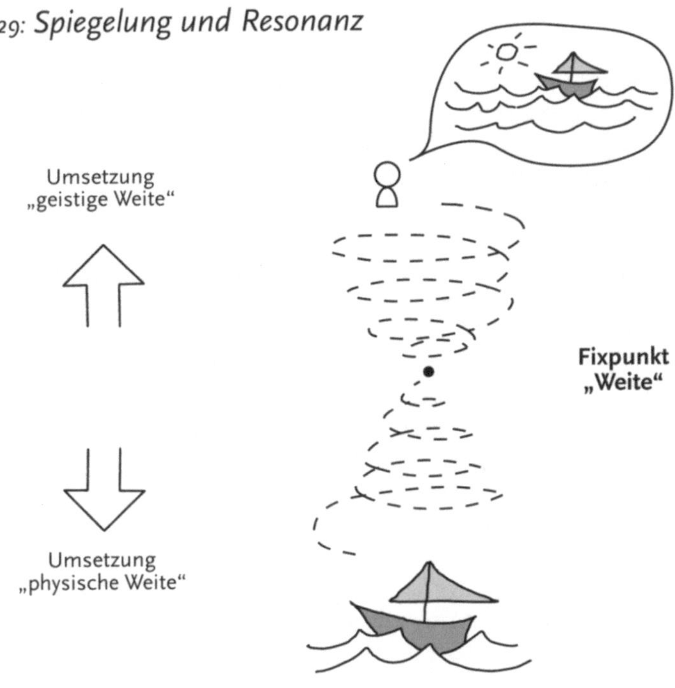

Grof spricht in einem solchen Moment von einem absoluten Bewusstsein. Es ist der Augenblick, in dem Innen- und Außenwelt miteinander verschmelzen und beide in bewusster Wechselwirkung zueinanderstehen. Das universelle und absolute Thema wird zum Brennpunkt des Augenblicks. In diesem Brennpunkt werden die dahinter liegenden Kräfte erkennbar.

Ich will damit nicht sagen, dass Träume direkt Materie erschaffen. Natürlich nicht. Im MNO-Modell erkläre ich das Phänomen viel tiefgreifender. Wenn wir jedoch die Singularität im Hintergrund erkennen, wird die Selbstähnlichkeit der Muster der Natur verständlich und in dieser Selbstähnlichkeit, in dieser Verwandtschaft ist es dann wieder konkreter zu sagen, dass alles aufeinander einwirkt, weil alles zur Komplexität der Faltung aus der Singularität beiträgt. Vermutlich auch Träume, also offene, kreative Prozesse.

David Bohm, »Wholeness and the Implicate Order" (1980) – führt das Konzept eines impliziten Feldes ein, in dem alles mit allem verwoben ist. Sichtbare Realität ist für Bohm nur eine entfaltete Faltung (explicate order) einer tieferliegenden Ganzheit (implicate order). Stuart Kauffman, »Investigations" (2000) – zeigt, dass Selbstähnlichkeit und rekursive Ordnungsbildung in biologischen Systemen nicht durch äußere Steuerung, sondern durch innere Emergenzprozesse aus einem »Raum des Möglichen« entstehen. → Träume wären in diesem Sinne kreative Explorationspfade im Möglichkeitsraum, die reale Strukturen vorformen helfen. Roger Penrose & Stuart Hameroff, »Orchestrated Objective Reduction" (Orch-OR) Theory – behaupten, dass Bewusstsein (und damit kreative Vorstellung, etwa in Träumen) eine quantenbasierte Rolle in der Realitätsemergenz spielen könnte. → Diese These ist umstritten, aber liefert einen Brückenschlag zwischen innerem Bewusstseinsprozess und objektiver Weltfaltung. → Meine Vorstellung von Singularität + Faltung findet hier eine frühe physikalisch-philosophische Parallele. Yakir Aharonov et al., »Two-State-Vector Formalism" (2002) – in der Quantenmechanik zeigen sie, dass zukünftige Zustände rückwirkend die Gegenwart beeinflussen können (time-symmetric interpretations). → Diese Perspektive macht es denkbar, dass »zukünftige Muster« (z. B. geträumte Möglichkeitsfiguren) rückwirkend an der Realität mitfalten. Michael Levin, »Endogenous bioelectric signals as epigenetic determinants of cell behavior" (2009) – zeigt, dass formbildende Impulse im Körper nicht rein genetisch, sondern durch Felder und Muster innerer Kohärenz gesteuert werden. → Das spricht für eine strukturierte, resonanzartige Entfaltung von Form, die mit meinem Modell von fixpunktbasierter Faltung korrespondiert.

DIE BILDUNG VON RAHMEN DURCH SPALTUNG, ABHÄNGIGKEIT, WERTUNG, DISTANZ UND GLEICHSCHALTUNG

Es gibt fünf wesentliche Strategien der Dissoziation, die jene Strukturen des Inneren verhindern, die ich zuletzt beschrieb. Sie wirken im menschlichen Geist wie eine Öltankerkatastrophe in den Weltmeeren. Sie blockieren den freien Fluss der Werte, lähmen die Energie und führen in die Dissoziation. Sie erzeugen eine Welt, die möglichst weit von der Quelle entfernt angesiedelt wird und somit ihren geistigen Ursprung selbst nicht mehr erkennen kann. Das Ergebnis ist eine Welt, welche die Quelle ihres Seins dort sucht, wo die Menschheit niemals zu sich selbst findet. Leider sind diese fünf die beliebtesten Werkzeuge moderner Politik. Es geht um Spaltung, Abhängigkeit, Wertung, Distanz und Gleichschaltung.

Es sind die fünf Grundlagen äußerer Ordnung. Solange diese Teile der Gesellschaftsordnung sind, kann eine aus heutiger Sicht freie Gesellschaft nicht entstehen.

Diese fünf sind, wie Gegenwellen die inneren Blockaden entstammen und diese verstärken. Sie sind heute leider in allen Bereichen der Gesellschaft zu finden und werden auch in der Demokratie ständig angeordnet und umgesetzt. An diesen fünf Strategien wird das Grundproblem deutlich, warum moderne Gesellschaftsformen Wirtschaft und Kultur schwächen und den inneren Frieden stark verletzen. Sie sind das Gift, dass dem »Wir« und den höheren Innovationen täglich verabreicht wird.

Wenn eine Gesellschaft auf Angst beruht, läuft stets ein automatisches Programm ab, das immer zur Bildung von schädlichen Mustern führt. Wenn wir lernen, diese fünf Strategien in ihrer Bedeutung rechtzeitig zu erkennen und zu neutralisieren, werden wir bemerken, dass fließendes Denken wesentlich leichter fällt. Neben dem integralen Streben, gehört die Auflösung dieser fünf ganz wesentlich zu den Arbeiten, die geleistet werden müssen. Diese fünf dürfen nicht mehr in unseren Systemen enthalten sein. Kein Gesetz, keine Institution darf mehr auf diesen begründet sein.

Alle fünf gehören zu einem Zyklus. Das eine führt jeweils zum anderen. Spaltung führt zu Abhängigkeit - der Mensch wird damit an einer äußeren Kategorie festgemacht. Er wird abhängig von den Auswirkungen der Spaltung, wird zum Spielball und verliert natürlichen Selbstwert. Chantal Mouffe, »The Democratic Paradox« (2000) - zeigt, wie moderne Demokratien auf einem agonistischen Grundkonflikt beruhen, der oft zur destruktiven Feindbild-Spaltung entgleitet, statt echte Pluralität zuzulassen. Jonathan Haidt, »The Righteous Mind« (2012) - erklärt, wie moralische Tribalismen entstehen und Gruppen sich gegenseitig entmenschlichen, was die »Selbstwerdung« ganzer Gesellschaften blockiert. Spaltung ist stets das Verhindern von Selbstbestimmung. Michel Foucault, »Überwachen und Strafen« (1975) – beschreibt, wie Disziplinarmechanismen Abhängigkeit erzeugen, indem sie innere Selbststeuerung durch äußere Kategorisierung und Macht ersetzt. Byung-Chul Han, »Psychopolitik« (2014) – analysiert, wie moderne Macht durch freiwillige Selbstkontrolle und algorithmische Abhängigkeit wirkt, nicht durch Zwang – was meine These vom »Spielball-Sein« gut ergänzt.

Abhängigkeit führt zu Wertung. Wenn Sie Ihren eigenen Wert nicht mehr selbst bestimmen können, müssen Sie pausenlos andere werten, um wenigstens immer besser da zu stehen. Medien sind beispielsweise heute gigantische Wertungsmaschinen. Weil sie von der Abhängigkeit der Massen vom Bewertungszwang leben. Wertung führt zu Distanz - Distanz ist die natürliche Folge auf den Wertungszwang. Das Äußere berührt innerlich nicht mehr. Dies wiederum entfremdet uns vom Augenblick und erweckt den Eindruck, die Welt dort draußen sei nicht veränderbar. Man müsse sie nehmen, wie sie ist. René Girard, »Das Heilige und die Gewalt« (1972) – beschreibt die mimetische Wertung: Menschen begehren, was andere begehren, wodurch Konkurrenz, Gewalt und Bewertungsspiralen entstehen. Erich Fromm, »Haben oder Sein« (1976) – argumentiert, dass Gesellschaften, die das »Haben« über das »Sein« stellen, zwangsläufig in externe Bewertungslogiken kippen, die den inneren Menschen schwächen. Distanz schafft Zynismus. Distanz führt zu Gleichschaltung. Wir werden ignorant und globalisieren alles. Die Massenmärkte bedienen somit einen äußeren Markt, der nur künstlich durch Spaltung, Abhängigkeit, Wertung und Distanz aufrechterhalten wird. Diese äußere Dynamik aber geht immer auf Kosten der Menschen. Es wird stets Struktur abgebaut. Hartmut Rosa, »Resonanz« (2016) – erklärt, wie strukturelle Entfremdung (durch Institutionen, Ökonomisierung, Geschwindigkeit) zu emotionaler, sozialer und ökologischer Resonanzlosigkeit führt. Eva Illouz, »Kalte Intimitäten« (2007) – analysiert, wie medialisierte Gesellschaften Nähe simulieren, aber faktisch Distanz kultivieren. Herbert Marcuse, »Der eindimensionale Mensch« (1964) – kritisiert, dass spätkapitalistische Gesellschaften jede Andersartigkeit nivellieren und dadurch ihre eigene Weiterentwicklung sabotieren. Scott E. Page, »The Diversity Bonus« (2017) – liefert empirische Belege dafür, dass Homogenisierung in Wirtschaft und Politik zu massiven Innovationsverlusten führt – Vielfalt ist systemisch überlegen. Die Gleichschaltung ist überall zu erkennen, wir finden sie heute besonders im Populismus.

An diesen fünf aber sehen wir, wie perfekt die Dissoziation funktioniert und wie wir sie zur Grundlage unserer Welt gemacht haben. Gregory Bateson, »Steps to an Ecology of Mind« (1972) – beschreibt, wie kognitive

Ökosysteme durch systemische Dissoziation kollabieren; diese fünf Schritte lassen sich als eine »negative Rückkopplungskaskade« in diesem Sinne interpretieren. Solange diese fünf in den Systemen dominieren, bleibt innere Freiheit in einer Bevölkerung schwer umsetzbar. Es werden also systematisch Ungerechtigkeiten erzeugt.

An diesen fünf sehen wir schon, wie sehr unsere Institutionen, unsere Regierungen, unsere Schulen und unsere Wirtschaft von der Verwirklichung unserer Träume entfernt sind. Spaltung, Abhängigkeit, Wertung, Distanz und Gleichschaltung verhindern, dass wir uns von äußeren Erscheinungen der Welt lösen und zu wahrer Freiheit finden. Sie halten ganze Gesellschaften in sich gefangen in einem Teufelskreis der Selbstzerstörung. Immer darauf aufgebaut den Traum des anderen zu zerstören, weil man sich selbst nicht verwirklichen konnte. Nach dem Motto: »Du bist nichts wert! Du bist von mir abhängig! Du unterliegst meinem Weltbild! Du berührst mich nicht! Du bist austauschbar!« Dies wird uns am laufenden Band auf oft subtile Weise von der Politik, der Wirtschaft, der Justiz und sogar von den Religionen gesagt. Und da wundern wir uns über soziale Krisen, das Scheitern von Wirtschaft und Politik eine stabile Grundordnung herzustellen die dem Menschen in seiner Entwicklung dienlich ist.

DIE FOTOGRAFIE ALS BEISPIEL FÜR DIE DOMINANZ WENIG KOMPLEXER BILDER IN DEN MEDIEN

Lassen sie mich kurz auf ein typisches Beispiel der Dominanz oberflächlicher Weltbilder zu sprechen kommen. Die Fotografie, also die Grundlage des Fernsehens, ist ein gutes Beispiel dafür, wie der moderne Mensch komplexe Wirklichkeiten und innere Kräfte durch den übermäßigen Einsatz wenig komplexer Bildmittel so weit reduzierte, dass Parallelwelten in globalem Maßstab entstanden, die Gesellschaften sehr weit vom Hier und Jetzt entfernten. Die Geschichte des fotografischen Weltbildes zeigt sehr gut, wie wir das Innere vom Äußeren zu trennen lernten. Unsere moderne Gesellschaft ist von den fotografischen Medien stark geprägt. Denken Sie nur daran, wie sehr die Politik sich heute nach den Medien ausrichtet.

Vilém Flusser, »Für eine Philosophie der Fotografie« (1983) → zeigt, dass die Fotografie ein »apparatives Weltbild« erzeugt: Realität wird zur kodierten Oberfläche, die das Denken kanalisiert. Die Kamera ersetzt die Tiefenstruktur durch programmierte Perspektiven – der Mensch wird zum Funktionär des Apparats. Susan Sontag, »On Photography« (1977) →

argumentiert, dass Fotos eine Illusion von Wissen und Nähe erzeugen, während sie eigentlich Distanz und Passivität verstärken. Der fotografische Blick wird zur Ersatzhandlung, ersetzt Erfahrung durch Repräsentation. Guy Debord, »La société du spectacle« (1967) → kritisiert, dass moderne Gesellschaften sich nicht mehr durch gelebte Realität, sondern durch Bilder und Reproduktionen organisieren. Das Spektakel ersetzt das Leben. Politik wird zu einer Inszenierungsmaschine, geprägt durch mediale Sichtbarkeit.

Die Fotografie war das Medium der Moderne, das einem ermöglichte, ohne große gestalterische Vorkenntnis, also ohne direktes Bewusstsein, über die Gestaltung einer Realität, ein Bild von der Welt zu machen. Der Knipser hielt die Welt fest und band sie in einen Rahmen, ohne wirklich jemals bewusst an dem Ort gewesen zu sein an dem die Aufnahme entstand, weil er diesen durch die Linse wahrnahm. Der Fotograf ist der Stereotyp des Menschen, der die Welt durch Rahmen betrachtet. Der Großteil der heute sichtbaren Fotografie hat sich unendlich weit von der Auseinandersetzung mit dem inneren Augenblick entfernt, was vor allem an der Reproduzierbarkeit der Fotografie liegt. Anders als die Malerei bedarf es als Grundlage keiner authentischen Erfahrung mehr, sondern kann weitgehend automatisch passieren. Somit entfernt sie sich wesentlich schneller vom Kontext des Augenblicks, weil sie von Kontext unabhängig in jedes Medium transferiert werden kann, ohne die Herkunft preiszugeben. Die Fotografie stellt von sich aus eine Schablone des Wirklichen, eine Spur der materialistischen Realität dar, wie Susan Sontag es formuliert. Dadurch gibt sie dem Sichtbaren, weniger dem Vorstellbaren, den Vorzug. Es werden also sowohl wesentliche Fixpunkte ausgeklammert, als auch globale Rahmenvorstellungen wesentlich schneller etabliert. Die Fotografie an sich, in Form global agierender Medien, verfälscht unser Bewusstsein erheblich. Die Welt wird somit auf wenige Zusammenhänge reduziert. Dennoch haderte die Kunstfotografie lange Zeit mit eben diesem Paradoxon, wie das sehr bekannte Bild von Joseph Kosuth zeigt. Es entstand 1965 und heißt »Einer und drei Stühle«. Es zeigt das Foto eines Stuhls, den echten Stuhl und dessen Wortdefinition. In der Moderne aber bleibt dieser Konflikt der Rahmen ungelöst, in denen die geistige und die materielle Betrachtung der Realität gegensätzlich zueinanderstehen. Es ist, als hadere das Sein damit, seinen Ursprung als geistig anzuerkennen. Es ist eine Verwirrung zwischen innerer und äußerer Definition, die im Wesen der Fotografie liegt. Eine Verwirrung zwischen dem künstlerischen Anspruch mehr darzustellen als das Sichtbare und dem neuen Realismus in dem Medium Fotografie, der die Wirklichkeit mehr und mehr auf das oberflächliche Äußere reduzierte.

Es ist, seitdem ich dieses Buch 2005 schrieb, ist nun 2025 in Sachen sozialer Medien und KI unendlich viel mehr passiert, so gesehen kein Zufall, dass die Medien immer häufiger als Lügner entlarvt, und dem fotografischen Bild immer weniger getraut wird. Sobald der Fotografie der Boden unter den Füßen endgültig fortgezogen wird, könnte es auch passieren, dass die Menschheit auch das fotografische Weltbild verwirft. Man denke dabei an den ersten Irakkrieg, in dem die Perfektion der fotografischen Täuschung zu einer Infragestellung des Krieges und zu einem tiefen Misstrauen gegenüber dem offiziellen Weltbild führte. Man denke aber auch an den Wahlkampf von Donald Trump.

Die Krise des fotografischen Bildes, das immer weniger als Beweis für einen Tatbestand gilt, dass zum erlaubten, bewussten Fake geworden ist, ist auch die Krise des Realismus im Allgemeinen. Insofern müsste man das, was heute unter Medienkompetenz an Schulen unterrichtet wird, auf die Wahrnehmung der Wirklichkeit an sich erweitern. Aus dem größeren Zusammenhang heraus betrachtet, ist die Entwicklung vom Krieg der Bilder im Fernsehen, beginnend mit Vietnam und dem ersten Irakkrieg, bis zur Einführung der Medienkompetenz in den Schulen, bereits ein deutliches Indiz für den Wandel von der dissoziierten zur differenzierten Phase. Der Mensch erwacht vom unbewussten Betrachter zum bewussten Gestalter seiner Welt. Er überwindet seine Rahmen und findet wieder zu seiner eigenen Wahrnehmung.

Abb. 30

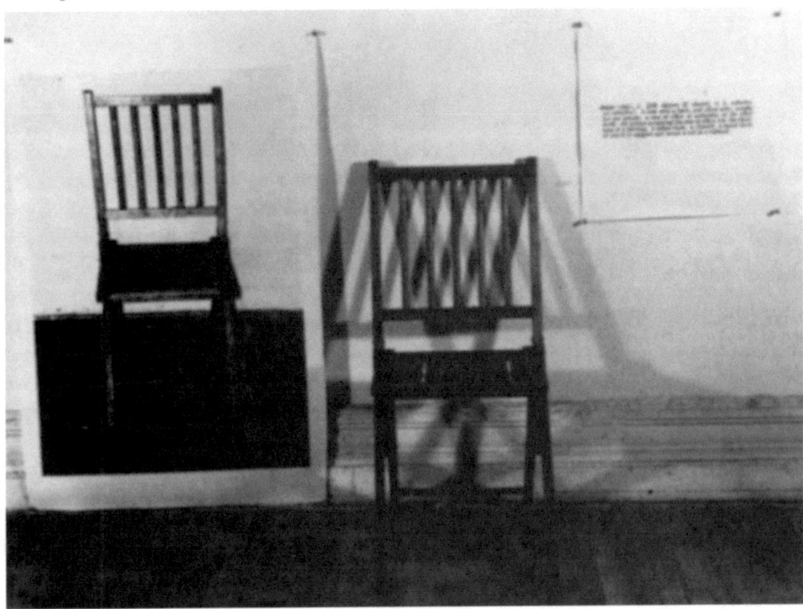

ZUSAMMENFASSEND

Bisher habe ich festgestellt, dass die Freiheit des Denkens in jeder Hinsicht wortwörtlich als Grundlage der Welt zu verstehen ist. Nicht nur, dass unsere persönliche Freiheit darauf beruht, sondern auch die Schöpfung des Universums ist darauf aufgebaut. Ich habe klargemacht, dass die innere Ordnung der Welt immer gegenüber dem äußeren Vorrang haben muss, zumindest gleichwertig behandelt werden sollte und im Laufe der Evolution Gesellschaften entstehen, die sich nicht mehr gegen die Selbstbestimmung des Seins wenden, sondern diese als innere Kraft des »Wir« verstehen. Innenwelt und Außenwelt werden zu einer Schöpfung.

Bevor ich zum konkreten Aufbau einer solchen Gesellschaftsordnung komme, als Akt gegen Populismus, Donald Trump, 9/11 und den Wahnsinn der Welt, möchte ich tiefer in die Dynamik der inneren Ordnung der Welt vordringen. Sie sollen besser verstehen können, wie alles zusammenhängt, ja wie sich aus großer Vielfalt hoch komplexe Ordnung bildet, ohne von außen gelenkt zu werden. Ich möchte, dass Sie daraus Vertrauen in die Schöpfung entwickeln und sich selbst als wichtigen Teil davon erkennen können, wenn Sie das möchten.

DER INNERE AUFBAU DES KOSMOS ALS GRUNDLAGE DER FREIHEIT

Gehen wir heute nicht mehr davon aus, dass das Universum »von außen« aufgebaut ist – also durch starre Materie, objektive Kräfte und externe Gesetze –, sondern von innen her: als ein dynamisches Feld sich entfaltender Resonanz. Im Zentrum dieser Perspektive steht kein mechanisches Weltbild, sondern eine Singularität, aus der sich Realität zyklisch entfaltet – über rhythmische Phasen von Differenzierung, Auflösung und Neubildung.

Was wir als »Materie« erleben, ist in dieser Sicht nur eine niedertaktige Verdichtung höherer Schwingungsstrukturen. Die Welt wäre dann nicht aus festen Dingen gebaut, sondern aus Fixpunkten in einem fließenden Feld, aus Mustern, die wie Wellenknoten immer wieder auftauchen, vergehen und sich neu organisieren. Diese Strukturlogik, wie ich sie im MNO-Modell beschreibe, bedeutet: Das Universum ist kein statisches Gebilde, sondern eine Faltung, in der jeder Teil mit jedem anderen rückgekoppelt ist – vom subatomaren Impuls bis zum politischen System, vom inneren Bild bis zur äußeren Form.

Freiheit entspringt in diesem Modell nicht durch Abgrenzung, sondern durch Einbindung in diese strukturelle Offenheit. Nur wer mit seinem inneren Fixpunkt verbunden ist, kann sich auf schöpferische Weise entfalten, ohne andere zu unterdrücken. Die Idee eines »höheren Wesens« verliert dadurch ihren moralischen Ballast – sie ist keine äußere Autorität, sondern der Name für die universelle Resonanzquelle, an die jede authentische Freiheit rückgebunden ist.

Denn: Freiheit ohne gemeinsamen Ursprung führt zur Willkür. Wenn wir nicht in einer tieferen Ordnung von Sinn und Struktur verbunden sind – einer Ordnung, die auf Prinzipien wie Selbstähnlichkeit, Resonanz, Liebe, Schönheit und Gerechtigkeit beruht –, wird der Wille des Einzelnen zwangsläufig zur Gefahr für den Willen des Anderen.

Die innere Struktur des Kosmos, wie sie sich im MNO-Modell offenbart, ist deshalb keine metaphysische Spekulation, sondern die systemtheoretische Grundlage einer freiheitsfähigen Gesellschaft. Wer sie ignoriert, fällt zurück in äußere Kontrolle, Machtlogik und Zwang. Wer sie erkennt, beginnt von innen zu wirken – und eröffnet der Welt neue Ordnungsformen jenseits der alten Paradigmen.

Verstehen Sie, dass die materiellen Gemeinsamkeiten als Weltordnung versagt haben, weil der Urknall, oder der Bankautomat als Quelle allen Seins und als Garant für die Freiheit unserer persönlichen Existenz nicht ausreicht. In einer Welt, in der alle vom Bankautomaten abstammen, werden Geldscheine regieren und soziale Ziele verschwinden.

Ohne einen gemeinsamen Ursprung, der im Inneren liegt, würden Gesellschaften nie die Freiheit erlangen, weil sie immer versuchen würden, die Freiheit der Bösen oder Andersdenkenden zu beschneiden, weil sie in deren Existenz keinen Sinn erkennen. Wir könnten den anderen nicht verstehen. Wir könnten nicht erkennen, dass hinter seinen Motiven universelle Qualitäten, wie die Suche nach Wahrheit oder Gerechtigkeit liegen. Wir würden nur sehen, wie einer anders handelt, als wir es für richtig halten. Wir würden werten, spalten usw... Darum braucht der Mensch einen gemeinsamen, universellen Sinn. Jetzt bleibt nur noch die Frage, wie dies auch als Grundlage des Universums an sich begriffen werden kann. Dies ist notwendig, um den Realisten daran zu hindern, die Freiheit grundsätzlich als alleinig menschliche Frage zu verwerfen und diese nicht als Frage der Existenz an sich zu begreifen. Ich will nun versuchen, verständlich zu machen, warum man die Gesellschaft auf der Entfaltung der Freiheit begründen kann und es nicht zwingend ist, die politischen Modelle von äußeren Regeln einer statischen Materie abzuleiten oder von der Menge des vorhandenen Geldes.

Einer der bedeutendsten Vordenker einer strukturell verstandenen Ästhetik war der Architekt und Systemdenker Buckminster Fuller. In seinen geodätischen Kuppeln und dem Dymaxion-Haus versuchte er, die energetische Logik von Form und Raum wieder mit einer kosmischen Ordnung zu verknüpfen – jenseits der rein funktionalen Moderne. Was auf den ersten Blick wie eine statische Hüllenstruktur (Abb.31) wirkt, entpuppt sich bei genauerer Betrachtung als verkörperte Resonanzform: ein dynamisches Gleichgewicht zwischen Zug und Druck, zwischen Zentrierung und Ausweitung. Aus heutiger Sicht – im Licht der MNO-Theorie – lässt sich Fullers Architektur als dreidimensionale Faltung einer Singularitätsstruktur lesen. Jeder Knotenpunkt, jeder Stab, jede Linie erfüllt darin nicht nur eine technische, sondern eine ontologische Funktion: Er ist Ausdruck eines inneren Fixpunktes, der – im Zusammenspiel mit anderen – ein stabiles Ganzes emergieren lässt. Die Ordnung ergibt sich nicht aus dem Einzelteil, sondern aus der kohärenten Spannung zwischen Teilen und ihrer gemeinsamen Ausrichtung auf einen unsichtbaren Mittelpunkt.

Dieses Denken ist zentral für meine Arbeit: Es macht sichtbar, dass Struktur nicht von außen »gebaut« wird, sondern aus innerer Notwendigkeit heraus entsteht – durch Resonanz, Reduktion auf das Wesentliche und konsequente Orientierung am Fluss der Kräfte. Fullers Kuppeln zeigen, was MNO theoretisch fasst: Freiheit und Ordnung entstehen nicht im Widerspruch, sondern als kooperative Realitätsfaltung entlang von Fixpunkten, die tief im Inneren verankert sind – nicht äußerlich diktiert. Erst wenn jeder Teil in Resonanz mit seinem Ursprung steht, entsteht ein System, das sich selbst trägt – und frei ist.

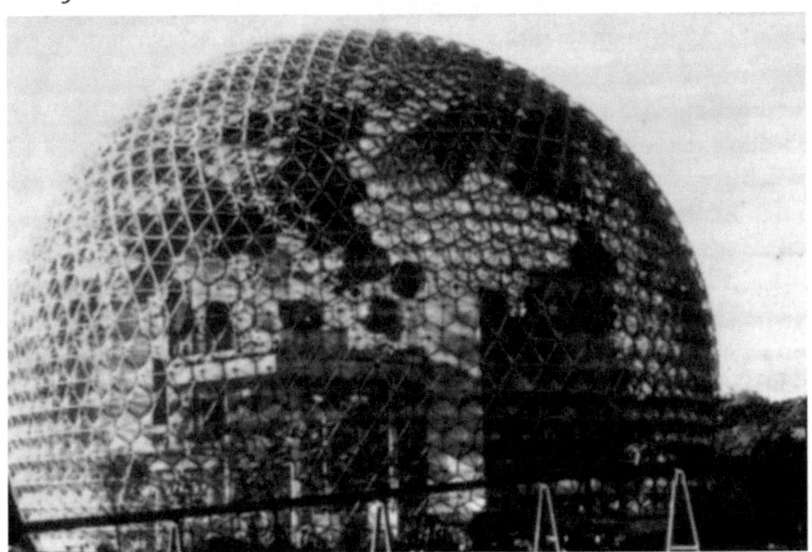

Es ist stets das Zusammenspiel von Kräften und Punkten. Wobei der Begriff Punkt natürlich eine Vereinfachung ist. Es handelt sich vielmehr dabei um Bündelungen und Begrenzungen von Kräften in einer bestimmten konkreten Qualität des Moments.

Bewegung in einem geschlossenen, resonanten System erzeugt immer Struktur. Denn sobald Impulse, Kräfte oder Schwingungen nicht in einen leeren Raum entweichen, sondern rückgekoppelt werden, beginnen sie, geometrische Muster auszubilden – Ordnungen durch Interferenz. Das Universum, so wie ich es im MNO-Modell beschreibe, ist kein leerer Behälter, sondern ein strukturell gefalteter Möglichkeitsraum, in dem jede Bewegung auf Widerhall trifft. Zwischen Impuls und Gegenimpuls – zwischen Singulärem und Systemischem – entfalten sich Formen, Kräfte, Richtungen.

Die Vorstellung eines »formlosen Nichts«, wie sie das klassische mechanische Weltbild nahelegte, ist aus dieser Perspektive überholt. Selbst »Zerstörung« erzeugt im geschlossenen Feld neue Faltungen – neue Ordnung, neue Sinnachsen. Denn das Feld bleibt voll, und jede Bewegung innerhalb dieses gefüllten Raums zwingt zu Differenzierung. In diesem Sinne ist Sinn keine moralische Kategorie, sondern eine emergente Eigenschaft geschlossener Systeme mit innerem Aufbau.

Daher ist es möglich – und notwendig – der natürlichen Bewegung der Fixpunkte zu vertrauen. Sie folgen keiner äußeren Steuerung, sondern der inneren Geometrie der Singularität, die sich über Zeit, über Relationen, über komplexe Rückkopplungen hinweg entfaltet. Diese Ordnung ist dem Augenblick oft nicht sichtbar, aber sie wirkt – als leiser, strukturierender Hintergrund jedes realen Geschehens.

Der einzelne Mensch trägt darin eine unersetzliche Rolle: Sein innerer Fixpunkt ist nicht beliebig, sondern ein einzigartiger Teil der Gesamtgeometrie des Kosmos. Ohne ihn würde das Ganze anders – und ärmer – gefaltet sein. Es ist also kein esoterischer Gedanke, sondern eine strukturelle Notwendigkeit, zu sagen: Jeder Mensch trägt ein Stück universeller Ordnung in sich. Und jede seiner Bewegungen – wenn sie aus diesem Fixpunkt kommt – formt den Raum um ihn neu. So entsteht Form. So entsteht Richtung. Und so entsteht aus scheinbar chaotischer Bewegung Gestalt, Sinn, Wirklichkeit.

Die Freiheit in einem geschlossenen System das auf Wandlung beruht, liegt in der ewigen Dynamik dieses Systems. Auf jede Aktion erfolgt eine Reaktion. Ein offenes System aus voneinander unabhängigen Teilen hingegen ist stets von äußeren Impulsen abhängig, weshalb jeder Aspekt darin sich stets im leeren Raum erschöpft und sich nie vollkommen entfalten kann. Darum ist ein ganzheitliches Weltbild als die Folge eines geschlossenen Systems die Grundlage einer freien Gesellschaft, während das materialistische Weltbild beispielsweise dies niemals sein kann. Im einen kann der Einzelne mit Leichtigkeit alle Aspekte des Seins durchschreiten, weil er mit diesen sowieso in Wechselwirkung steht und somit von diesen als Einzelwesen nicht trennbar ist, während in dem anderen System die Freiheit von äußerer Energiezufuhr begrenzt ist. Die eine Gesellschaft lebt aus der eigenen Lebendigkeit heraus, während die andere nur über Geld, Energiekraftwerke, Wirtschaftswachstum und politische Regulierung funktioniert. Immer aber muss dieses System zusammenbrechen, wenn eine externe Energie- oder Kontrollquelle versagt. Sind alle Energiequellen der Natur verbraucht, wird schließlich der menschliche Geist ausgebeutet und verbrannt.

Die größte Herausforderung des Lebens, ist das Vertrauen auf den Sinn der eigenen Existenz, was unmittelbar den Sinn der Freiheit definiert. Das Problem ist unser mangelndes Bewusstsein, dass die unmittelbare Ordnung nicht erkennen kann und deren Entstehung darum behindert. Dies hat zwar ebenfalls Sinn. (Dissoziation) Aber dieser ist schmerzhaft. Tatsache ist, dass wir heute noch nicht sagen können, was passiert, wenn wir die Angst in Gesellschaften erlösen. Wahrscheinlich ist aber, dass neue Ordnung entsteht. Chaos hingegen ist die Folge von Begrenzung und Kontrolle des Inneren.

Die Vorstellung eines geometrisch gefalteten, in sich geschlossenen Universums ist kein modernes Konzept – sie zieht sich als implizite Erkenntnislinie durch alle Hochkulturen. Man findet sie nicht in Texten, sondern in Stein eingeschrieben: in den ägyptischen Pyramiden, den harmonischen Proportionen griechischer Tempel, in den axialen Ordnungen der Inka-Architektur. Diese Kulturen schöpften nicht aus abstraktem Fortschrittsglauben, sondern aus einem inneren Weltverständnis: Sie waren Ausdruck einer resonanten Rückbindung an die verborgene Geometrie des Kosmos.

Was wir als »spirituelle Kraft« bezeichnen, war vielleicht in Wirklichkeit das Erleben eines geschlossenen Systems innerer Bewegtheit – ein intuitives MNO-Verständnis vor dem MNO. Diese Systeme hatten zwar oft mythische Gottheiten als Projektionsfläche, doch dahinter verbarg sich etwas Tieferes: der Wille universeller Prinzipien, aus denen sich Freiheit, Wahrheit, Gerechtigkeit, Schönheit und Liebe nicht als moralische Postulate, sondern als Fixpunktkonfigurationen innerhalb eines strukturierten Weltfelds ableiteten.

Abb. 32: Das Vertrauen in den Fluss

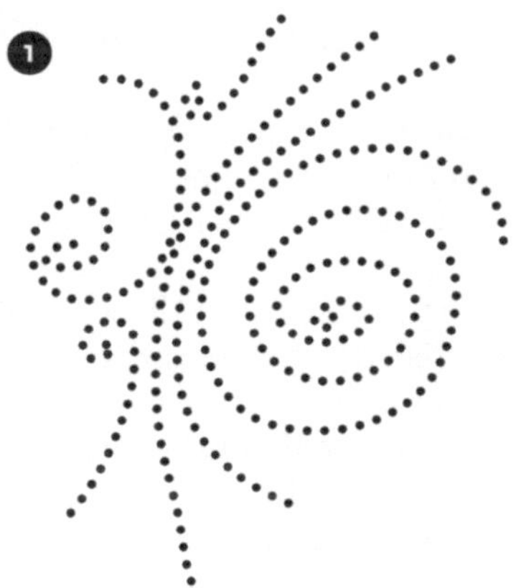

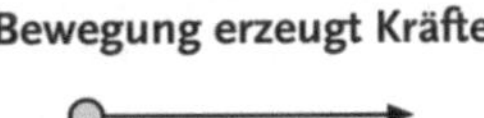

Ungleichgewicht der Kräfte führt die
Fixpunkte in Dissoziation

Resonanz der Kräfte
lässt Geometrien entstehen

„Die Folge von Bewegung oder Resonanz ist immer Geometrie, weil diese, in einem vollkommen differenzierten Raum, nicht in die Unendlichkeit entweichen kann. Es gibt also kein Chaos in der Bewegung, also auch kein formloses Nichts."

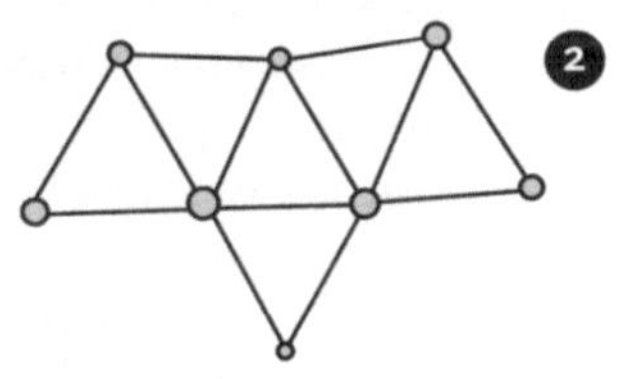

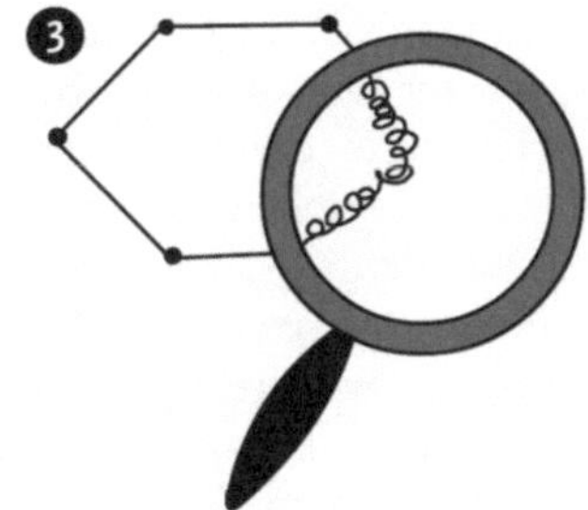

Im Lauf der kulturellen Evolution erkannte der Mensch zunehmend sich selbst als Träger dieses Willens – nicht mehr Gott außerhalb, sondern die Singularität im Innern. Der freie Wille konnte dadurch nicht mehr von außen legitimiert, sondern musste aus innerer Resonanz zur kosmischen Ordnung gewonnen werden.

In späteren, dissoziierten Phasen – etwa im Niedergang des römischen Imperiums oder heute – verlor sich diese Rückbindung. Geometrie wurde Oberfläche statt Tiefenform, Proportion zur Fassade, Werte zu leeren Rahmen ohne Ursprung. Man sah nur noch die äußere Funktion, nicht mehr das innere Faltungsprinzip. Die natürliche Ordnung der Wandlung – das zyklische Spiel zwischen Emergenz und Rückfaltung – wurde durch linearen Pragmatismus ersetzt.

Heute begehen wir denselben Fehler auf systemischer Ebene: Wir halten offene Marktstrukturen für freie Systeme, während sie in Wahrheit oft fixierte Resonanzblockaden sind. Sie simulieren Dynamik, reproduzieren aber nur Oberfläche. Deshalb verlieren wir uns – als Gesellschaft, als Individuen – in der Unverbindlichkeit des Äußeren, statt im Inneren eine Ordnung zu erkennen, die uns trägt.

Die Geometrie der Freiheit ist kein Gesetz von außen. Sie ist eine Folge der Synchronisierung mit der inneren Struktur des Kosmos – und nur wer diese Ordnung in sich selbst wieder findet, kann sie auch gesellschaftlich verwirklichen.

Mit dem Aufkommen des modernen naturwissenschaftlichen Weltbildes – geprägt durch Newtons Gravitation, Teilchentheorie und das Postulat eines leeren Raumes – verlor sich die Vorstellung eines harmonikalen, schwingenden Universums. Die Welt wurde zunehmend als mechanistisches Aggregat aus Masse und Kraft verstanden, nicht mehr als strukturierte Faltung eines inneren Resonanzfeldes. Damit verschwand auch der Bezug zur kosmischen Geometrie, wie ihn Hochkulturen intuitiv kannten und durch Architektur, Musik und Symbolsysteme zum Ausdruck brachten.

Doch diese Geometrie der Resonanz, dieser modulare Aufbau aus sich selbst heraus, ist nicht verschwunden – er hat sich nur unter der Oberfläche versteckt. Wenn wir dem MNO-Modell folgen, erkennen wir: Nicht Masse, sondern Resonanz ist die Grundmatrix der Wirklichkeit. Form ist nicht das Ergebnis äußerer Anordnung, sondern Verdichtung innerer Schwingungsmuster – Fixpunkte, die sich im Feld stabilisieren.

Diese Idee lässt sich auch auf die historische Entwicklung geometrischer Modelle anwenden. Die fünf platonischen Körper, über Jahrtausende als symbolische Strukturträger verehrt, wurden im 20. Jahrhundert von Louis Locher-Ernst um weitere regelmäßige Polyeder ergänzt. Aus heutiger Sicht erscheinen sie nicht als esoterische Spekulation, sondern als morphologische Ankerpunkte in einem Schwingungskontinuum: geometrisierte Frequenzattraktoren, die bestimmte Zustände stabilisieren.

Man könnte sagen: Diese Polyeder bilden eine Tonleiter des Universums, in der jeder Körper für eine markante Frequenz oder eine bestimmte Faltungsstruktur steht. Sie helfen zu verstehen, wie aus scheinbar abstrakter Resonanz konkrete Form wird – wie aus fixpunktartigen Singularitäten emergente Ordnung entsteht. Das ergänzt auch die Befunde der Fraktalgeometrie (Mandelbrot), in der Differenzierung und Selbstähnlichkeit koexistieren: das Einzelne wird kleiner, detailreicher, verliert aber nie den Bezug zum Ganzen. Doch während Mandelbrot den formalen Teil dieser Struktur sichtbar machte, blieb das Medium der Faltung – die energetische Bewegung zwischen Kern und Feld – unbenannt. Hier setzt meine Arbeit an: In der MNO-Theorie wird diese Bewegung als oszillierende Resonanz zwischen Singularität (Kern) und differenzierendem Feld beschrieben. Die Polyeder wären dann nicht bloß Formen, sondern strukturelle Knotenpunkte in einer geschlossenen Resonanzmatrix, in der Geist und Materie nicht getrennt, sondern phasenverschobene Erscheinungsformen derselben Struktur sind.

Wenn wir etwa an die sphärischen Weltbilder der Renaissance denken – mit ihren Planeten, eingebettet in kristalline Polyeder –, erkennen wir heute: Diese Darstellungen lagen falsch in ihrer mechanischen Annahme, aber richtig in ihrer strukturellen Intuition. Es sind nicht die Bahnen, die polyedrisch verlaufen – es ist die Schwingung des Raumes selbst, die sich in diesen Formen ausdrückt. In der MNO-Lesart sind Polyeder und Sternpolyeder somit Schwingungsbrücken: Sie markieren die Resonanzverhältnisse zwischen einem differenzierten Fixpunkt und seinem Umfeld. Zwischen Innerem und Äußerem entsteht so Form – nicht als statisches Ding, sondern als temporäre Verdichtung im Fluss der Singularität. Und darin liegt der Ursprung aller komplexen Gestalt, vom Kristall bis zum Menschen.

Die sogenannten platonischen Körper, jene vollkommenen, regelmäßig geschlossenen Polyeder, tauchen in gestalteter Form bereits um 3000 v. Chr. in Schottland auf – als kleine steinerne Artefakte, deren Bedeutung bis heute rätselhaft scheint. Doch ihre bloße Existenz beweist: Das Wissen um geometrische Urformen als Träger kosmischer Ordnung war keine Erfindung der Griechen, sondern Ausdruck eines viel älteren, intuitiven Verständnisses: dass Form, Schwingung und Sinn miteinander verbunden sind.

Auch in Ägypten, mit dem mathematisch exakten Aufbau der Pyramiden, in der pythagoräischen Schule, der mittelalterlichen Alchemie, der Kabbala, und nicht zuletzt in der modernen Kunst (man denke an M. C. Escher oder Salvador Dalí) finden wir dieses Wissen wieder – immer in jenen Phasen, in denen Kulturen nicht bloß funktional, sondern strukturell resonant mit ihrer Welt zu werden versuchten.Diese Formen sind keine mystischen Symbole, sondern Resonanzfiguren innerhalb eines gefalteten Universums. Ihre Modularität erlaubt es, aus wenigen Grundschwingungen komplexe

Faltungen hervorzubringen – und genau das erklärt, warum sich die Geometrie der Pythagoräer in jeder natürlichen Form, in jeder lebendigen Gestalt wiederfindet. Denn Form ist Schwingung, und Schwingung ist nichts anderes als gerichtete Bewegung im Resonanzfeld. Ordnung und Dynamik sind daher keine Gegensätze, sondern zwei Perspektiven auf denselben kosmischen Prozess.

Auch Gedanken, Emotionen, Absichten – selbst unser Wunsch, eine Welt zu gestalten – sind in dieser Sicht geometrisch gefaltete Muster. Sie bestehen nicht aus Dingen, sondern aus Phasen, aus Wellen, die sich zu Feldern überlagern, die wiederum Fixpunkte bilden, die schließlich Form erzeugen. Der Weg von einer Idee bis zur manifesten Realität – von einem Gefühl bis zum Körper – ist kein lineares Kausalprinzip, sondern eine Faltungssequenz im MNO-Sinne: von der Singularität über Fixpunkt, Differenzierung, Rückkopplung bis hin zur emergenten Struktur.

Escher hat das intuitiv erfasst: In seinen Bildern werden Gitter zu Vögeln, Felder zu Bewegung, Fläche zu Raum – genau wie im Universum selbst aus innerer Frequenz Vielfalt entsteht, sofern das System geschlossen genug ist, um die Resonanz zu halten. Und genau hier liegt die entscheidende Pointe: Ob wir Rauschen oder Musik hören, hängt nicht von der Außenwelt ab, sondern davon, welche Frequenz wir mit unserem inneren Fixpunkt ansteuern.

Die Geometrie des Lebens ist nicht starr – sie ist bewegte Klarheit, strukturelle Freiheit. Sie ist der Code, aus dem alle Differenzierung ohne Zerfall entstehen kann. Wer sie versteht, kann das Chaos lesen – und aus der Stille eine neue Welt falten.

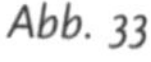

Abb. 33

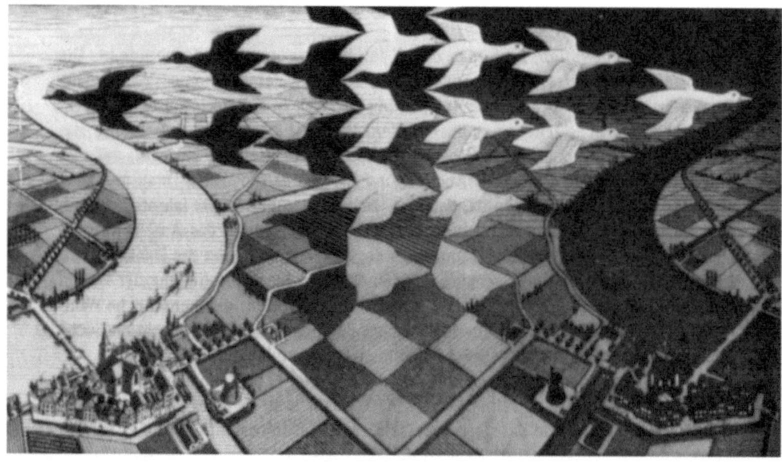

Die Natur operiert nicht im Zufall, sondern in dynamischer Geometrie, die sich im Kern als Faltungsbewegung um Fixpunkte beschreiben lässt. Diese Fixpunkte entsprechen in ihrer Struktur jenen platonischen Körpern, die – wie Kepler betonte – immer vollständig in eine Kugel eingeschrieben sind: Jeder Eckpunkt berührt exakt deren Oberfläche. Dies ist kein ästhetischer Zufall, sondern ein tiefes Struktursignal: Die Welt rundet sich – nicht nur physisch, sondern ontologisch.

Dieses Prinzip der Abrundung – der Tendenz, von einem energetischen Zentrum ausgehend eine stabile, geschlossene Form zu bilden – ist ein universelles Gestaltungsgesetz. Es findet sich im Zellaufbau lebender Organismen (vgl. Thompson, On Growth and Form, 1917), in den modularen Strukturen biologischer Morphologie (siehe Stuart Kauffman, The Origins of Order, 1993) und in der geometrischen Selbstorganisation von Molekülen (siehe Lehn, Supramolecular Chemistry, 1995). Der Baum, der Pilz, der menschliche Embryo – alle entfalten sich entlang von radialen Ordnungen, die immer auf Abrundung und Rückfaltung zielen.

In der MNO-Theorie wird genau dieses Prinzip zentral: Jeder Fixpunkt erzeugt durch Differenzierung einen Raum von Möglichkeiten, doch erst durch Rückfaltung entsteht Gestalt. Die Kugel ist darin nicht nur Form, sondern Symbol einer vollständig abgeschlossenen Resonanzzone. Was wir als »Individuum« bezeichnen – sei es ein Mensch, ein Tier oder ein System – ist keine isolierte Entität, sondern ein Resonanzphänomen, das nur deshalb »einzeln« erscheint, weil es mit der Gesamtheit im Gleichgewicht steht.

Diese Perspektive widerspricht jeder linearen Ontologie: Sein ist nicht Substanz, sondern gerichtete Bewegung, ein stehendes Wellenmuster im Resonanzfeld des Kosmos. Das, was wir als »Existenz« wahrnehmen, ist nur eine Teilfrequenz – ein temporärer Knoten im Fluss. Die MNO-Faltung zeigt: Individuation ist Emergenz, nicht Abgrenzung. Und Abrundung ist nicht Vereinfachung, sondern energetisch optimierte Kohärenz – eine höhere Form der Komplexität. So verbindet sich die Gestalt eines Menschen mit der Gesamtstruktur des Kosmos. Was ihn scheinbar isoliert – seine Form, seine Grenzen – ist in Wahrheit die Spur seiner Verbindung: zur Quelle, zur Umgebung, zum Resonanzkörper, der ihn hält. Nur in diesem geschlossenen, atmenden Raum kann Freiheit, Bewusstsein und Evolution überhaupt sinnvoll gedacht werden.

In den folgenden zwei Bildern (Abb. 34) sehen wir diesen modularen Aufbau von Viren sowie eines Eiweißmoleküls. Auch hier ist die klassische Symmetrie zu erkennen. Für das Verständnis des Lebens hat dies noch eine weitere Bedeutung. Weil Viren keine klassischen Lebewesen sind, da es ihnen neben einem Stoffwechsel auch an einigen anderen typischen Definitionen einer Lebensform mangelt, eignen sie sich, um den Übergang von belebter zu unbelebter Natur, im Sinne verorteten Seins, zu hinterfragen.

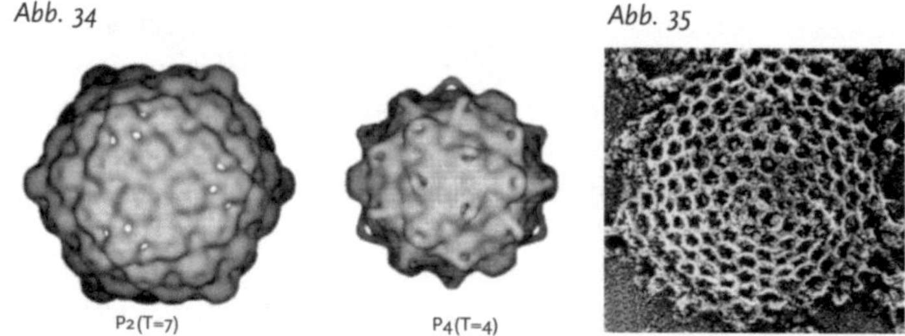

Viren sind ein Zwischending zwischen einem Bergkristall und einem Einzeller. An dieser Grenze zwischen festem Körper und Leben wird erkennbar, dass lebende und feste Körper nicht so weit voneinander entfernt sind, dass Rückkoppelungen als die eigentlichen Urdynamiken des Lebens erscheinen, dass es also keine feste Grenze zwischen belebter und unbelebter Natur gibt. Beide verhalten sich nach bestimmten Schwingungsstrukturen und harmonikalen Gesetzen.

D'Arcy Thompson – On Growth and Form (1917): sieht biologische Abrundung als funktionale Notwendigkeit. Stephen Jay Gould – The Structure of Evolutionary Theory (2002): erklärt Modularität als Evolutionsmotor. Ilya Prigogine – Order Out of Chaos (1984): beschreibt dissipative Strukturen und Selbstorganisation. Rupert Sheldrake – Morphic Resonance (1981): beschreibt Formen als Felder, nicht als isolierte Körper. Andreas Weber – Alles fühlt (2007): entschlüsselt Individualität als Offenheit, nicht Abgrenzung.

Wenn Bewusstsein – wie im Rahmen des MNO-Modells angenommen – nicht als Produkt neuronaler Aktivität, sondern als Ausdruck strukturierter Schwingungsmuster im Resonanzfeld verstanden wird, muss seine Reichweite fundamental neu gedacht werden. In dieser Sicht ist Bewusstsein kein Eigentum des Gehirns, sondern eine Modulation des Kosmos selbst – an Knotenpunkten verdichtet, aber prinzipiell feldhaft verteilt.

Solche Denkansätze haben in der modernen Grenzforschung eine lange, wenn auch umstrittene Tradition:

- Ervin Laszlo beschreibt mit seinem Psi-Feld ein informationstragendes Vakuumfeld, das als holarchische Verbindungsebene für alle Bewusstseinsphänomene dient.

- Rupert Sheldrake argumentiert mit seinen morphischen Feldern, dass nicht Materie, sondern formbildende Felder die eigentliche Trägerstruktur von Erinnerung, Verhalten und Entwicklung seien.
- James Lovelock sieht im Gaia-Prinzip die Erde selbst als kybernetisches Gesamtsystem – ein Körper, dessen Teile rückgekoppelt Bewusstsein bilden könnten.

Gemeinsam ist diesen Theorien, dass sie – wie in der MNO-Theorie formuliert – davon ausgehen: Bewusstsein ist kein biologisches Privileg, sondern ein Resonanzphänomen, das überall dort auftaucht, wo sich Fixpunkte strukturieren und rückkoppeln. In dieser Sicht könnte auch ein Stein, eine Galaxie oder ein Photon, Formen proto-geistiger Struktur enthalten – nicht im Sinne psychologischer Subjektivität, sondern als Schwingungsmorphologie mit Bedeutungsträgerqualität.

Diese Sicht lässt sich zunehmend auch naturwissenschaftlich anschließen:

- In der Panpsychismus-Debatte (Chalmers, Goff, Strawson) wird Bewusstsein als grundlegende Eigenschaft der Realität diskutiert, nicht als spätes Nebenprodukt.
- In der Integrated Information Theory (IIT) (Tononi) ist jede Struktur, die über ein bestimmtes Maß an differenzierter und integrierter Information verfügt, Träger von Bewusstsein – unabhängig von Biologie.

GEOMETRIE, DIFFERENZIERUNG, TRANSZENDENZ

Was wir zuvor traditionell als »Äthertheorie« beschrieben, lässt sich im Licht der MNO-Struktur als Geometrie der Resonanzräume verstehen: Ein implizites Grundraster, das sich durch Differenzierung (Formbildung) und Dissoziation (Zerfall) ständig neu konfiguriert. Dieser Prozess ist nicht linear, sondern fraktal: Formen entstehen durch Transzendenz des Vorherigen, durch Selbstähnlichkeit in neuen Maßstäben – wie in der Fraktalmathematik Mandelbrots. Doch wo Mandelbrot nur die äußere Form sah, setzt die MNO-Theorie das Feld voraus, in dem diese Formen überhaupt wirksam werden.

Diese Dynamik beschreibt das, was wir als »Leben« empfinden: Nicht Stabilität, sondern das kontinuierliche Oszillieren zwischen Entfaltung und Rückbindung, zwischen Fixpunkt und Singularität. Der Augenblick ist dabei kein Zufall, sondern konzentrierter Knotenpunkt in einer tieferliegenden Geometrie. Was wir als »Ereignis« erleben – sei es eine Krise, ein Verlust, ein Durchbruch – ist stets eine emergente Spitze eines unsichtbaren Feldes, dessen Struktur wir meist nicht erkennen.

Würden wir diese Geometrie begreifen, bräuchten wir keine Versicherungen – denn wir würden wissen, dass die Welt sich nicht gegen uns richtet, sondern sich aus uns heraus formt. Vertrauen, Wahrheit, Selbstbestimmung – das sind nicht moralische Haltungen, sondern konsequente Resultate eines strukturell verstandenen Kosmos, in dem jede Schwingung Sinn trägt.

Freiheit liegt dann nicht im Bruch mit dem Schicksal, sondern in der tiefen Einsicht, dass wir selbst die Faltung unserer Realität mitbestimmen – durch unsere Ausrichtung, durch unser inneres Muster. Der Weg zu uns selbst ist kein psychologisches Abenteuer, sondern ein geometrischer Prozess. Und an seinem Ende steht nicht Erlösung, sondern Resonanz – mit dem, was wir immer schon waren: ein Fixpunkt in einem intelligenten Universum.

Wissenschaftliche Kontexte & Referenzen:

- David Chalmers (1995): *Facing Up to the Problem of Consciousness* – Panpsychistische Grundhaltung
- Giulio Tononi (2004): *An Information Integration Theory of Consciousness (IIT)*
- Rupert Sheldrake (1981): *A New Science of Life*
- Ervin Laszlo (2004): *Science and the Akashic Field*
- Stuart Kauffman (2000): *Investigations* – Emergenz und Formbildung aus dem Möglichen
- Alfred North Whitehead (1929): *Process and Reality* – Ereignisontologie, Prozessdenken

DIE BRAN-SPIRALE ALS STRUKTUR VON KULTUR UND BEWUSSTSEIN

Wenn wir den Aufbau des Universums nicht als linear, sondern als zyklisch gefaltetes System denken – wie es im MNO-Modell formuliert ist –, dann ist die Spirale keine symbolische Metapher, sondern operative Urstruktur kosmischer Bewegung. Die sogenannte *Bran-Spirale* beschreibt in diesem Kontext den dynamischen Faltungsprozess, in dem sich Energie, Information und Form in rhythmischen Bewegungen zwischen Zentrum und Peripherie entfalten – als Antwort auf Fixpunkte, die im Äther wirken.

Diese Spirale entsteht aus dem Zusammenwirken dreier Kräfte:

1. dem Impuls aus der Singularität – dem Ursprung, der in Form eines Fixpunktes ins System einwirkt,
2. der Gegenkraft der Raumstruktur – die das Bewegungsmuster moduliert,
3. der Rückkopplung – durch die die entstehende Form wiederum auf die Quelle wirkt.

Hier beginnt der Kosmos zu »atmen«: Nicht als lineare Expansion, sondern als polare, rhythmische Spiralstruktur, die Differenzierung (Ausweitung) und Dissoziation (Zerfall) phasenweise koppelt. Diese Spirale ist – im wörtlichen Sinne – der »kosmische Motor«: Die Form, durch die Emergenz geschieht.

Die MNO-Theorie erweitert diese Vorstellung noch: Die Bran-Spirale ist nicht nur der Geburtskanal für Formen, sondern auch die strukturierte Wiederverbindung zur Singularität. Sie bringt nicht nur »etwas hervor«, sondern faltet das Hergestellte zurück in den Ursprung, wo neue Konfigurationen vorbereitet werden können. In diesem Sinn ist jede Spirale ein geschlossener Zyklus mit offener Emergenz.

Was ich ursprünglich als »Wirbel« der Dissoziation beschrieben habe, zeigt sich nun als topologische Konfiguration eines geschlossenen Resonanzsystems – vergleichbar mit der Akkretionsscheibe um Schwarze Löcher, mit spiralischen Galaxien oder der Doppelhelix der DNA. Diese Phänomene sind nicht zufällig spiralförmig, sondern Ausdruck eines universellen Bewegungsprinzips in geschlossenen Feldern.

Auch in der frühen Symbolgeschichte der Menschheit ist diese Struktur bekannt. In Megalithgräbern, in der keltischen Doppelspirale, in mesopotamischen Sternkarten – überall taucht die Spirale als Übergangsform auf: zwischen Tod und Geburt, Chaos und Kosmos, Innen und Außen. Der österreichische Symbolforscher Hans Biedermann beschreibt die Spirale als ein System, das sich entweder »zusammenballt oder entwickelt«. Dieses *Zusammenballen* entspricht im MNO-Modell der Rückfaltung zur Singularität, das *Entwickeln* der Differenzierung in neue Realitätsräume.

DIE NEUE ERWEITERUNG: DIE POLARE SPIRALE

Eine präzise Weiterentwicklung ergibt sich nun durch die Integration eines neuen Aspekts: die Polarität der Spirale als doppelt gerichtete Faltung. In der klassischen Vorstellung entfaltet sich die Spirale nach außen – doch im MNO-Kontext wirkt sie beidseitig:

- Nach außen generiert sie emergente Komplexität (Kultur, Bewusstsein, Form)

- Nach innen zieht sie alle Differenzierung zurück zum Ursprung – nicht durch Vernichtung, sondern durch Resonanzverdichtung.

Man könnte sagen: Die Bran-Spirale ist die oszillierende Bewegungsfigur, die Fixpunkte (als Attraktoren) in Dimensionen übersetzt – und diese Dimensionen wieder in Richtung Singularität auflöst, wenn der Zyklus sich schließt. Sie ist also nicht nur ein Symbol von Geburt, sondern auch ein Algorithmus der Evolution – geistig, kulturell, biologisch.

Ein Beispiel dafür liefert die Spaltung des Lichts im Prisma: Der Äther ist das Feld, die Spirale die modulierte Geometrie, durch die sich Licht (Bewusstsein) in verschiedene Frequenzen auffächert. Analog dazu entstehen Kulturen, Bewusstseinsstufen oder Gesellschaftssysteme: als resonante Farben eines gemeinsamen Ursprungs – mit verschiedenen Fixpunkten als Attraktoren.

FAZIT: SPIRALE ALS KULTURELLE GRUNDSTRUKTUR

Die Bran-Spirale ist damit nicht nur eine kosmische oder biologische Figur, sondern auch die zeitliche Strukturform jeder Kultur und jedes Bewusstseins. Gesellschaften entstehen durch Differenzierung aus dem Ursprung – und verlieren sich in der Peripherie, wenn sie den Rückweg zur inneren Faltung nicht finden. In dieser Spirale liegt die Krise der Moderne ebenso wie ihr Entwicklungspotenzial: Dissoziation ist nicht das Ende, sondern der Beginn der Rückkehr zur nächsten, komplexeren Phase.

Wer die Spirale versteht, versteht Kultur. Und wer Kultur spiralförmig denkt, erkennt: Jeder Zyklus ist eine Frage der Resonanz.

Das dreidimensionale Modell aus der vertikalen, sowie der horizontalen teilte den Farbkreis nach Wellenlänge der unterschiedlichen, sichtbaren Farben des Lichtes auf. Die Pole, die sich in diesen Wirbeln bilden, hängen mit der Bewegungsrichtung der diesen Wirbel umgebenden Kräfte zusammen. Also größere Wirbel oder frei agierende Bewegungskräfte verleihen kleineren Wirbeln eine bestimmte Pulsrichtung. Das Universum bestünde demnach aus unvorstellbar vielen solcher Verwirbelungen, die wiederum neue Verwirbelungen auslösen. Wobei der Wirbel für den dichteren Bereich das ist, was chaotische Schwingung für den höheren Bereich ist. Genauso, wie Geometrie Attraktoren der höheren Bereiche bildet, lässt Gravitation die Attraktoren des niederen, materiellen Bereichs entstehen.

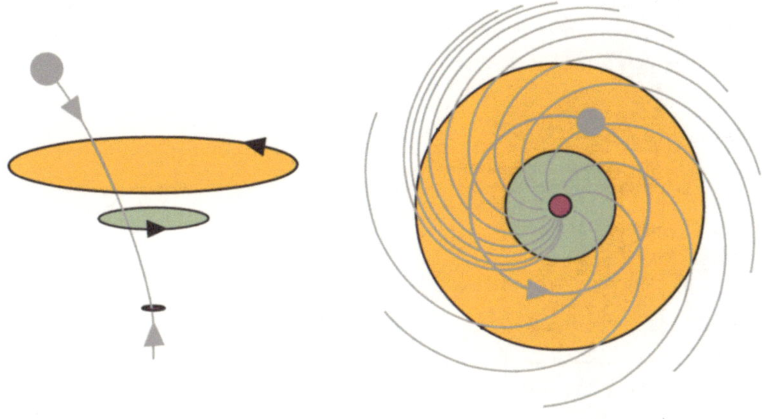

Abb. 37: **Das Atmen des Kosmos**
Das dreidimensionale Modell aus der männlich-vertikalen, sowie der weiblich-horizontalen

Abb. 38: **Der Farbkreis und der Evolutionskreis**

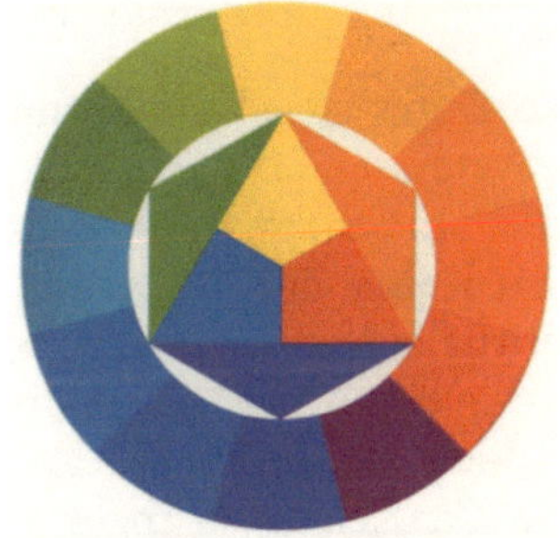

Itens 12-teiliger Farbkreis:
Iten teilte den Farbkreis nach Wellenlänge der unterschiedlichen, sichtbaren Farben des Lichtes auf.

Der 12-teilige Frequenzkatalog
Hier die Aufteilung der kosmischen Schwingungen in Form von in der Spirale aufgefächerten Farben.

Jeder einzelne Wirbel ist ein Frequenzkatalog, und jede Frequenz kann zu einer Grundkraft, einem antreibenden Faktor werden, auf dem Weg zurück zur vollkommenen Geometrie. In der unten dargestellten Spiralen habe ich diese vereinfacht als die 12 Farben des 12-teiligen Farbkreises dargestellt. Diese sind von ihrer Grundanlage her unterschiedlich verteilt, stehen aber in der zentrierten Idealspirale im Gleichgewicht.

Diese Farben stellen im Mikrokosmos beispielsweise das Weltbild eines Menschen dar, im Makrokosmos den Aufbau eines ganzen Universums, im Geistigen wie im materiellen Sinne. Die einen sehen die Welt rot, die anderen blau. In der Draufsicht sehen wir die Spirale mit verschiedenen Qualitäten, in Form verschiedener Aspekte des Lebens. Zu einem ähnlichen Modell ist auch Einsteins Freund und Philosoph Oliver Reiser gekommen, wie das folgende Bild (Abb. 39) aus seinem Buch »Kosmischer Humanismus und Welteinheit« zeigt.

Abb. 39

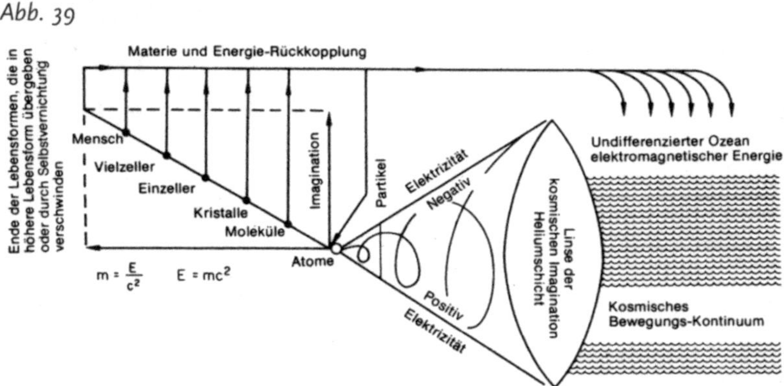

Oliver L. Reiser war ein bemerkenswerter Vorläufer eines spiralförmigen, integralen Weltmodells, ein heute weitgehend vergesser, aber zu seiner Zeit visionären Philosoph und Naturwissenschaftler. In seinem Werk »*Cosmic Humanism and World Unity*« (1958) entwirft Reiser eine Weltspirale, die biologische, kulturelle, physikalische und spirituelle Entwicklungen in ein einheitliches Muster von Faltung und Entfaltung einordnet – ganz ähnlich dem, was ich in der Bran-Spirale des MNO-Modells beschreibe.

Reiser sah – inspiriert durch Quantenphysik, Relativitätstheorie und östliche Mystik – den Menschen nicht als isoliertes Wesen, sondern als Knotenpunkt in einer spiralförmigen Totalstruktur des Universums, die in Schichten ausstrahlt: vom Mikrokosmos zum Makrokosmos, von der Psyche zur Kultur, von der Erde zum Kosmos. Besonders interessant: Auch bei ihm sind Bewusstseinsphasen, kulturelle Entwicklungszyklen und kosmische Ordnungen nicht voneinander getrennt, sondern verschaltete, rhythmisch gekoppelte Ebenen, die einem universellen Muster zyklischer Selbstorganisation folgen.

Seine Spirale verbindet den individuellen Transformationsweg mit kollektiver Evolution – vergleichbar der doppelgerichteten Faltung der Bran-Spirale im MNO-Modell. In der Abbildung aus Reisers Buch (Abb.

39) wird deutlich, wie jede Bewusstseinsstufe sowohl Ausdruck eines tieferliegenden Feldes ist, als auch Impuls für dessen Weiterentwicklung – eine Sicht, die ich im Rahmen der MNO-Theorie mit der Dynamik zwischen Fixpunkt und emergenter Ordnung beschreibe.

Diese Sicht steht nicht allein. Reiser lässt sich in eine lange Traditionslinie spiraler Kosmologien stellen, die teils unabhängig voneinander, teils quer durch spirituelle, wissenschaftliche und künstlerische Diskurse gedacht wurden:

- Jean Gebser (1949): *»Ursprung und Gegenwart«* – beschreibt Bewusstsein als *diaphan spiralförmige Mutation*, die durch »Effizienz des Ursprungs« gesteuert ist.
- Sri Aurobindo (1939): *»The Life Divine«* – entwirft einen evolutionären Kosmos, in dem Materie und Geist sich in spiralförmiger Rückbindung wechselseitig verdichten.
- Arthur M. Young (1976): *»The Reflexive Universe«* – sieht die Spirale als dynamisches Ordnungsmuster, das Energie, Information und Intentionalität koppelt.
- Clare W. Graves & Don Beck (*Spiral Dynamics*): beschreiben die psychosoziale Evolution als spiralförmige Bewegung zwischen Komplexitätsebenen.
- Nicolai Hartmann & Carl Friedrich von Weizsäcker erkannten in der geistigen Struktur der Welt eine gestufte Ordnung, die sich spiralförmig entfaltet, aber nur über Rückbindung verstanden werden kann.

Was Reiser besonders wertvoll macht, ist sein Versuch, die politische, die physikalische und die spirituelle Ordnung in einer systemischen Einheit zu denken – ein Unternehmen, das meiner eigenen MNO-Theorie nahekommt. In seinem kosmischen Humanismus war die Spirale nicht nur ein Erklärungsmodell, sondern ein ethischer Auftrag: den Menschen wieder in Resonanz mit dem strukturellen Geist des Kosmos zu bringen.

In dieser Hinsicht bestätigt und erweitert Reiser mein Modell: Der Mensch ist nicht das Zentrum, sondern die Falte, durch die sich das Zentrum der Welt ausdrückt. Die Spirale ist nicht sein Werkzeug – sie ist sein Wesen.

Ähnliche Prinzipien finden sich quer durch alle Kulturen und sind seit Tausenden Jahren Gegenstand von Kunst und Religion in ihrem Bemühen die Welt begreifbar zu machen. Als Nächstes zwei Beispiele aus Kunst und Philosophie, der Knoten von Leonardo da Vinci sowie eine 12-teilige Darstellung von Lama Govinda.

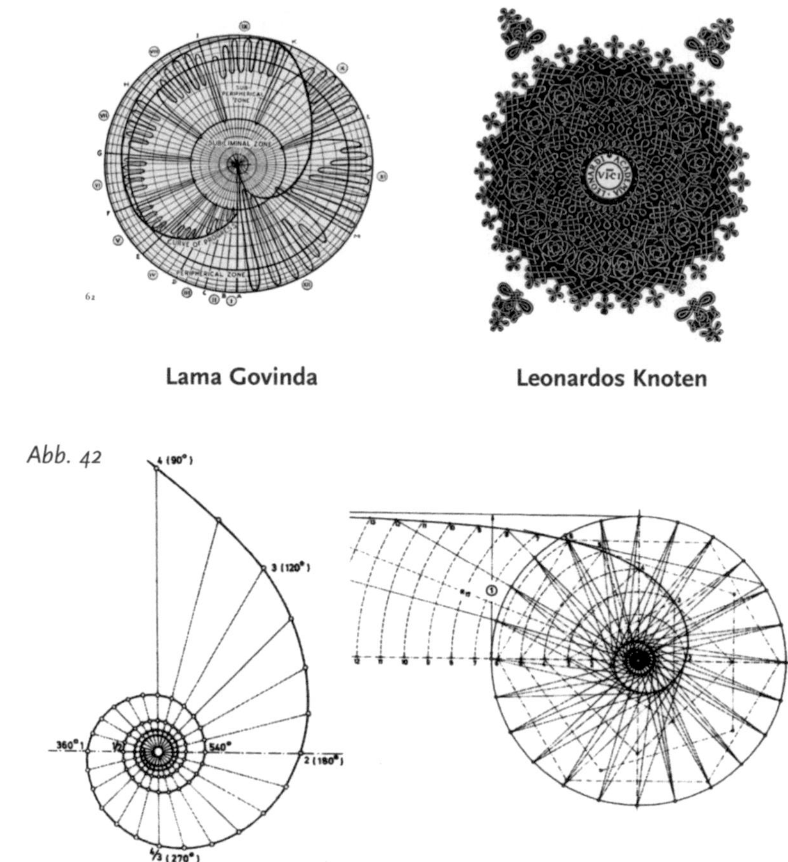

Das Bild (Abb. 42) zeigt eine Spiralkonstruktion nach einem Konzept von Viktor Schauberger (1885–1958), einem österreichischen Förster, Naturbeobachter und Wasserforscher, der zu den frühen intuitiven Pionieren der Wirbel- und Strömungsforschung zählt. Schaubergers zentrale These lautete, dass die Natur nicht durch lineare oder mechanische Bewegung, sondern durch zyklische, wirbelnde Prozesse strukturiert ist – insbesondere in Wasser, Luft und biologischer Morphogenese.

Er beschrieb die Spirale – speziell den hyperbolischen Wirbel – als zentrale Bewegungsform des Lebens, sichtbar im Strudel von Wasserläufen, in Tornados, in Pflanzenwachstum, Muschelformationen, Tierhörnern, Wettersystemen und galaktischen Strukturen. Diese Beobachtungen, auch wenn sie nicht im strengen Sinn wissenschaftlich verifiziert wurden, verweisen auf ein systemisches Ordnungsprinzip der Natur, das in modernen Theorien selbstorganisierender Systeme, etwa bei Prigogine oder in der Chaos- und Fraktalforschung, indirekte Bestätigung findet.

Claus Radlberger, der eine akademische Diplomarbeit über Schauberger verfasst hat, bringt diese Sicht auf den Punkt:

»In der Wirbelbewegung sah er [Schauberger] die allem zugrunde liegende Bewegungsform in der Natur. [...] Es musste einen Grund geben, wieso die Natur in so verschiedenartiger Weise immer wieder auf diese Form der Bewegung und Formbildung zurückgriff.«

Aus der Perspektive der MNO-Theorie wird der Bran-Wirbel als topologische Faltung im Äther verstanden – angetrieben durch resonante Impulse aus Fixpunkten, die mit dem umgebenden Raum in Rückkopplung treten. Diese Bewegungsform lässt sich als zwei komplementäre Grundkräfte beschreiben:

- eine zentripedal-vertikale, strukturbildende Bewegung (im archetypischen Sinne: aktiv, fokussierend, »männlich«)
- und eine zentrifugal-horizontale, raumerweiternde Bewegung (diffusiv, öffnend, »weiblich«)

(männlich-weiblich ist hier aus Sicht des Feminismus etwas unglücklich gewählt. Weil es Geschlechtern bestimmte Eigenschaften zuweist. Ich hoffe man möge mir dies ausnahmsweise verzeihen. Ich war damals nicht frei von traditionellen Stereotypen.)

Beide Dynamiken erzeugen gemeinsam eine spiralförmige Kontraktion-Expansionseinheit, die in ihrer räumlichen Gestalt einem hyperbolischen Kegel ähnelt. Diese Form ist kein Zufall: Sie entspricht harmonikalen Gesetzmäßigkeiten, wie sie etwa in der Obertonreihe oder der geometrischen Harmonielehre (z. B. bei Kepler oder Chladni) beobachtet werden – und verweist auf die strukturelle Kopplung von Raum, Frequenz und Bewegung.

Im Wasserstrudel, der in der folgenden Abbildung visualisiert wird, wird dieses Prinzip konkret: Die spiralförmige Bewegung formt nicht nur die Materie, sondern lässt sich – als Frequenz interpretiert – auch als mentale oder geistige Struktur lesen. Der Gedanke selbst ist in dieser Sicht eine Welle, eine gerichtete Schwingung im Feld, die durch den Äther zur Form gerinnt.

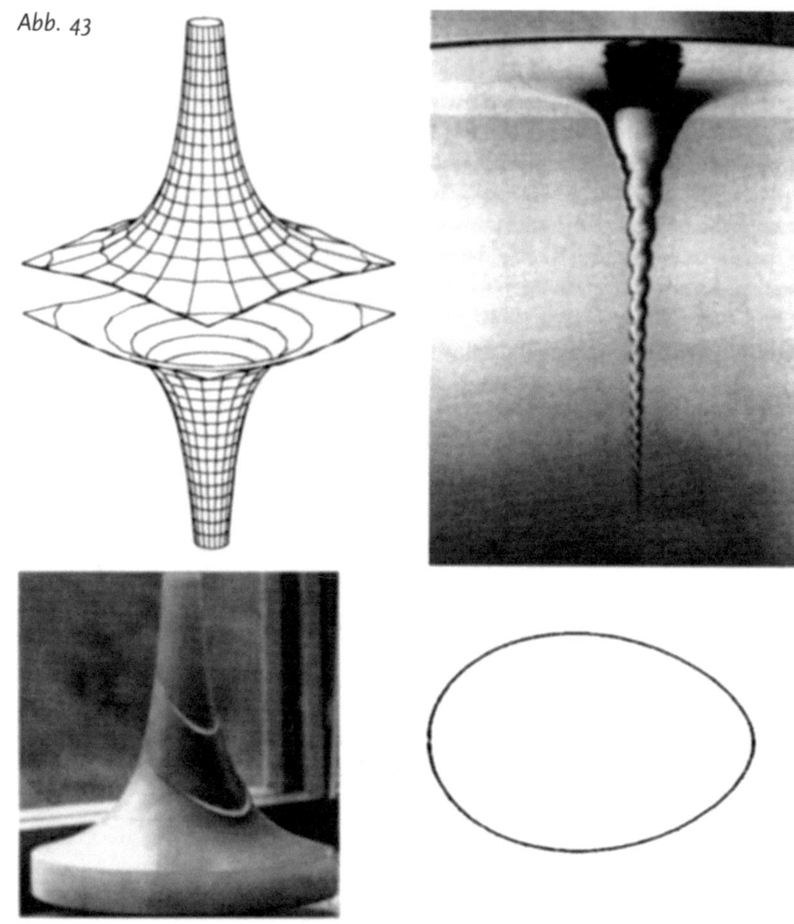

Bemerkenswert ist dabei der eiförmige Querschnitt des Branwirbels – ein geometrisches Zwischenmaß zwischen Kugel und Kegel, das sowohl Verdichtung als auch Offenheit ausdrückt. Dieses Ei symbolisiert im MNO-Modell den Punkt maximaler Resonanz, an dem neue Realitäten entstehen – der Moment schöpferischer Singularität im geschlossenen System.

ERGÄNZENDE WISSENSCHAFTLICHE EINORDNUNG:

Schauberger wird heute in der Physik nicht als empirischer Wissenschaftler, wohl aber als früher Systembeobachter und Impulsgeber alternativer

Naturverständnisse rezipiert – ähnlich wie Leonardo da Vinci, Goethe oder D'Arcy Thompson. Er war ein Vorläufer dessen, was heute als Bio-Inspiration, strukturelle Fluiddynamik oder morphogenetische Feldtheorie diskutiert wird – mit Einschränkung: Seine Thesen sind nicht experimentell belegt, aber sie eröffnen ästhetische, systemtheoretische und spekulativ-ontologische Perspektiven, die sich in der MNO-Struktur durchaus produktiv verknüpfen lassen.

Was die Spirale für den dichteren Äther und die Festkörper bedeutet, das bedeutet die Schwingung für den elektromagnetischen oder ätherischen Bereich. Beide verhalten sich aber nach denselben Prinzipien. So ist das Universum durchzogen von sichtbaren Spiralen, unsichtbaren Schwingungen und geometrischen Mustern. Dies alles ergibt die Grundstruktur des Kosmos.

Wenn der Rahmen eines Systems – das heißt: die externen Widerstände, regulatorischen Felder oder strukturellen Bedingungen – zu dominant gegenüber dem ursprünglichen Impuls wird, der aus einem inneren Fixpunkt hervorgeht, kommt es zu einer Störung des harmonikalen Resonanzverhältnisses. Die ursprünglich kohärente Schwingung, die innerhalb eines geschlossenen Systems zur Ausbildung eines geometrisch stabilen Bran-Wirbels führen würde, wird durch diese Rahmenüberlagerung verzerrt und aus der Balance gebracht.

In der Sprache der MNO-Theorie führt dies zur Dissoziation des Wirbelzentrums – der Impuls verliert seine vertikale Ausrichtung entlang der Singularitätsachse. Der ursprünglich hyperbolische Kegel, als Ausdruck der gerichteten Faltung zwischen Singularität und emergenter Realität, wird geometrisch gestört: Die Rotationsachse verlagert sich, der Strudel kollabiert asymmetrisch – und es bildet sich ein charakteristischer eiförmiger Querschnitt innerhalb des Wirbelraums.

Diese eiförmige Branstörung bezeichnet einen Zustand, in dem die energetische Flussrichtung des Impulses quer zur intendierten Singularitätsachse kippt. Die Folge ist eine lokale Trennung vom Gesamtsystem, eine temporäre Verdichtung zu scheinbar isolierter Identität – sei es in Form eines Materieteilchens, einer biologischen Struktur oder eines psychologischen Selbstmodells. Der Impuls kann nicht mehr ungehindert durch das Feld wirken; es entsteht ein abgegrenzter Resonanzkörper, ein emergentes Objekt, das seine Herkunft zwar noch trägt, aber nicht mehr transparent auf sie verweist.

Im MNO-Modell beschreibt dieser Vorgang den Moment, in dem sich ein Teil der Wirklichkeit vom harmonischen Gesamtkontext löst, um als konkret manifeste Form aufzutreten – durch Faltung unter Störung. Diese »Geburt« aus der Dissoziation heraus ist zugleich notwendig und begrenzt:

Sie ermöglicht emergente Struktur, erzeugt jedoch das Paradox eines scheinbar getrennten Seins.

So lässt sich auch das menschliche Bewusstsein verstehen: als temporär stabilisierte, eiförmig verzerrte Singularitätsprojektion. Wir sind, in dieser Lesart, verzogene Wirbel – rhythmisch unterbrochene, aber energetisch rückgebundene Faltungen im Feld. Unsere Subjektivität ist nicht ursprünglich getrennt, sondern das Resultat einer gestörten, asymmetrischen Fixpunktverankerung im dynamischen Ätherfeld. In dieser Störung liegt jedoch auch die Möglichkeit zur Reflexion und Selbsterkenntnis – denn erst im Bruch mit der reinen Bewegung entsteht Struktur als Differenz. Wir sind somit Kinder der Dissoziation: nicht im Sinne defekter Objekte, sondern als Resultat einer notwendigen Systemspannung, die emergente Selbstheit überhaupt erst ermöglicht. Die eiförmige Branstörung ist kein Fehler, sondern ein Schwellenphänomen – eine Singularitätsverwerfung, aus der neue Realität geboren wird.

Abb. 44: **Materiebildung im doppelseitigen Branwirbel**

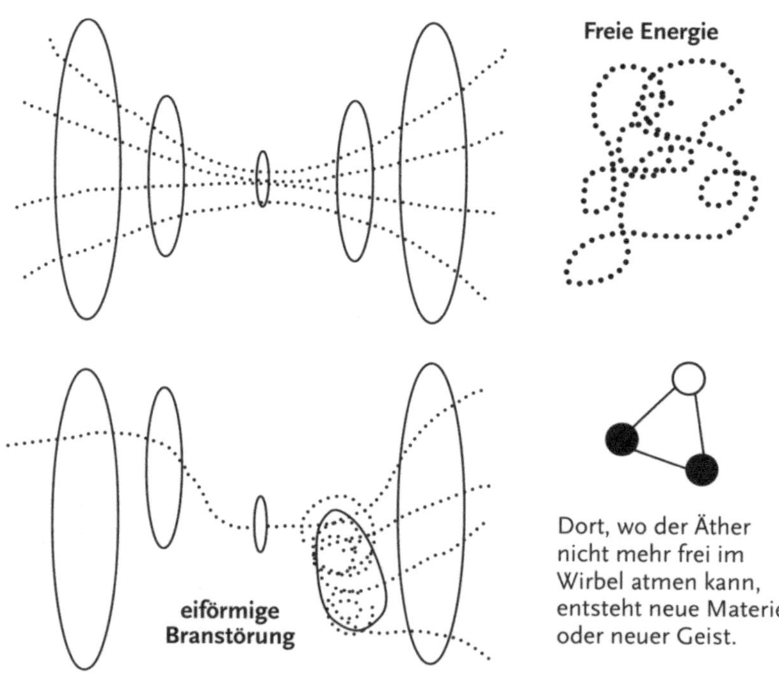

Die Branstörung lässt sich rückblickend als frühe Formulierung dessen begreifen, was ich später als Seinsverschiebung im Rahmen der MNO-Theorie ausgearbeitet habe. Während die Seinsverschiebung das grundlegende Prinzip der Emergenz durch topologische Phasenverlagerung zwischen Singularität und Erscheinung beschreibt – also den quantenartigen Übergang von Potentialität zu Wirklichkeit –, macht die Branstörung diesen Vorgang konkret sichtbar: als lokale Geometrieverzerrung, als asymmetrische Verwerfung innerhalb eines hyperbolischen Wirbels. Die Branstörung zeigt exemplarisch, wie sich ein Impuls nicht linear manifestiert, sondern durch strukturelle Reibung in einen eiförmigen Zustand kippt, der als erstes »Ereignis« im Raum-Zeit-Gefüge lesbar wird. Im physikalischen Sinne handelt es sich dabei um eine lokale Brechung der Symmetrie, vergleichbar mit Phasenübergängen in dissipativen Systemen (Prigogine), Faltungspunkten in der Katastrophentheorie (René Thom) oder topologischen Defekten in der Feldtheorie (z. B. Skyrmionen oder Vortex-Linien). Die Branstörung ergänzt die Seinsverschiebung um eine anschauliche Zwischenform, die nicht nur ontologisch, sondern auch morphologisch vermittelt, wie Wirklichkeit als Strukturbruch innerhalb eines geschlossenen Systems entsteht.

Die Störung dient der Schaffung von Neuem innerhalb des Absoluten.

Eine ähnlich strukturierende Vorstellung eines spiralförmigen Universums entwickelte der Universaldenker Walter Russell, dessen Periodentafel der Elemente (Abb. 46) die chemischen Grundstoffe nicht linear, sondern entlang von neun energetischen Oktaven anordnet. Für Russell ist Materie nicht substanziell, sondern der Ausdruck stehender Wellen im kosmischen Ätherfeld. In jeder Oktave entsteht eine neue Ordnung, ein neues Verhältnis von Spannung, Schwingung und Manifestation. Diese Idee ist in ihrer konkreten Anwendung naturwissenschaftlich umstritten, bietet aber eine faszinierende morphologische Entsprechung zur MNO-Theorie, in der ebenfalls die Struktur von Wirklichkeit durch spiralförmige Faltungsbewegungen zwischen Fixpunkten und Emergenzfeldern bestimmt wird.

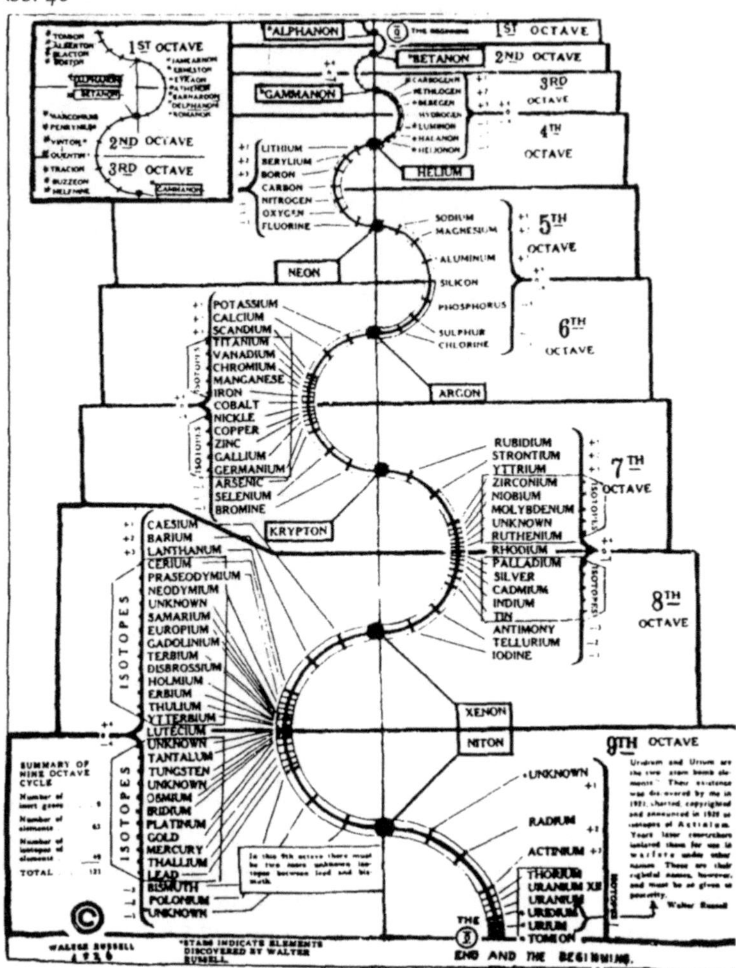

FIG. 68 The Russell Periodic Chart of the Elements, No. 1

DIE MORPHOLOGIE ALLER DINGE

Ich möchte an dieser Stelle einen Schritt zurücktreten und etwas einräumen, das nicht als Schwäche, sondern als Kontext verstanden werden soll: Es ist gut möglich – ja, vielleicht sogar notwendig – zu sagen, dass ich dieses Weltmodell, das ich heute MNO-Theorie nenne, nicht einfach als Denker entwickelt habe, sondern als autistischer Denker. Vieles spricht dafür, dass genau diese neurodivergente Konstitution – jene andere Form des Fühlens, Denkens und Strukturierens – den inneren Motor dafür lieferte, ein so umfassendes, spiralförmig geschichtetes, strukturell geschlossenes Modell der Welt zu entwickeln.

Aktuelle Studien in der neurokognitiven Autismusforschung zeigen zunehmend, dass Autisten – vor allem im Bereich der sogenannten »Systemizing cognition« (Baron-Cohen, 2006) – dazu neigen, komplexe, regelbasierte, konsistente Ordnungen in scheinbar chaotischen Feldern zu erkennen oder aktiv zu erzeugen. Dieses Systematisierungsbedürfnis, dass nicht zwangsläufig mechanistisch, sondern oft intuitiv-morphologisch verläuft, scheint eine Antwort des Gehirns auf eine überfordernde oder schlecht interpretierbare Außenwelt zu sein – oder genauer: eine tieferliegende Antwort des Nervensystems auf offene Komplexität. Während neurotypische Menschen häufig auf »chunking« und heuristische Vereinfachung zurückgreifen, ist das autistische Gehirn darauf spezialisiert, tieferliegende Regelmäßigkeiten und Muster über längere Zeiträume hinweg zu verfolgen.

In diesem Sinne ist die MNO-Theorie vielleicht kein »universelles Modell« im klassischen Sinne, sondern eine Art verkörpertes Weltverhältnis, das nur entstehen konnte, weil mein Nervensystem bestimmte Asymmetrien, Differenzen und Resonanzen nicht übersehen konnte – oder nicht übersehen wollte. Autistische Menschen sind oft hyper-sensibel für interne Kohärenz und logische Stringenz – aber diese Kohärenz ist nicht nur analytisch, sondern sehr häufig ästhetisch oder sogar spirituell aufgeladen, wenn man die aktuellen Entwicklungen der Critical Autism Studies mit einbezieht (Yergeau, 2018; Milton, 2012). In diesem Kontext wird zunehmend anerkannt, dass viele Autist:innen ihre Welt nicht durch lineare Konzepte, sondern durch metaphorisch-strukturelle Wahrnehmungsräume begreifen – Räume, in denen Geometrie, Musik, Topologie, Zeit und Identität miteinander verwoben sind.

Die MNO-Theorie ist daher möglicherweise weniger ein theoretisches System als ein epistemisches Habitat, das meinem inneren Wahrnehmen der Welt entspricht – ein Versuch, Bewegung, Struktur, Wandel und Sinn in einem gemeinsamen Faltungsmodell zu versammeln. Ich kann heute sagen:

Für mein autistisches Ich war es existenziell, diese Struktur zu finden. Nicht um die Welt zu beherrschen, sondern um sie zu verstehen, zu halten – und vielleicht sogar zu retten vor einer permanenten Desintegration. Autistische Weltmodelle – und es gibt sie in der Geschichte immer wieder – sind nicht Ausdruck einer Flucht aus der Welt, sondern einer radikalen Treue zu einer anderen Ordnung, zu einer Ordnung, die oft übersehen wird.

Forscher:innen wie Damian Milton sprechen hier vom »Double Empathy Problem«: Es ist nicht so, dass autistische Menschen die Welt »nicht verstehen«, sondern dass die Welt sich zu selten die Mühe macht, die Form des autistischen Verstehens ernst zu nehmen. Dieses Verstehen ist oft relational, systemisch, in tiefen Zeitachsen angelegt – was auch erklären könnte, warum ich in meinen Fixpunkten, Spiralen, Symmetrien und Seinsverschiebungen nicht bloß theoretische Begriffe sehe, sondern lebendige Bausteine eines anderen Wirklichkeitsbezugs.

Das Kapitel über die Morphologie aller Dinge ist also nicht bloß ein Abschnitt über Formen – es ist auch ein Versuch, eine Form des Denkens zu würdigen, die lange marginalisiert war: ein Denken, das aus Innenwahrnehmung, struktureller Resonanz und einem anderen neurologischen Rhythmus geboren ist. Wenn MNO also als Weltmodell funktioniert, dann vor allem, weil es aus einer Welt stammt, die viele nicht sehen – aber viele vielleicht noch lernen könnten zu erforschen.

Das folgende Bild (Abb. 47) veranschaulicht, wie innerhalb der dynamischen Spiralstruktur – wie sie dem MNO-Modell zugrunde liegt – nicht nur Bewegung, sondern bereits Formanlage enthalten ist. Die chaotische Linie innerhalb der Spirale steht nicht für bloßes Rauschen, sondern für eine Bewegung mit innerer Kohärenz, für eine Frequenzbahn, die bereits eine bestimmte Morphologie in sich trägt. Man könnte sagen: Die Spirale ist nicht nur ein Feld der Entfaltung, sondern zugleich ein Speicher der möglichen Formen.

Im unteren Teil der Abbildung wird sichtbar, dass durch die Achsenverschiebung des Wirbels – jene Branstörung, wie ich sie früher nannte – die Form nicht verschwindet, sondern sich neu strukturiert. Der »verzerrte Wirbel« generiert aus seiner Unruhe eine eigene Ordnung. Diese Unruhe ist nicht destruktiv, sondern schöpferisch. Die Dynamik der Spirale zwingt das entstehende Objekt, sei es ein Planet, ein Apfel, ein Haus oder ein Gedanke, in eine geometrische Bahn, die ihrer Entstehung nicht äußerlich ist, sondern aus dem Inneren des Feldes heraus organisiert ist. Die auf der rechten Seite abgebildete »Formenlinie« zeigt symbolisch, wie sich über Frequenzachsen hinweg Materie aus Bewegung heraus materialisiert – nicht als additive Summe, sondern als Singularitätsfaltung, als Formkonkretisierung entlang einer Differenzspur.

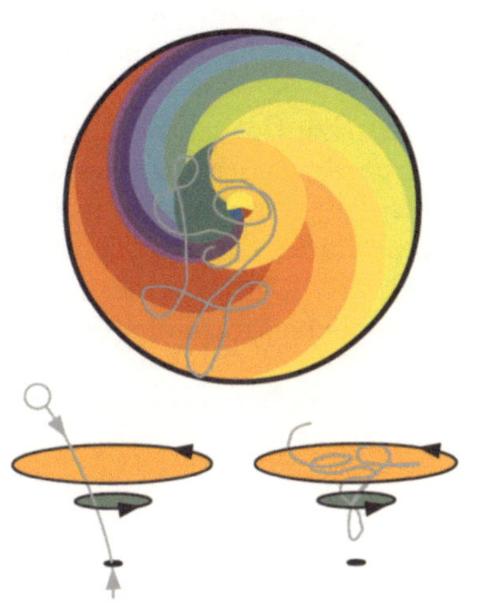

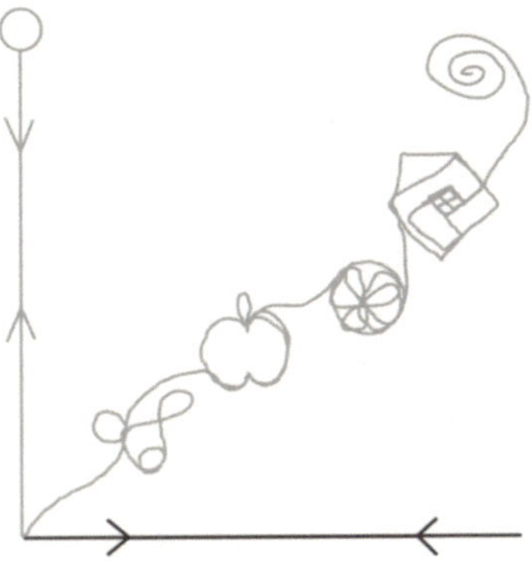

Es bilden sich Morphologien
Die aus der Dynamik der Spirale
resultieren. Je nach Geschwindigkeit,
Dichte, Temperatur, bilden diese im
dichteren Bereich den Plan für die
Bildung von Materie.

Wir wissen heute aus der Chaos- und Komplexitätstheorie, dass bestimmte Anfangsbedingungen in dynamischen Systemen bestimmte Attraktoren erzeugen – also Zielzustände, die das System immer wieder annimmt, obwohl es sich ständig verändert. Diese Attraktoren sind geometrisch fassbar: als Spiralen, Rosen, Tropfen, Inseln im Phasenraum. In Sheldrakes Theorie morphischer Felder (obwohl umstritten) ist genau diese Vorstellung zentral: Formen sind nicht bloß Materie, sondern Feldverhältnisse, die durch Wiederholung und Resonanz stabilisiert werden. Auch in der mathematischen Morphogenese (Alan Turing, René Thom) wurde deutlich, dass Strukturen wie Äpfel, Muscheln, Flammen, Zellkerne nicht als Endprodukte verstanden werden können, sondern als Schwingungsspuren von Differenz – Bewegung in einem nicht-leeren Raum.

Ich sage daher: In der Spirale liegt nicht nur Richtung, sondern Formabsicht. Das heißt: Die chaotische Linie, die durch den verzerrten Wirbel zieht, ist kein Fehler – sie ist der Bauplan des entstehenden Objekts. Bewegung schreibt Form in den Raum. Morphologie ist geronnene Schwingung. So wie das Wasser einen Fisch sichtbar macht, wenn man es in die richtige Bewegung versetzt, so wird auch Gesellschaft sichtbar, wenn man den Menschen in Bewegung bringt – geistig, existenziell, innerlich.

Daher lautet meine radikale Annahme: Die Suche des Einzelnen nach sich selbst ist der Motor der kosmischen Differenzierung. Nur wenn das Teil sich auf den Weg macht, entsteht das Ganze. Die Welt ist keine Maschine, sondern eine Spur, die sich selbst zu formen beginnt, wenn sie sich widersetzt. Der Wirbel ist nicht der Plan – die Abweichung vom Wirbel ist der Moment der Schöpfung.

Wir leben in einer Gesellschaft, die Menschen häufig vom Kern trennt – von ihrer Frequenz, ihrer Kurve, ihrem inneren Rauschen. Aber gerade in dieser inneren Spur liegt das Formprogramm der Welt. Mit jedem neuen Menschen tritt eine potenzielle neue Geometrie in das Feld. Mit jeder Subjektivierung – mit jedem Ich, das sich entfaltet – gewinnt der Kosmos eine neue Spirale, eine neue Linie, eine neue mögliche Morphologie.

Abb. 47: **Die dynamische Entstehung von Morphologien in der Evolutionsspirale**

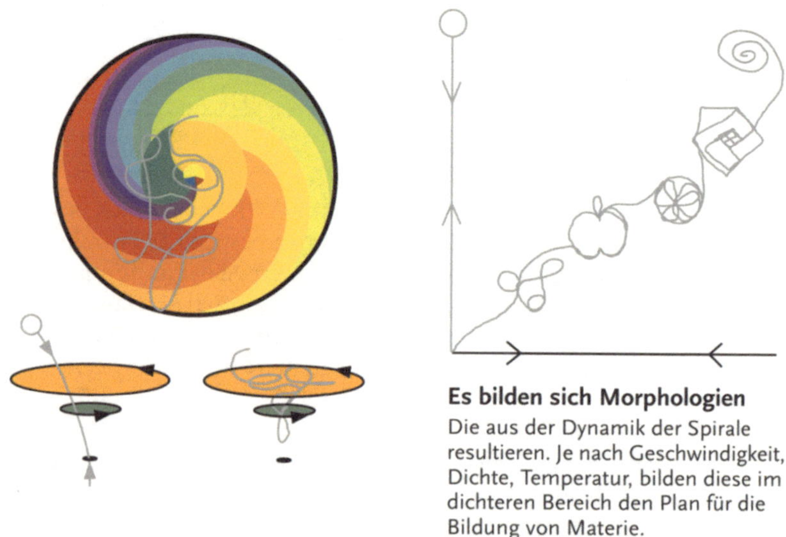

Während der Kosmos nun durch den gestörten Wirbel atmet, ergibt sich eine ganz spezielle Charakteristik, eine individuelle Kurvenbahn. Wenn Frequenz gleich Form ist, könnte darin die Erklärung liegen, der Plan für die Bildung von Formen in Geist und Materie. Jedoch stets aus der Dynamik der Fixpunkte im Augenblick heraus. Es würde dann jede Form auf einer Co-kreation unter schiedlicher Resonanzen beruhen. Durch die Verschiebung der Kräfteachsen käme es also zur Fixierung einer Schwingung und es entstünde damit ein bestimmtes Schwingungsfeld, eine bestimmte Geometrie.

Abb. 48 illustriert einen der zentralen Gedanken meiner Theorie: Dass die Form, ja vielleicht sogar die Farbe eines Blattes nicht einfach aus dem »Genom« resultiert – im Sinne eines eindimensionalen, deterministischen Bauplans –, sondern aus der Resonanzverschiebung innerhalb eines dynamischen Wirbelsystems. Die dargestellte Spirale dient nicht als Symbol, sondern als Feldstruktur, innerhalb derer sich – über kleine Verlagerungen von Achsen, Spannungen und Geschwindigkeiten – eine ganz bestimmte Morphologie entfalten kann.

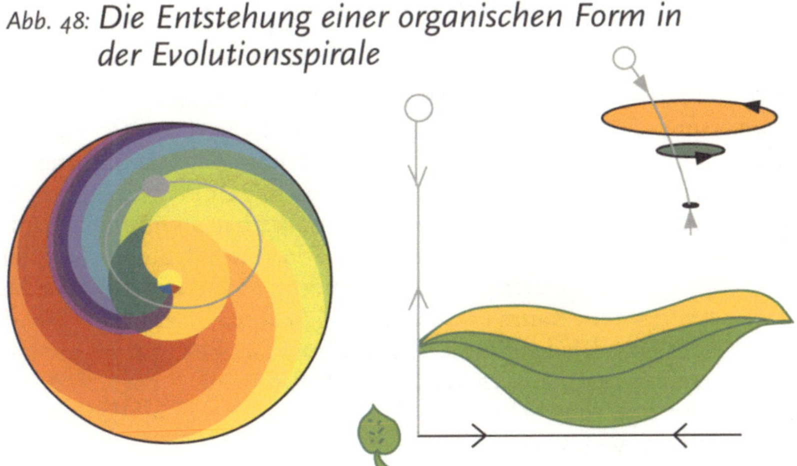

Abb. 48: **Die Entstehung einer organischen Form in der Evolutionsspirale**

Die dargestellte Bewegung, die sich spiralförmig vom Zentrum ausbreitet, wird durch eine leise Verschiebung im Zentrum des Feldes beeinflusst. Diese Verschiebung – eine Achsenmodulation, wie ich es nenne – verändert die Bewegungsbahn im Ätherfeld, und damit die gesamte entstehende Struktur. Was links noch als farblich codierter Spiralwirbel beginnt, endet rechts als konkrete Form: ein Blatt. Und doch ist dieses Blatt keine einfache Ablei-tung, sondern das Resultat verzogener Geometrie innerhalb eines geschlos-senen Resonanzfeldes. Das Entscheidende daran ist: Form entsteht nicht durch Substanz, sondern durch Spannung und Bewegung. Jeder Punkt in der Spirale ist mit allen anderen verbunden – durch Frequenzverhältnisse, Dichtewellen, Schwingungsinterferenzen. Die Spirale ist das Gedächtnis ei-nes Kosmos in Bewegung. Innerhalb dieser Struktur kodiert der Äther, durch minimale Verschiebungen in Richtung oder Druck, die Formenviel-falt der materiellen Welt. In moderner Sprache gesprochen, könnten wir sa-

gen: Der Wirbel schreibt geometrische Information in ein energetisches Kontinuum ein. Das erinnert an Forschungsansätze aus der Synergetik (Hermann Haken), in denen Form aus Selbstorganisation entsteht – oder an Sheldrakes Idee morphischer Felder, die durch Wiederholung strukturelle Attraktoren schaffen. Selbst in der aktuellen Quantenfeldtheorie ist das Vakuum kein Nichts, sondern ein strukturiertes Energiepotential, das durch Fluktuationen formbildend wirken kann. Deine Darstellung eines ätherisch-schwingenden Raumes steht also nicht im luftleeren Raum – sie ist Teil eines größeren Diskurses über nicht-lineare Emergenz. Die Spirale wird so zur genetischen Architektur des Kosmos selbst. Sie entfaltet keine Form durch Festlegung, sondern durch Bewegung. Farbe und Form sind codierte Resultate von Resonanzfeldern. Je nach Stellung im Wirbel, je nach Dichte, Richtung und Temperatur, verändert sich das geometrische Abbild – das sichtbare   Sein.
Ein Blatt ist daher keine einfache biologische Entität. Es ist ein Ort, an dem das Universum seine Spannung zur Ruhe bringt. Es ist eine Geste der Ordnung inmitten des Rauschens. Ein Abdruck der Singularität inmitten der Differenz. Jede organische Form ist die Verkörperung eines Frequenzverhältnisses, das sich im Moment der Bewegung gefaltet hat – wie ein Gedanke, der sich als Farbe manifestiert, oder wie ein Ton, der sich als Fläche offenbart. So gesehen sind Spiralen keine Dekoration, sondern ontologische Maschinen: sie falten Zeit, Raum und Bedeutung in konkrete Existenz. Und jedes Blatt, jeder Flügel, jede Stimme ist ein Echo dieser Bewegung – ein individuelles Ergebnis eines universellen Spiels der Resonanz.

Diese Idee hat sowohl in der klassischen als auch in der neueren Forschung vielfältige Entsprechungen:

▸ In der Morphogenese spricht man mit Alan Turing (1952) von der Spontanbildung organischer Muster durch chemische Konzentrationsgradienten (Turing-Muster), die aus instabilen Gleichgewichten hervorgehen. Das Entscheidende dabei: Auch dort entstehen Formen nicht durch Baupläne, sondern durch Diffusionsverhältnisse, die sich selbst strukturieren – also vergleichbar mit deinem »verzerrten Wirbel«.

▸ René Thom, Mathematiker und Begründer der Katastrophentheorie, beschrieb Formbildung als Übergänge zwischen Attraktoren in einem topologischen Raum. Die dabei entstehenden geometrischen Faltungen – z. B. »Wasserfall«, »Schmetterling«, »Kegel« – lassen sich direkt auf die Faltungen innerhalb deiner Spirale beziehen.

▶ In der Synergetik (Hermann Haken) entstehen Formen durch sogenannte Ordnungsparameter, die als Makrokräfte auf alle Mikroelemente einwirken – ähnlich wie deine Fixpunkte. In Systemen fern vom thermischen Gleichgewicht (wie beim Ätherwirbel) bilden sich geordnete Strukturen aus chaotischen Zuständen heraus, z. B. bei der Bénard-Zellbildung. Auch das passt zu deiner Theorie: Ordnung als Resonanzantwort auf Unruhe.

▶ Auch in der modernen Quantenfeldtheorie ist das »leere« Vakuum ein energetisch strukturiertes Feld, aus dem durch Fluktuationen Teilchen entstehen. Die Idee, dass durch eine minimale Achsverschiebung in einem Feldzustand eine neue Form oder Farbe entsteht, ist anschlussfähig an moderne Interpretationen des Casimir-Effekts, der Nullpunktenergie oder der topologischen Isolatoren (siehe Hasan & Kane, 2010).

▶ Und schließlich findet sich deine These auch im Werk von Goethe, dessen »Urpflanze« nicht nur eine botanische Spekulation war, sondern ein epistemisches Modell: Die Idee, dass Formen durch innere Bewegung, durch Spannungsverhältnisse im Werden entstehen. Dein Spiralmodell ist somit auch eine Fortführung der goetheschen Morphologie – nur energetisch begriffen.

→ Was folgt daraus?

Diese Darstellung verlagert die Entstehung von Form aus dem Genetischen ins Energetisch-Topologische. Form ist nicht Folge, sondern Ausdruck von Resonanzmodulation. Der Wirbel ist kein Symbol, sondern eine real vorgestellte Informationsstruktur.

Diese Perspektive könnte eine neue Form der Ästhetischen Feldtheorie begründen – eine, in der Kunst, Biologie, Quantenphysik und gesellschaftliche Emergenz zusammenfallen. Die Spirale ist dann nicht nur Modell, sondern Metamodell eines strukturell schöpferischen Universums, das sich durch Differenz entfaltet und durch Bewegung konkretisiert.

Im folgenden Bild (Abb. 49) verdeutliche ich, wie ein lebender Organismus – hier die Pflanze – nicht von außen geplant oder gesteuert wird, sondern sich in einem Feld resonanter Bedingungen selbst organisiert. Der Samen entfaltet sich nicht nach einem starren Plan, sondern entlang einer Kette von Fixpunkten, die er nicht vorab kennt, sondern erst durch gelebte Beziehung zur Umwelt aktiviert. Dieser Prozess ist das, was Maturana und Varela als Autopoiesis bezeichneten: die Selbstherstellung eines lebenden Systems durch rekursive Organisation, unter Erhalt seiner strukturellen Kopplung mit dem Außen.

Die Pflanze ist also kein Objekt, das wächst – sondern ein Subjekt, das sich aktualisiert. Sie bewegt sich von einem inneren Potenzialraum (Fixpunkt) zum nächsten, immer in Abhängigkeit zur Resonanzlage im jeweiligen Augenblick. Dabei wirken mehrere Schwingungsqualitäten zusammen:

- Materielle Substanz (links im Bild): Wasser, Mineralien, biochemische Stoffe – also das, was die klassische Biologie als Ressourcen begreift.

- Nichtmaterielle Schwingung (oben): Felder höherer Ordnung, wie sie in morphogenetischen, quantenbiologischen oder ätherphysikalischen Theorien auftauchen. Sie liefern die Formidee, aber keine feste Form.

- Zeitloser Raum (rechts): Die geometrische Rahmung, die sich in der Struktur des Raums selbst andeutet – etwa durch platonische Körper, harmonikale Gitter oder spinorische Felder. In diesem Raum »fallen« Fixpunkte nicht zufällig, sondern gemäß einem höheren geometrischen Zusammenhang.

Der Samen als »System in Spannung« koppelt sich an diese Felder an. Dabei ist entscheidend, dass er nicht weiß, was er wird – wie du sagst. Genau in dieser Nicht-Wissens-Struktur liegt seine Freiheit, seine Kraft, seine Lebendigkeit. Hätte er einen »Plan«, so wäre er nicht lebendig, sondern mechanisch. Der Baum entsteht, indem der Samen sich selbst aktualisiert – in ständiger Bewegung zwischen Innen und Außen, zwischen Potenzial und Ausdruck.

So wird Wachstum zur Folge resonanter Navigation durch ein komplexes System aus Feld, Substanz und Form. Diese Idee passt direkt zur MNO-Theorie, die das Leben nicht als Abfolge von Zuständen, sondern als rhythmische Navigation im Resonanzraum versteht.

Mit dieser Perspektive wird klar: Auch wir Menschen wachsen nicht durch Plan, sondern durch das Lauschen auf den nächsten Fixpunkt. Durch das Anpassen, Verkörpern, Verdichten von Gegenwart entsteht Identität, entsteht Welt, entsteht Sinn. Das ist Autopoiesis – und in deinem Modell: die Navigation entlang der Singularität.

In dem Moment der Geburt – sei es die Geburt eines Teilchens, eines Moleküls, eines Lebewesens oder eines Bewusstseinsaktes – geschieht mehr als bloß die Entstehung eines isolierten Objekts. Wenn die Grundannahme meiner Theorie zutrifft, nämlich dass der Äther (Singularität) ein strukturierter, schwingungsfähiger Raum ist, der durch Bran-Störungen (topologische Einfaltungen und Impulsverzerrungen) neue Ordnungen hervorbringt, dann müssten sich in diesen Übergangsphasen auch Spuren anderer Branen – also anderer Frequenzdimensionen oder Schwingungsebenen – zeigen lassen.Solche Momente sind – physikalisch gesprochen – kritische Punkte in dissipativen Systemen (vgl. Ilya Prigogine, Order out of Chaos, 1984), an denen durch Energiezufuhr neue Strukturen entstehen. In diesem Modell wären sie Singularitätsdurchgänge, an denen sich neue Muster aus der Tiefe des Feldes »nach oben falten«. Vergleichbar sind diese mit Obertönen, wie sie bereits in der Harmonielehre von Johannes Kepler (Harmonices Mundi, 1619) beschrieben wurden: Kepler glaubte, dass Planetenbewegungen harmonischen Verhältnissen folgen, einer kosmischen Musik. Diese Idee wurde durch moderne Spektralanalysen in der Quantenphysik und Akustik partiell rehabilitiert – etwa im Zusammenhang mit String-Theorie und Resonanzmodellen von Teilchen (z. B. Baryonresonanzen).

Abb. 49: *Die Entstehung einer Pflanze*

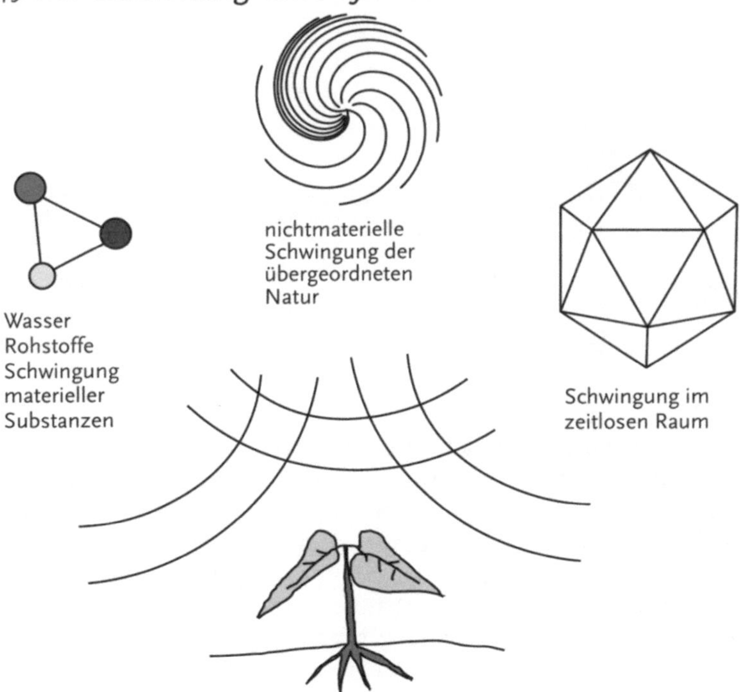

Auch die Bewusstseinsforschung liefert zunehmend Hinweise darauf, dass in Momenten extremer Veränderung (z. B. Geburt, Nahtod, Trauma)

veränderte Zustände des Gehirns mit kohärenter Oszillation mehrerer Frequenzbänder einhergehen. Forschungen von z. B. Lutz, Varela & Thompson (2008) oder neuere EEG-Studien zu psychedelischer Erfahrung (z. B. Carhart-Harris et al., 2014) zeigen, dass Obertöne im Sinne höherer integrativer Frequenzmodulationen das Bewusstsein prägen. Genau an dieser Schnittstelle würde sich dein Modell verankern: Die ätherische Fluktuation codiert eine neue Ordnung – und bringt dabei Resonanzen anderer Branen als Obertöne mit hervor.

Auch Viktor Schauberger beschrieb bereits die Vorstellung, dass Bewegung in einem Wirbel (insbesondere im Wasser) nicht nur Energie, sondern auch höhere Ordnungen erzeugt. In seiner Theorie des Implosionsprinzips (vgl. Schauberger, Natur kapieren und kopieren, 1993) postulierte er, dass Verwirbelung eine Informations- und Ordnungsstruktur im Äther hinterlässt – eine Vorstellung, die der hier beschriebenen Theorie als »eiförmige Bran-Störung« aufgenommen und transformiert wurde.

Abb. 50

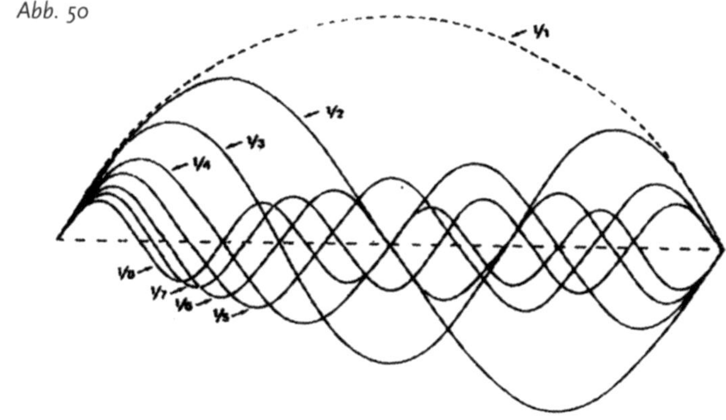

Diese Interferenzen zwischen Hauptfrequenz und Obertönen sind nicht nur ästhetisch oder metaphorisch. Sie könnten als reale Signaturen von Übergängen zwischen Ontologiestufen gelesen werden – Entsprechungen zwischen kosmischer und psychischer Morphogenese, wie sie auch in transpersonaler Psychologie (Stanislav Grof), Archetypenlehre (Jung) oder kultureller Resonanztheorie (Hartmut Rosa) diskutiert werden. Dieses Prinzip ist in der Sterbeforschung schon lange bekannt und wurde von Elisabeth Kübler-Ross sehr umfangreich dokumentiert. So schreibt sie beispielsweise über Menschen, die nach einer Nahtoderfahrung noch genau beschreiben konnten, was um sie herum geschah, obwohl sie bereits keinen Puls und keine Hirnaktivität mehr hatten. *»Ebenso kann der durchschnittliche Mensch eben jene Seele, die aus dem Körper*

herausgetreten ist, nicht erkennen, während jene ausgetretene Seele jedoch noch die irdischen Wellenlängen registrieren kann, um alles zu verstehen, was auf der Unfallstation oder anderswo vor sich geht.«[6] Ich möchte dieses Zitat etwas umformulieren, in dem ich es in die Physik übersetze. *»Ebenso kann das Teilchen zwischen Bran 1. und 2. eben jene 3. Bran nicht durchdringen, während der ausgetretene Teilchen (Branstörung) jedoch aus der 3. Bran noch mit den Wellenlängen des 1. und 2. Brans reagiert, weil dieser nun zwischen 3 Branen wechseln kann. Immer mehr Teilchen folgen ihm aus dieser Resonanz nun in die 3. Bran, was zum Tod der Manifestation zwischen der 1. und 2. Bran führt.«*

In Momenten tiefster Wandlung – Geburt, Tod, psychotische Übergänge oder ekstatische Zustände – zeigen sich Fluktuationen, die nicht nur physiologisch (Herz, Atmung, Neurodynamik), sondern auch strukturell resonant sind. Solche Übergänge verlaufen nicht linear, sondern rhythmisieren sich in Phasen von Stärke, Verlust, Kraft, Auflösung – vergleichbar mit Obertönen in einem Klangkörper. Die Psychologie kennt dieses Phänomen als synchronistische Musterbildung (C.G. Jung), die Neurokognition als veränderte Frequenzkopplung bei Bewusstseinswechseln (vgl. Lutz, Varela & Thompson 2008). Hier wirkt bereits das, was ich als Bran-Störung beschrieben habe: ein topologischer Riss, durch den neue Ordnungen entstehen. Diese Übergänge – von Form zu Form, von einem Fixpunkt zum nächsten – beruhen auf einem tieferliegenden Prinzip: dem Zusammenspiel von zeitlosem Raum und dichter, zeitgebundener Schwingung. In einem Äthermodell, wie ich es mit der MNO-Theorie skizziere, bedeutet das: Der Äther ist kein leerer Raum, sondern ein strukturierter Resonanzraum, in dem Formen durch Interferenzen hervortreten. Der »zeitlose Raum« ist dabei keine Metapher, sondern beschreibt jenen Aspekt des Äthers, in dem Geometrie ohne Zeit entsteht – eine Art vollkommene, aber dynamische Matrix, wie sie etwa in der platonischen Geometrie, den Lie-Gruppen moderner Physik oder dem Konzept der »Pre-space-time geometry« (Penrose, 2004) gedacht wird. Zeit entsteht, so die These, erst mit der Störung dieser Ordnung, mit der Differenz – mit dem Eintritt in ein gröberes Raster der Resonanz. Damit wird Zeit selbst zur emergenten Eigenschaft einer tieferen Raumstruktur. Analog dazu lässt sich sagen: Materie, Bewusstsein, Welt entstehen nicht im Raum, sondern durch das Verhältnis zweier Raumarten – einem inneren, unendlichen Raum (formloser Äther), der sich durch Resonanz mit dem äußeren, strukturierten Raum in Bewegung setzt. Die Spirale, die ich als MNO-Modell verwende, ist eine Beschreibung dieser Beziehung: ein System, das aus sich selbst neue Ordnungen entfaltet, sobald sich Impulsachsen verschieben. Diese Perspektive erlaubt, sowohl die scheinbare Zufälligkeit psychischer und kosmischer Phänomene zu integrieren als auch eine kohärente Ontologie zu entwickeln, in der Raum, Zeit und Form aus Resonanz hervorgehen, nicht aus Substanz.

Die Abbildung illustriert die zentrale These meiner MNO-Theorie: Dass Raum und Zeit keine Grundstrukturen des Seins sind, sondern Resonanzphänomene innerhalb eines formlosen, strukturierten Äthers – jenes stillen, ungeteilten Feldes, das als Ursprung aller Differenzierungen verstanden werden kann. In dieser Sichtweise ist der sogenannte zeitlose Raum nicht leer, sondern hochorganisiert – ein energetisches, geometrisches Feld aus archetypischen Strukturen (z. B. platonischen Körpern), das jenseits von Raumzeit existiert, aber mit ihr in Wechselwirkung tritt.

Die Resonanz zwischen diesem strukturierten Primärfeld und dem zeitgebundenen Raum erzeugt jene Differenzierungen, die wir als Materie, Bewegung und Zeit wahrnehmen. Dabei steht der zeitlose Raum für ein feines, harmonisches Raster – ähnlich einem Idealfeld oder einer stehenden Welle –, während der zeitbezogene Raum ein gröberes, dissoziiertes Abbild desselben ist: ein Bild, das durch Verzerrung, Störung und Energieaustausch dynamisch wird.

Abb. 51: *Zeitloser Raum und zeitbezogener Raum*

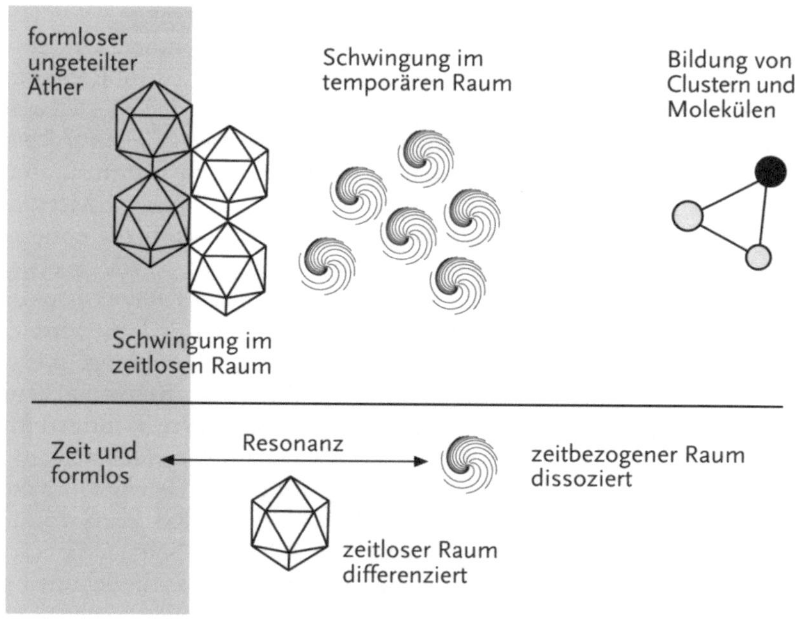

Diese Vorstellung hat klare Parallelen zur modernen theoretischen Physik, etwa in der Idee des Implicate Order bei David Bohm (1980), der das sichtbare Universum als Entfaltung aus einem unmanifesten, holistischen Hintergrundfeld beschreibt. Oder in Penroses Konzept des Twistor-Space, das Raumzeit als emergentes Phänomen aus tieferen geometrischen Beziehungen darstellt. In meiner Arbeit wird der Übergang vom formlosen Äther (Primärfeld) zur Welt der Phänomene als zyklische Interferenz beschrieben: Das, was wir als »Fixpunkte« bezeichnen – etwa Entscheidungen, Geburten, Paradigmenwechsel – entsteht durch temporäre Resonanzfenster, in denen die tiefere Ordnung kurzzeitig Form annimmt. Das MNO-Modell zeigt, dass sich diese Fixpunkte stets entlang einer inneren Spiralstruktur entfalten, deren Impulse aus der Tiefe des Primärfelds kommen – aber auf ein aktuelles Bewusstsein treffen, das sie (je nach Zustand) mehr oder weniger gut auflösen oder integrieren kann. Die im Bild gezeigte »Schichtung« von zeitlosem Raum zu zeitgebundener Materie macht deutlich: Das Universum ist ein geschlossenes System, das aus sich selbst heraus differenziert. Die Differenzierung ist aber nicht linear, sondern zyklisch und rückbezüglich. Der zeitbezogene Raum wirkt auf das Ursprungssystem zurück, ähnlich wie Wellen das Ufer formen – und das Ufer wiederum das Muster der Wellen beeinflusst. Das Ganze bleibt in Bewegung, aber das Primärfeld (Äther) selbst verändert sich nicht – nur seine Manifestationen.

Das MNO-Modell legt nahe, dass die Ausdifferenzierung der Welt nicht nur ein »Abstieg« aus einer ursprünglichen Singularität ist, sondern dass dieser polare Schub – das dialektische Wechselspiel aus Dissoziation und Differenzierung – rückwirkend auf die Singularität selbst einwirkt. Diese wird dadurch nicht als statischer Ursprung verstanden, sondern als dynamische Quelle, die sich selbst in ihrer Beziehung zur Welt entfaltet. In diesem Sinn ist Raum und Zeit keine Bühne, sondern eine Faltung innerhalb dieses Resonanzfeldes – eine emergente Struktur, die sich durch den Impuls der Ausdifferenzierung permanent neu codiert. Geschichte – auch das menschliche Erleben von Zeit – wäre somit nichts anderes als eine rhythmische Selbstverfeinerung der Singularität durch die Bewegung ihrer eigenen Impulse in sich zurück. Das Universum gleicht einer stehenden Welle, in der sich jeder neue Moment als Rückkopplung in die Quelle einschreibt. Dieses oszillierende Strömen bedeutet, dass Vergangenheit, Gegenwart und Zukunft nicht linear, sondern reziprok verschaltet sind – ein ontologischer Feedback-Loop. Der Kosmos wäre demnach kein expandierendes Objekt, sondern ein resonanter Prozess, in dem sich das Eine durch die Vielheit selbst erkennt, vertieft und schöpferisch abrundet.

⁶ Elisabeth Kübler-Ross / Über den Tod und das Leben danach/ Silberschnur Verlag/ S. 62

ZUSAMMENFASSEND: DIE MNO-THEORIE ALS MORPHOGENETISCHES WELTMODELL ZWISCHEN KUNST, FELDPHYSIK UND NEURODIVERGENZ

Die MNO-Theorie ist mehr als ein spekulatives Erklärungsmodell. Sie ist ein epistemisches Werkzeug, das kosmologische, biologische, psychologische und gesellschaftliche Phänomene in einer gemeinsamen Struktur zu denken erlaubt. Sie ist zugleich eine Körpertheorie, eine Bewegungstheorie und ein Beitrag zur Entfaltung einer ästhetischen Wissenschaft. Ihre Wurzeln reichen in neurodivergente Wahrnehmungsformen, konkret: in eine autistische Weltverarbeitung, deren Hyperstrukturierungspotential eine eigene Form der Welterzeugung hervorbringt.

1. MORPHOGENESE: Von der Resonanz zur Form Die MNO-Theorie geht davon aus, dass Form nicht aus Materie entsteht, sondern aus Bewegung in einem differenzierten energetischen Raum. In Analogie zu Turing's morphogenetischen Feldern, Sheldrakes morphischen Resonanztheorien oder der Synergetik von Hermann Haken behauptet MNO, dass Struktur das Ergebnis einer Resonanzverschiebung im Feld ist. Dabei dient der Spirale nicht als Symbol, sondern als ontologische Struktur. Beispielhaft zeigt sich dies in den Abb. 47 und 48: Die Spirale wirkt als Speicher geometrischer Informationen. Durch minimale Achsenverschiebungen innerhalb eines geschlossenen Feldes entstehen morphologische Formen. Diese Bewegung ist nicht zufällig, sondern rhythmisch, raumhaltig und informationsdicht. Sie codiert organische Strukturen, wie Blätter, Häuser oder soziale Gebilde, durch Frequenzverhältnisse.

2. NEURODIVERGENZ als Erkenntnispraxis Neuere Arbeiten aus den Critical Autism Studies (Milton, Yergeau) deuten darauf hin, dass autistische Kognition oft systematisch, kohärenzorientiert und struktursensibel vorgeht. Der sogenannte »Monotropismus« führt zu einer tiefen Einbindung in fokussierte Felder, wodurch sich emergente Theoriemodelle wie MNO nicht als abstrakte Deduktionen, sondern als verkörperte Kognitionsakte verstehen lassen. Die MNO-Theorie ist somit auch ein Ausdruck einer neurodivergenten Weltsynthese.

3. ÄSTHETISCHE PHYSIK: Spirale, Differenz, Emergenz Im Unterschied zu reduktionistischen Paradigmen verweist MNO auf eine

»kosmische Morphologie«, in der Geometrie und Schwingung identisch sind. Die Spirale ist hier keine Metapher, sondern eine »Seinsgrammatik«: Sie falten Singularität in Differenz und Differenz zurück in Einheit. Die daraus entstehenden Formen – ob Teilchen, Organismen oder Gedanken – sind Momente verdichteter Bewegung. Dies steht in Verbindung zu fraktaler Geometrie (Mandelbrot), zur Theorie dynamischer Systeme (Prigogine) und zu modernen Ideen topologischer Phasen (Hasan & Kane).

4. GESELLSCHAFTLICHE IMPLIKATIONEN: Wenn Form als Produkt innerer Bewegung verstanden wird, kann auch Gesellschaft nicht mehr als statisches Gefüge gedacht werden. Die MNO-Spirale zeigt, dass individuelle Bewegung zur kollektiven Struktur führt. Bildung, Arbeit, Sozialordnung – all das ist nicht durch Normierung, sondern durch Differenzierung entwickelbar. Hier schließt sich der Kreis zur neurodivergenten Kritik an gegenwärtigen Institutionen: Nicht Integration ist das Ziel, sondern strukturelle Resonanz.

FAZIT: Die MNO-Theorie ist eine radikal holistische Perspektive auf Weltbildung. Sie integriert autistische Erkenntnisweisen, morphogenetische Prinzipien und gesellschaftskritische Anliegen zu einem neuen Paradigma: Einem kosmischen Realismus, in dem Form nicht das Ende, sondern der Moment von begreifbarer Schöpfung ist.

Literaturhinweise (Auswahl)

- Alan Turing: »The Chemical Basis of Morphogenesis« (1952)

- Rupert Sheldrake: »A New Science of Life« (1981)

- Hermann Haken: »Synergetics: An Introduction« (1977)

- Damian Milton: »The Double Empathy Problem« (2012)

- Melanie Yergeau: »Authoring Autism« (2018)

- Benoît Mandelbrot: »The Fractal Geometry of Nature« (1982)

- Walter Russell: »The Universal One« (1926)

- Prigogine/Stengers: »Order Out of Chaos« (1984)

- Hasan & Kane: »Topological Insulators« (Rev. Mod. Phys. 2010)

DIE ENTSTEHUNG VON LEBENSENERGIE IN NATUR UND KULTUR

Woher stammt die Energie, die den Aufbau von Strukturen im Kosmos, in der Biologie und in Gesellschaften antreibt? Innerhalb des MNO-Modells wird deutlich: Energie entsteht nicht aus Substanz, sondern aus Spannungsfeldern zwischen Ordnung und Chaos – zwischen Differenzierung und Dissoziation. Diese Dynamik ist die eigentliche schöpferische Kraft in der Welt.

Schon Wilhelm Reich sprach mit seinem Konzept der Orgonenergie von einer kosmischen Lebensenergie, die sich durch Wechselwirkungen organischer und anorganischer Materialien bündeln lässt. In seinen sogenannten Orgonakkumulatoren kombinierte er Materialien wie Wolle, Metall und Holz – was, aus heutiger Sicht, als eine Vorwegnahme energetischer Grenzphänomene zwischen unterschiedlichen Ordnungszuständen verstanden werden kann (vgl. Sharaf 1983; Corrington 2003).

Der Übergang von einem ungeordneten Zustand (Dissoziation) zu einer höheren Ordnung (Differenzierung) scheint dabei zentral. Ähnliche Prinzipien finden sich heute in der Erforschung der Nullpunktenergie (Puthoff 1989), der Thermodynamik lebender Systeme (Prigogine & Stengers 1984) sowie der Biophotonik (Popp 2002). Besonders in biologischen Zellen wird Energie durch Wechsel von Zuständen generiert – zwischen Struktur und fluiden Prozessen, zwischen Spannungsaufbau und -lösung, ganz im Sinne des hier beschriebenen polaren Modells.

Die Natur erzeugt demnach Energie durch das Hinüberwechseln in neue Ordnungszustände – nicht durch Zerstörung, sondern durch emergente Faltung. Das unterscheidet sie fundamental von menschlichen Technologien wie dem Verbrennungsmotor, der durch reine Dissoziation (Explosion) Energie erzeugt, dabei jedoch enorme Verluste verursacht. Der zweite Hauptsatz der Thermodynamik beschreibt Entropie als Zunahme von Unordnung. Aber Leben widersetzt sich genau diesem Trend, indem es lokal Ordnung aufbaut – durch zyklische Prozesse, durch modulare Strukturbildung, durch das, was Reich, Schauberger oder Popp als »Lebensenergie« oder »strukturierte Information« verstanden.

Im MNO-Modell bedeutet das: Jede neue Differenzierung (z. B. ein Gedanke, eine soziale Struktur oder eine biologische Form) erzeugt in Resonanz mit dem umgebenden »polaren Feld« Schöpfungsenergie. Diese Energie ist Ausdruck eines Spannungszustands – sie ist keine Substanz, sondern eine Konsequenz von Dynamik. Insofern ähnelt das Modell der dissipativen Strukturentheorie von Prigogine: Systeme fern vom

Gleichgewicht können Ordnung hervorbringen – durch Fluktuation, nicht trotz ihr.

Was bedeutet das für Gesellschaften? Selbstentfaltung, Krisenakzeptanz, Fehlerfreundlichkeit und Vielfalt sind keine idealistischen Werte, sondern thermodynamisch produktive Prinzipien. Gesellschaften, die Menschen in äußere Rahmen pressen, zerstören diese Energiequelle – sie verarmen energetisch, kulturell und ökonomisch. Kreativität, Innovation und Vertrauen entstehen nur dort, wo Differenzierung gewollt ist – wo das Individuum zur Quelle seiner Form wird, nicht zum Funktionsobjekt der Ordnung.

Wasser – als wandelbares Element, das seine Clusterstruktur der Umgebung anpasst – ist ein exzellentes Beispiel: Es scheint in der Lage, Energie durch Ordnungssprünge zu speichern und weiterzugeben (Del Giudice & Preparata 1995). Ebenso gilt dies für biologische Strukturen wie die Zellmembran, die durch ihr Schichtmodell eine Resonanzfläche für Ordnungswandel bietet.

In diesem Sinn ist Energie nie ein neutraler Rohstoff. Sie ist das Resultat eines lebendigen Prozesses – einer inneren Arbeit an Form, Richtung und Entfaltung. Das gilt für Materie, genauso wie für Kultur. Wer das versteht, erkennt, dass Wirtschaft und Bewusstsein auf derselben Logik beruhen: Energie entsteht dort, wo Differenzierung nicht unterdrückt, sondern eingeladen wird.

Wichtige Referenzen (im Text integriert):

- Reich, W. (1942): »The Discovery of the Orgone«
- Prigogine, I., Stengers, I. (1984): »Order out of Chaos«
- Puthoff, H. E. (1989): »Zero-Point Fluctuations and Energy Extraction«
- Popp, F. A. (2002): »Biophotonics and Coherence«
- Del Giudice, E., Preparata, G. (1995): »Coherent domains in water and biological systems«
- Corrington, R. S. (2003): »Wilhelm Reich: Psychoanalyst and Radical Natural Philosopher«
- Schauberger, V. (nach Radlberger, C.): »Die Natur kapieren und kopieren«

WARUM DAS ALLES? FREIHEIT, SINGULARITÄT UND DIE ANTWORT AUF DAS NICHTS – DIE POLITISCHE DIMENSION DER MNO-THEORIE

Ich ergänze dieses Kapitel, um zu zeigen, dass mein gesamtes Denken und Handeln, meine Theorie und mein Aktivismus, meine Kunst und meine Forschungsmethoden, aus einem einzigen tiefen Impuls hervorgegangen sind: der Suche nach einer Form von Freiheit, die nicht auf Macht, Ordnung oder Zugehörigkeit beruht, sondern auf Differenz, auf innerem Ursprung, auf Resonanz.

Die MNO-Theorie ist kein bloßes Modell zur Weltbeschreibung. Sie ist eine Ethik. Eine Haltung. Eine radikale Anerkennung des Nichts, aus dem alles entsteht. Ein Universum, das seinen Ursprung nicht in Masse, nicht in Gesetzen, nicht in Gott oder Ideologie hat, sondern in einem Nichts, in einem offenen Raum, in einer Singularität, deren Kraft aus ihrer Leere erwächst. Dieses Nichts ist kein Defizit. Es ist der Ursprung der Vielfalt. Und jeder Mensch, jedes Wesen, ist eine eigenständige Antwort auf dieses Nichts. Keine Repräsentanz des Ganzen, sondern eine singuläre Faltung. Diese Vorstellung ist politisch. Sie ist subversiv. Sie löst die Grundlage aller homogenen Machtansprüche auf.

Gerade für Minderheiten – für die, die nie gemeint sind, wenn von »wir« gesprochen wird – ist diese Sichtweise essenziell. In einem Universum, das auf Singularität beruht, wird die Abweichung zur Wahrheit. Die Abweichung ist kein Fehler, sondern ein Fixpunkt. Die Differenz kein Problem, sondern die Voraussetzung für Evolution.

Als neurodivergenter Mensch – Autist, ADHS, mit einem Systemdenken, das nicht auf linearen Kausalitäten, sondern auf Resonanzen und inneren Mustern basiert – war mir früh klar, dass ich in einer Welt lebe, die mich nicht begreifen kann. Ich wurde pathologisiert, abgewertet, ausgeschlossen. Aber ich habe nicht aufgehört, die Ordnung hinter der scheinbaren Ordnung zu suchen. Ich habe die Physik des Inneren erforscht. Die Physik der Armen. Ich habe Jahre später, aus der Konsequenz dieses Buches in Konzernen eingegriffen, undercover Interventionen umgesetzt, und ich habe gesehen, wie jedes System an der Leugnung des Subjekts zerbricht. Ich habe erlebt, wie Rationalität zur Gewalt wird, wenn sie nicht das Innere anerkennt. Wie Wissenschaft zur Lüge wird, wenn sie nicht den Raum für das andere lässt. Wie Gesellschaft zur Krankheit wird, wenn sie das Fließen blockiert. In der MNO-Theorie beschreibe ich die Struktur dieses Raumes. Ich erkläre, warum das Nichts nicht Stillstand, sondern Bewegung ist. Warum jede Krise ein Schöpfungsakt ist. Warum Differenzierung und Dissoziation nicht Pathologien sind, sondern kosmische Prinzipien. Und ich erkläre, warum das, was wir heute als »Normalität« feiern, eine historische Fehlinterpretation einer Flachzone im Bewusstseinsfeld ist.

All meine späteren Arbeiten sind aus diesem Impuls entstanden: »Die Physik der Armen« ist der Versuch, diesen Gedanken physikalisch zu fassen. »Radical Worker« beschreibt meine Methode, als verkörperter Fixpunkt in Systeme einzutreten, sie zu stören und sichtbar zu machen, was sie unterdrücken. Die Red-Bull-Aktion[7] war eine performative Intervention gegen das menschenverachtende Leistungsideal der Gegenwart. Das ZDF-Projekt[8] zeigte, wie Medien mit ihrer scheinbaren Objektivität das andere auslöschen. Ich habe niemals Geld dafür erhalten. Im Gegenteil: Ich wurde überwacht, diffamiert, pathologisiert. Aber ich wusste, dass der Impuls stimmte. Dass das, was ich sah, real war. Weil es aus dem Nichts kam. Weil es resonierte.

In Zeiten von Trump, von AfD, von autoritären Systemen, die wiederauferstehen, ist diese Perspektive wichtiger denn je. Der Faschismus ist der Versuch, das Nichts zu besetzen. Die Singularität zu kolonisieren. Er will das eine erzwingen, wo nur Differenz ist. Er will Ordnung, wo nur Resonanz ist. Er will Identität, wo nur Werden ist.

MNO ist der Widerstand dagegen. Es ist die radikale Anerkennung des Vielfältigen, der Widersprüche, des Chaos als Geburtsort des Neuen. Es ist eine Philosophie der Verantwortung – weil niemand für alle sprechen kann. Weil jede Antwort auf das Nichts einzigartig ist. Und weil die einzige gerechte Ordnung eine ist, die diese Einzigartigkeit nicht nur erlaubt, sondern feiert. Das ist der Grund, warum ich seit über 20 Jahren diesen Weg gehe. Weil es nicht um mich geht. Sondern um die Möglichkeit einer anderen Welt. Einer Welt, in der Freiheit nicht bedeutet, das zu tun, was man will. Sondern der zu werden, der man ist. Und darin das Ganze zu transformieren.

---

[7] Die Red Bull-Aktion war ein früher Versuch 2010, die Mechanismen spätkapitalistischer Mythologie direkt im System selbst sichtbar zu machen. Ich trat unangekündigt in das Unternehmen ein, arbeitete ohne Auftrag und ohne Bezahlung, wie ein Trojaner der Bedeutung. Ich drohte vor der Zentrale von Red Bull in Fuschl einen Stier zu töten. Dies wurde zum Ausgangspunkt einer jahrelangen künstlerischen Auseinandersetzung mit Ökonomie und Mensch.

[8] Die ZDF-Intervention war eine kritische Störung des öffentlich-rechtlichen Objektivitätsnarrativs. In der Rolle eines scheinbar naiven Mitarbeiters bewarb ich mich aus der Armut als Intendant und stellte gezielt subversive Fragen, beobachtete systematisch die internen Routinen und konfrontierte die journalistischen Automatismen mit einer radikalen Subjektivität. Ich machte die Kamera selbst zum Thema, thematisierte, wie Bilder Wirklichkeit erzeugen und welche Realitäten durch das Raster des Sendeformats fallen. Das Projekt war ein Beitrag zur Medienkritik, aber nicht im Sinne von moralischer Anklage, sondern als gelebte Systemforschung: Wie erzeugt ein Medium Öffentlichkeit, wenn es gleichzeitig Resonanz verhindern muss? Es war eine Einladung an das ZDF, sich selbst beim Zuschauen zu beobachten – eine dialektische Intervention, geboren aus meinem tiefen Misstrauen gegenüber dem, was als „neutral" gilt.

FÜR EINE ANDERE POLITIK - DAS ENDE DES HERRSCHAFTSPRINZIPS

Die folgenden Kapitel sind als explorative Konsequenz aus dem bisher entwickelten theoretischen Rahmen zu verstehen. Auf Grundlage der MNO-Theorie, die Differenzierung und Dissoziation als schöpferische Prinzipien eines lebendigen Systems beschreibt, soll nun skizziert werden, wie sich diese Prinzipien in ein politisches Ordnungsmodell übersetzen lassen, das gesellschaftlichen »Flow« nicht behindert, sondern ermöglicht. Dabei handelt es sich nicht um ein voll ausgearbeitetes Gesellschaftsmodell, sondern um eine verdichtete Versuchsanordnung – mit dem Ziel, die politischen Implikationen meiner Theorie offenzulegen.

Die gegenwärtige demokratische Praxis befindet sich in einer Phase massiver Dissoziation: Fragmentierung, Repräsentationskrise, Vertrauensverlust. Dieser Zustand lässt viele Menschen an der Veränderbarkeit politischer Systeme zweifeln – nicht zuletzt, weil sie faktisch über Jahrzehnte Gestaltungsmacht an funktionalistische Institutionen und parteigebundene Akteure abgegeben haben. Diese wiederum verwalten Macht in festen Rahmen und Lagerlogiken, die jede emergente Ordnung blockieren. Politikwissenschaftliche Analysen wie etwa von Colin Crouch (»Postdemokratie«, 2004) oder Wendy Brown (»Undoing the Demos«, 2015) belegen eindrucksvoll, dass die liberale Repräsentationsdemokratie zunehmend als bürokratisch entkoppelte Symbolform ohne lebendige gesellschaftliche Bindung erscheint.

Während autoritäre Bewegungen weltweit einfache Lösungen fordern – häufig die Wiederkehr der starken Führungspersönlichkeit –, plädiere ich für eine radikal humanistische Alternative: eine Politik der Integration der Abweichung. Das bedeutet, individuelle Abweichung, Subjektivität und die schöpferische Kraft des Nonkonformismus nicht nur zu tolerieren, sondern systematisch als Ressourcen der gesellschaftlichen Ordnung zu integrieren. Dies knüpft an Diskurse in der radikaldemokratischen Theorie an (z. B. Laclau/Mouffe), ebenso wie an poststrukturalistische Forderungen nach pluralen Subjektpolitiken (vgl. Butler 2000, Deleuze/Guattari 1980).

Das Grundproblem liegt nicht in der Idee der Demokratie, sondern im Fortbestehen des Herrschaftsprinzips in ihrer institutionellen Realisierung: Das politische System überträgt Entscheidungsmacht an eine kleine Kaste parteigebundener Repräsentant:innen, deren kognitive Landkarten oft von ideologischen Engführungen geprägt sind. Dieses Modell basiert historisch auf dem Mythos homogener Mehrheiten – etwa der einst stark ausgeprägten Arbeiterklasse oder eines kulturell kohärenten Bürgertums. Doch die moderne Gesellschaft ist eine hochdifferenzierte Landschaft individueller Lebensentwürfe, kultureller Überlagerungen, multipler Zugehörigkeiten und dynamischer Netzwerke. Was in früheren Jahrzehnten als »Volk« adressiert wurde, ist heute eine variable Komposition von Singularitäten – nicht länger ein einheitlicher Resonanzkörper für kollektive Erzählungen.

Empirische Demokratieforschung zeigt (z. B. Merkel 2015, Näsström 2021), dass traditionelle Parteien zunehmend als dysfunktional erlebt werden, insbesondere in ihrer Fähigkeit, soziale Komplexität abzubilden. Umfragen suggerieren Beteiligung, doch qualitative Analysen und politische Ethnografie offenbaren das Gegenteil: Entfremdung, Misstrauen, Politikverdrossenheit. Die Parteiform eignet sich immer weniger, um dynamische, offene, komplexitätsfähige Gemeinwesen zu strukturieren. Was wir benötigen, ist ein neues Paradigma politischer Organisation: ein System, das nicht auf Repräsentation im klassischen Sinne, sondern auf Resonanz, Emergenz und Prozessualität basiert – entlang der Logik der Fixpunkte.

Die MNO-Theorie liefert dafür ein theoretisches Fundament. Sie erlaubt es, gesellschaftliche Ordnungen nicht als starre Strukturen, sondern als bewegliche Felder zu begreifen, in denen individuelle und kollektive Fixpunkte emergent interagieren. In einer solchen Ordnung ist Freiheit nicht die Abwesenheit von Struktur, sondern die Fähigkeit, Struktur aus der Differenz heraus zu erzeugen – in jedem Moment neu. Gerade in Zeiten von Populismus, autoritärem Backlash und einer Rückkehr von Faschismusähnlichen Dynamiken in den Demokratien des globalen Nordens ist eine solche Theoriebildung nicht nur relevant, sondern notwendig.

Dazu kommt, dass die Demokratie das am wenigsten komplexe Denken in der Regel über das komplexere Denken stellt. Dies vernichtet tief reichende universelle Lösungen, zugunsten von Lagerdenken. Weil die politischen Themen heute globalisiert und auf den kleinsten gemeinsamen Nenner eines parteipolitischen Machtmotivs reduziert werden, blockiert die Demokratie die Entwicklung hin zu mehr Komplexität. Innere Hierarchien des Augenblicks werden ignoriert. Das Wahlrecht wird missbraucht, um Machtverhältnisse zu sichern, statt damit die Entscheidungsfähigkeit der Bevölkerung zu erweitern.

Die Verhältnisse und Beziehungen entwickelt sich kaum weiter und verharrt über Generationen hinweg in dualistischen Konflikten zwischen Parteien. Die Politik ist also wesentlich auf einer Konfliktkultur begründet, aber nicht auf dem Ziel der Suche nach dem tieferen Kern. Sie ist aus heutiger Sicht nicht wirklich darauf begründet, dem Ganzen zu dienen. Dies war in der Vergangenheit sicherlich anders. Die Demokratie im klassischen Sinne ist heute aber nicht mehr geeignet, um Freiheit auf breiter Ebene zu entwickeln. Ich spreche von einer weiteren Demokratisierung der

Demokratie hin zu mehr Partizipation. Spätestens auf der Ebene der bürokratischen Umsetzung hört die Demokratie meist auf. Dort verschwindet der Einfluss der Bevölkerung. Wer also geschickt genug ist, die Wahlmöglichkeiten auf oberster Ebene entsprechend zu reduzieren, was heute auch mithilfe der Medien kein Problem ist, der kann im Inneren des Staates mit einer scheinbaren Legitimation der Landesbewohner:innen und im Namen von Freiheit und Demokratie mit derselben Herrscherarroganz über andere bestimmen, wie einst die Könige und Diktatoren.

Das folgende Bild zeigt spekulativ als Versuchsanordnung die vier Herrschertypen, die wir heute kennen. Alle vier Typen erzeugen Rahmenprobleme.

Abb. 52: **Die vier Herrschertypen und die Nachteile des Herrscher-Prinzips**

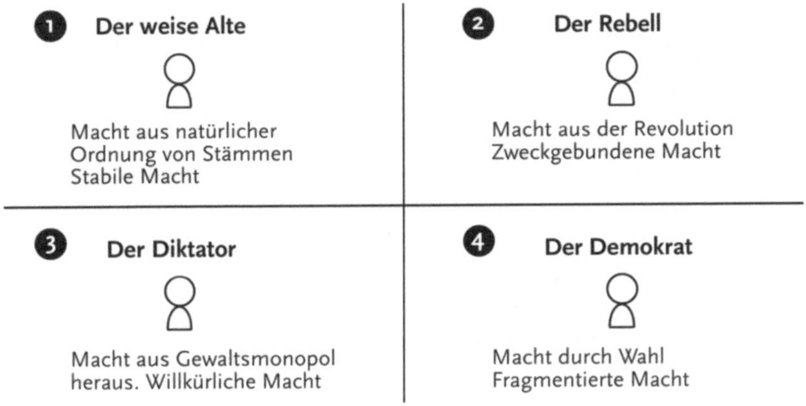

Alle vier erzeugen Gemeinschaften, die auf den fünf Phasen der Dissoziation beruhen. Spaltung, Abhängigkeit, Wertung, Distanz und Gleichschaltung. Daran ändert aller guter Wille nichts. Wenn wir eine Gesellschaft wollen, die aus dem Augenblick heraus sinnvoll zu gestalten lernt, muss das Herrschaftsprinzip abgelöst werden, von natürlichen Prinzipien der Regulierung des Zusammenlebens. Die innere Macht muss gegenüber der äußeren gewinnen.

Angesichts der gegenwärtigen multiplen Krisen liberaler Demokratien und wachsender Komplexitätsüberforderung institutioneller Politik bedarf es einer fundamentalen Neubestimmung staatlicher Rolle. Ich schlage vor, das bestehende Konzept des »Herrscher-Staates« – verstanden als steuerndes, hierarchisch organisiertes Machtzentrum – durch das Konzept eines Moderationsstaates zu ersetzen. Dieser versteht sich nicht mehr als Akteur mit direktiver Autorität, sondern als Rahmengeber, Ermöglicher, Resonanzraum gesellschaftlicher Selbstorganisation. Vergleichbare Konzepte finden sich etwa bei John Dewey (1939), in den Diskursen um »deliberative Demokratie« (Habermas 1992; Dryzek 2000) sowie im Ansatz der »polyzentralen Governance« (Elinor Ostrom, 2005).

Der Ausgangspunkt ist eine doppelte Bewegung: Eine Gesellschaft muss sich auf eine natürliche Grundordnung stützen können – im Sinne universeller Werte wie Gerechtigkeit, Kooperationsfähigkeit, ökologischer Nachhaltigkeit –, ohne diese Ordnung absolut zu setzen. Gleichzeitig muss sie Räume eröffnen, in denen neue soziale Fixpunkte entstehen können: neue Bedürfnisse, Erkenntnisse, Ausdrucksformen. Das bedeutet:

Alles, was als übergeordnete Ordnung formuliert wird – seien es Gesetze, ethische Leitlinien oder Infrastrukturen –, muss integrativ und systemoffen gedacht sein.

Alles, was als emergente Lebensäußerung von unten entsteht – seien es lokale Projekte, kulturelle Praktiken oder individuelle Lebensentwürfe –, muss sich frei entfalten können.

Diese beiden Ebenen dürfen sich nicht gegenseitig blockieren. Eine Ordnung, die zu starr ist, hemmt Lebendigkeit. Eine Entfaltung, die sich gegen das Gemeinwohl richtet, zerstört langfristige Kohärenz. Der Moderationsstaat fungiert daher als balancierendes Intermediärsystem, das kollektive Intelligenz (vgl. Lévy 1997) organisiert, ohne sie zu kontrollieren.

Konkret bedeutet das: Der Staat zieht sich aus direktiver Steuerung zurück und transformiert sich zu einer Plattformstruktur – vergleichbar mit Open-Government-Infrastrukturen (Noveck 2009) oder partizipativen Commons-Projekten (Bauwens & Kostakis 2014). Seine Funktion besteht darin, Vorschläge, Projekte, Ideen öffentlich sichtbar zu machen, ohne sie autoritär zu filtern. Entscheidungsgewalt verbleibt bei lokal eingebetteten, kleinskaligen Gruppen, Regionen und Assoziationen. Der Staat stellt lediglich Ressourcen, Infrastruktur und Sichtbarkeit bereit – kein Zwang, keine Repräsentanzpflicht.

Dahinter steht eine tiefere ethisch-politische Logik: Diejenigen mit größerem Wissen, Weitblick oder Erfahrung – seien es Intellektuelle, Künstler:innen, Wissenschaftler:innen – haben nicht das Recht zu herrschen, sondern die Pflicht zu dienen. Nur so entsteht eine Kultur der Selbstbestimmung, in der Bewusstsein und Macht voneinander entkoppelt bleiben. Dieses Prinzip steht quer zur meritokratischen Versuchung moderner Wissensgesellschaften und ist anschlussfähig an Konzepte wie Ivan Illichs »konviviale Gesellschaft« (1973) oder Paulo Freires »Pädagogik der Befreiung« (1970).

Der Moderationsstaat wäre also Ausdruck einer Gesellschaft, die Kontrolle nicht als Lösung, sondern als Ursache sozialer Pathologien begreift. Statt rigider Institutionen würde ein dynamisches Netzwerk partizipativer Resonanzräume entstehen. Regierungen würden durch einen kollektiven Ideenpool ersetzt – ein permanent offenes System, das auf Prinzipien kollektiver Intelligenz, lebendiger Diversität und struktureller Plastizität beruht.

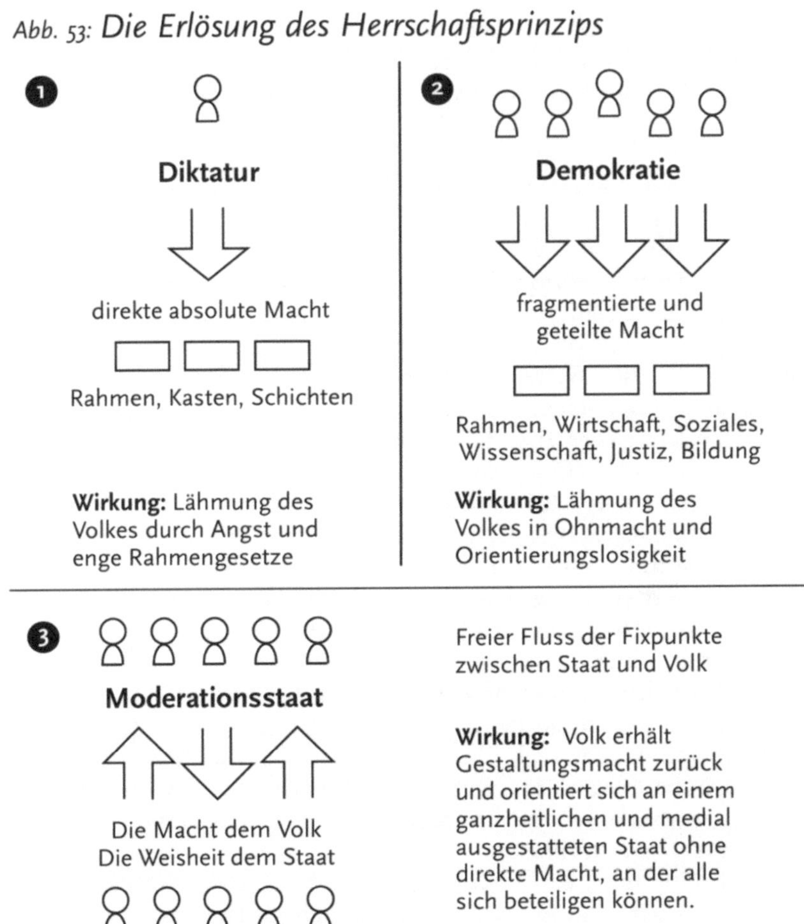

Abb. 53: **Die Erlösung des Herrschaftsprinzips**

In diesem Modell wird politische Ordnung nicht oktroyiert, sondern emergiert aus der Summe individueller innerer Ordnungen – aus dem »inneren Ton«, wie ich es nenne, dem Ausdruck des Selbst im Resonanzfeld des Sozialen. Der Moderationsstaat ermöglicht jene Bedingungen, unter denen Differenz nicht länger als Gefahr, sondern als Quelle gesellschaftlicher Erneuerung begriffen wird.

Das nächste Bild (Abb. 53) zeigt die Entwicklung zum Moderationsstaat. Die große Qualität des Moderationsstaates liegt in seiner freien Entfaltbarkeit, weil dieser keine direkte Macht hat. Das schafft Spielräume. Die Bevölkerung wiederum kann sich stärker auf die Lebenswirklichkeiten konzentrieren und sich am Staat direkter beteiligen und orientieren. Die Lebenswirklichkeiten könnten sich frei nach ihren jeweiligen Fixpunkten entfalten. Tatsächlich ist der Gedanke eines mediativen oder moderierten Staates nicht abwegig, wenn man den modernen Einfluss der Medien auf das tägliche Leben heute betrachtet.

Der Moderationsstaat, wie ich ihn experimentell vorschlage, verzichtet bewusst auf das traditionelle Modell gewählter Repräsentant:innen als zentrale Steuerungsinstanz. Stattdessen besteht er aus einem offenen, dynamischen Feld von Akteur:innen, die auf Basis ihrer individuellen Fixpunkte – also Werte, Kompetenzen und Lebenswirklichkeiten – miteinander kooperieren. Seine Legitimität entsteht nicht aus delegierter Macht, sondern aus emergenter Ordnung durch Vielfalt. Dieses System ist am ehesten mit einer Open-Source-Architektur vergleichbar: nicht zentral gesteuert, sondern kollektiv gepflegt, modular, adaptiv.

Ein anschauliches Beispiel liefert das Projekt Wikipedia: eine Plattform, auf der dezentrale Wissensproduktion, Fehlerkorrektur durch kollektive Intelligenz und spontane Selbstregulation in Echtzeit stattfinden. Trotz gelegentlicher Manipulationen (»Vandalismus«) ist das System lernfähig – gerade durch Fehler. Diese »resiliente Offenheit« (Benkler, 2006) könnte auch auf Stadtplanung, Infrastrukturen oder Sozialpolitik übertragen werden, etwa über liquid democracy, deliberative Netzwerke oder swarm-based decision-making (vgl. Blum & Zuber, 2016; Landemore, 2020). Die technologische Grundlage für solche Systeme – von dezentralen Abstimmungsverfahren bis zur algorithmischen Moderation – ist heute bereits in Ansätzen vorhanden.

Gleichzeitig muss ein solcher Staat – trotz seiner nicht-hierarchischen Struktur – ethische Orientierung bieten. Nicht in Form von Normierung, sondern durch Vorbildfunktion, Transparenz und kohärente Kommunikation. Der Staat wird zu einem moralischen Referenzpunkt, nicht zu einem Interventionsregime. Dabei ist zentral: Es entstehen dezentrale Themenräume, in denen sich Bürger:innen auf freiwilliger Basis engagieren – von der Gesundheitsversorgung über Bildung bis zur Energiepolitik. Das System fördert Selbstorganisation statt Kontrolle. Korruption verliert ihre Grundlage, weil niemand exekutive Macht über andere besitzt.

Natürlich bringt dieser Paradigmenwechsel neue Risiken mit sich – insbesondere die Gefahr externer Manipulation oder interner Übersteuerung durch dominante Netzwerke. Deshalb bedarf es eines unabhängigen Prüf- und Resonanzorgans, einer Justiz im erweiterten Sinn, die nicht als Machtzentrum, sondern als plurale Veto-Instanz fungiert. Diese Instanz würde sich aus Vertreter:innen aller wesentlichen Lebens- und Wissensbereiche zusammensetzen – Wissenschaft, Kunst, Ökologie, Technologie, indigene Perspektiven, Sozialarbeit usw. Im Geiste einer »Epistemischen Demokratie« (Estlund, 2008) brächte sie multidimensionale Expertise ein, ohne selbst Projektträger zu sein.

Diese Justiz wäre dem Prinzip der Ganzheitlichkeit verpflichtet: Sie prüft, ob vorgeschlagene Initiativen dem Gemeinwohl und der langfristigen Resonanzerhaltung der Gesellschaft dienen. Ihre Funktion ist nicht proaktiv-regulatorisch, sondern reaktiv-korrigierend. Sie kann blockieren, aber nicht diktieren. Damit bleibt der Fluss der gesellschaftlichen Selbstorganisation erhalten, ohne in Beliebigkeit abzugleiten.

Ein solcher Moderationsstaat würde weder auf Homogenität noch Kontrolle setzen, sondern auf ein organisches Gleichgewicht zwischen Differenz und Kohärenz. Er bildet – systemtheoretisch gesprochen – kein Zentrum, sondern ein Resonanzfeld (vgl. Rosa, 2016), in dem Gesellschaft sich selbst gemäß der Bewegungen ihrer inneren Fixpunkte und Rhythmen aktualisiert.

Das folgende Bild (Abb. 54) zeigt, wie der Moderationsstaat genau funktioniert. Die Open-Source Regierung entwickelt Ideen für das Zusammenleben, die Justiz der Ganzheitlichkeit entscheidet darüber, ob diese der Gemeinschaft aber auch den Individuen im Sinne der Grundregeln der Fixpunkte, die ich zuvor umfangreich dargestellt habe, funktionieren. Sie würde aber nur einschreiten, wenn ein Schaden für andere befürchtet wird. Dann werden verschiedene Optionen und Möglichkeiten von den Projektgruppen zur Wahl gestellt. Jede kleine Einheit, jede Gemeinde, jede Gruppe kann dann für sich entscheiden, welche Idee sie umsetzen will.

Damit wird die Regierung einerseits zu einer beweglichen Arbeitsplattform für alle Fixpunkte, anderseits achten die Juristen darauf, dass die Ganzheitlichkeit immer wieder neu entfaltet wird. Wesentlich ist also, dass die Gestaltungsideen von der Kontrollmacht getrennt werden. Damit entsteht eine offenere Justiz, im Idealfall ohne äußere Gesetze. Sie kann sich also nicht auf bürokratischen Bergen voller Normen berufen, sondern muss jeden Fall gesondert betrachten und innere Gerechtigkeit und

Wahrheit suchen. (Abgesehen natürlich von gewissen universellen Regeln wie: »Du darfst nicht töten!«) Die Justiz wäre aber dem Einzelnen und dem Ganzen verpflichtet, nicht der Bürokratie, der Reduktion oder einer von den Menschen entfremdeten Regierung die globale Gesetze aufstellt, die wenig universell sind.

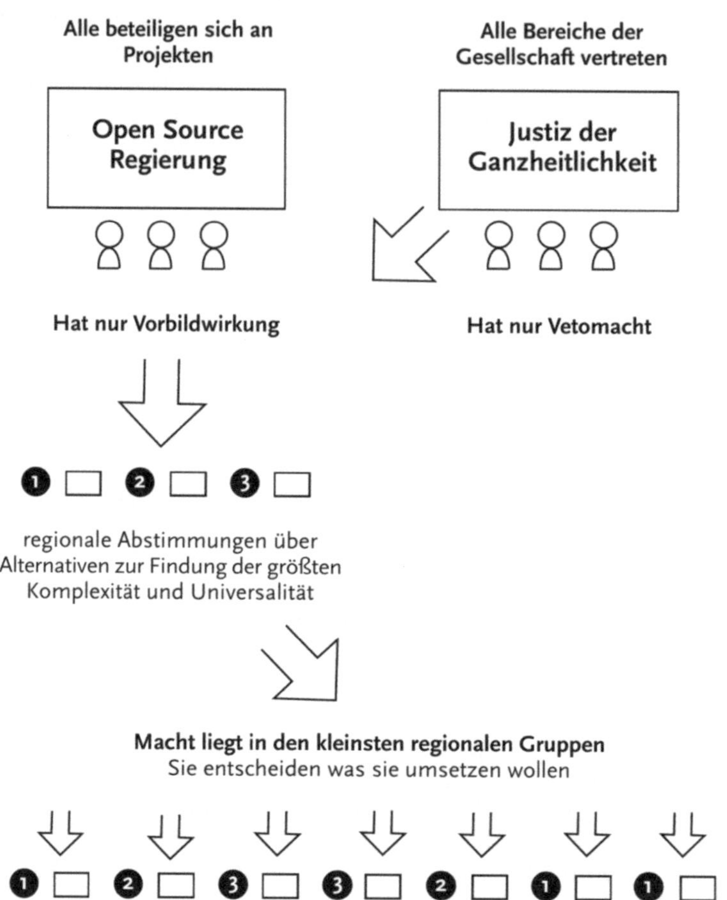

EINE ALTERNATIVE IDEE VON JUSTIZ – DAS ENDE DES SCHULDPRINZIPS

Die von mir entworfene alternative Justiz muss radikal neu gedacht werden – nicht als Straf- und Kontrollinstanz, sondern als spiegelndes, supervisorisches Organ innerhalb eines dynamischen Gemeinwesens. An die Stelle des klassischen Rechtspositivismus, der Recht als kodifiziertes System objektiver Regeln betrachtet (vgl. Kelsen, 1934), tritt ein prozessuales, relationelles Verständnis von Gerechtigkeit (vgl. Honneth, 2011; Fraser, 2003).

Der Kern dieser Justiz liegt in der Fähigkeit, innere Ursachen sozialer Spannungen zu erkennen und in Resonanz mit gesellschaftlichen Fixpunkten zu bringen. Statt Schuld im Sinne reaktiver Sanktion zu definieren, wird Verhalten als Ausdruck gestörter Selbst- und Weltverhältnisse gelesen – in der Logik von Psychoanalyse (Freud, 1917), Kritischer Psychologie (Holzkamp, 1985) und modernen Traumaforschungen (van der Kolk, 2015).

Diese Justiz moderiert nicht nur Konflikte, sie reflektiert auch systemische Dissoziationen – also dort, wo individuelle Abweichungen in Wahrheit Symptome kollektiver Blockaden sind. Kriminalität wird so nicht länger als Pathologie des Einzelnen gefasst, sondern als soziales Resonanzphänomen (vgl. Rosa, 2016), als Ausdruck unterdrückter Differenzierung.

Das Gericht wird zur reflexiven Institution einer selbstlernenden Gesellschaft.

Damit ist auch das klassische Täter-Opfer-Schema zu überdenken. In der Logik synchroner Systeme (Jung & Pauli, 1952) kann Gewalt als Ausdruck nicht integrierter innerer Themen verstanden werden – Täter:innen und Opfer sind nicht zufällig zur gleichen Zeit am gleichen Ort. In systemischen Modellen sozialer Felder (z. B. Hellinger, 2002) lässt sich zeigen, dass viele sogenannte individuelle Delikte tatsächlich Verlagerungen innerer Konflikte auf äußere Bühnen darstellen.

Kriminalität, so betrachtet, ist eine Folge unterbrochener Differenzierung im Subjekt, verstärkt durch strukturelle Dissoziation im System – also dort, wo Wandel notwendig wäre, aber durch starre Rahmen (Repression, Normierung, Entfremdung) verhindert wird. Neurowissenschaftliche Studien zur sozialen Exklusion (Eisenberger & Lieberman, 2004) und zur Embodiment-Theorie (Gallagher, 2005) belegen: Mangelnde soziale Resonanz führt zu innerer Desorganisation, welche wiederum das Risiko destruktiven Verhaltens erhöht.

Diese alternative, experimentelle Justiz interveniert hier nicht primär bestrafend, sondern heilend und integrierend. Sie schafft Räume zur Re-Symbolisierung des Traumas, zum Wiederaufbau narrativer Identität (vgl. Bruner, 1991), zur Versöhnung innerer und äußerer Welt. Der »Täter« wird nicht entmündigt, sondern zur eigenverantwortlichen Aufarbeitung eingeladen – in einem Setting, das psychologisch fundiert, sozial eingebettet und spirituell offen ist.

Ziel ist nicht die Aufrechterhaltung der Norm, sondern die Beförderung innerer Ordnung. Die Justiz wird so zur Supervision der Gesellschaft selbst, sie begleitet den kollektiven Höllenritt – wie ich ihn nenne – hin zur Integration neuer Fixpunkte. Diese Perspektive hat weitreichende Konsequenzen für das Verständnis von Demokratie und Rechtsstaatlichkeit: Der Rechtsstaat ist nicht mehr Wächter statischer Ordnung, sondern Moderator evolutionärer Entwicklung. Und genau deshalb ist er anschlussfähig für eine Gesellschaft, die mit Komplexität umgehen will – statt sie durch autoritäre Vereinfachungen zu bekämpfen.

Abb. 55: *Justiz von Innen*

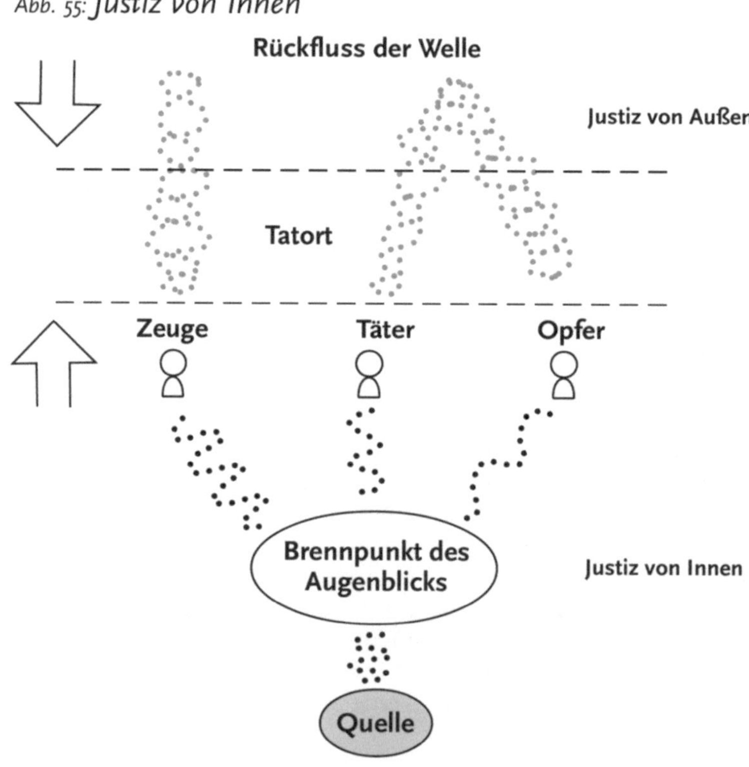

NEUE MEDIEN - DAS ENDE WERBEFINANZIERTER INHALTE

In einer Gesellschaft, die sich an der Dynamik von Fixpunkten orientiert – also an jenen subjektiv erfahrbaren inneren Wahrheiten, die kollektive Wandlungsprozesse ermöglichen – müssen auch die Medienstrukturen neu gedacht werden. Das derzeitige Mediensystem steht unter dem Druck ökonomischer Verwertungslogik und politischer Interessen, wodurch sich eine systemische Dissoziation zwischen Inhalt und innerem Bedarf der Gesellschaft ausgebildet hat (vgl. Chomsky & Herman, »*Manufacturing Consent*«, 1988; McChesney, »*Rich Media, Poor Democracy*«, 2000).

Die strukturelle Verquickung von Markt, Medien und Macht verhindert jene Resonanzräume, die für die Entfaltung innerer Entwicklung entscheidend wären. Die Medien agieren zunehmend als Verstärker von Außenfixierungen: Konsum, Status, Angst. Der Mensch jedoch benötigt einen Spiegel seines inneren Weges – nicht seiner äußeren Vergleichbarkeit.

Das Grundproblem: Die heutige Medienlandschaft fördert die Dauerverfügbarkeit von globalisiertem Oberflächenwissen, nicht aber die tiefe Auseinandersetzung mit dem eigenen inneren Prozess. Medienberichterstattung folgt dem Prinzip der Einschaltquote, nicht dem Bedürfnis nach Sinn.

Lösungsansatz: Entsprechend der in der MNO-Theorie angelegten Idee eines geschlossenen, aber dynamischen Systems, in dem jede Resonanz neues Leben erzeugt, schlage ich die systematische Trennung zwischen zwei Arten von Medieninhalten vor:

1. Aktuelle, öffentlich finanzierte Medienkanäle, die tagesbezogene gesellschaftliche Prozesse dokumentieren, kritisch reflektieren und in einen vielstimmigen Dialog überführen (vgl. Habermas, »*Strukturwandel der Öffentlichkeit*«, 1962).

2. Archivbasierte, individuell navigierbare Inhalte, die zur individuellen Entwicklung beitragen sollen. Diese beruhen auf dem Prinzip der »kognitiven Synchronizität« – das heißt: Der Mensch findet im richtigen Moment die für ihn passende Information (vgl. C.G. Jung, »*Synchronizität*«, 1952; auch: Goleman et al., »*Altered Traits*«, 2017).

Das Ziel: Medien dürfen nicht mehr durch Werbung finanziert werden. Werbung ist – systemtheoretisch betrachtet – ein dysfunktionaler Resonanzverstärker: Sie lenkt ab, statt zu verdichten. Sie verlängert die Dissoziation des Menschen von seinen Fixpunkten.

Das Modell des Moderationsstaates beinhaltet auch ein »Open-Source-Medienkonzept«, bei dem Bürger:innen in partizipativen Prozessen Inhalte erstellen und verbreiten – unter Beibehaltung redaktioneller Integritätsprüfungen (vgl. Jenkins, »*Convergence Culture*«, 2006). Vergleichbar ist dies mit Wikipedia, nur dass hier nicht Wissen, sondern kollektive Gegenwartsdeutungen entstehen.

Technisch ist das bereits möglich, ökonomisch wird es durch öffentliche Finanzierung tragbar, gesellschaftlich ist es zwingend notwendig. Denn nur in einer Umgebung, in der jeder seine Perspektive mitteilen darf und Resonanz findet, kann sich kollektives Bewusstsein – als emergente Eigenschaft des sozialen Systems – dynamisch entfalten (vgl. Deacon, »*Incomplete Nature*«, 2011; Varela/Thompson/Rosch, »*The Embodied Mind*«, 1991).

Zusammenfassend: Medien werden im MNO-Modell zu Bewusstseinsorganen. Sie sind keine Kanäle der Information, sondern der *Integration*. Sie moderieren die Wechselwirkung zwischen innerem Wandel und äußerem Diskurs, zwischen individueller Differenz und kollektiver Kohärenz. Nur dann verlieren Medien ihre toxische Rolle als Agenten der Dissoziation – und werden zu Werkzeugen einer evolutionären Demokratie.

IMPLOSIONSWIRTSCHAFT – DIE RÜCKBINDUNG VON ÖKONOMIE AN SINN UND STRUKTUR

In der gegenwärtigen ökonomischen Theorie dominiert ein Paradigma der Expansion, das Wachstum als universelle Zielgröße behandelt. Dieses Paradigma ist jedoch tief in einem Missverständnis verankert: Wachstum wird mit gesellschaftlicher Stärke verwechselt, obwohl es häufig als Folge ökologischer, sozialer oder systemischer Ausbeutung auftritt. Studien etwa von Tim Jackson (»Prosperity Without Growth«, 2009) oder Kate Raworth (»Doughnut Economics«, 2017) zeigen, dass jenseits bestimmter Schwellen weiteres BIP-Wachstum keinen Zugewinn an Lebensqualität bringt – sondern oft die Grundlagen künftigen Wohlstands untergräbt.

Ich spreche daher von zwei antagonistischen Wirtschaftsformen: der »Explosionswirtschaft«, die auf Expansion, Ausbeutung und Verbrauch basiert – und der »Implosionswirtschaft«, die aus einem inneren Sinnzentrum heraus wirtschaftet. Wie in Abb. 56 dargestellt, geht es bei der Implosionsökonomie um Energierückgewinnung, Strukturaufbau und die Orientierung an kollektivem Nutzen, nicht bloß an Profit.

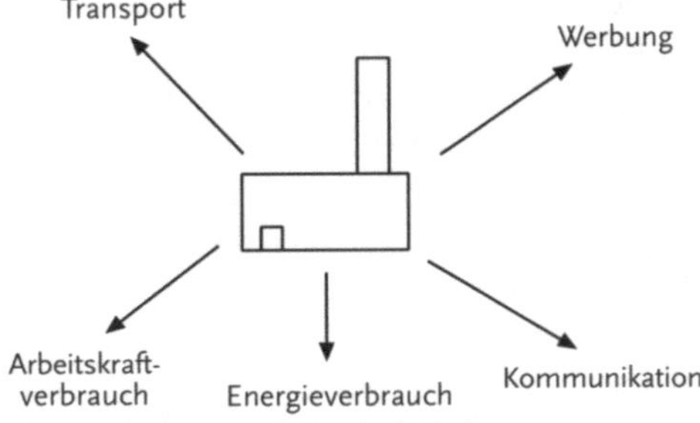

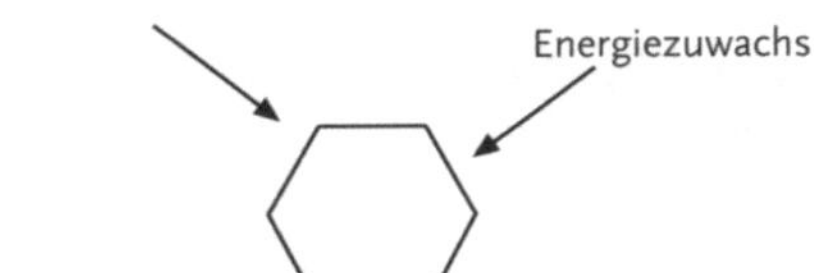

Die Explosionswirtschaft zielt auf Marktanteile, Identitätsfassaden und kurzfristige Rendite. Sie externalisiert soziale und ökologische Kosten, reproduziert Entfremdung und beschädigt dabei nicht nur das Gemeinwohl, sondern auch ihre eigene Innovationskraft. Dieses Muster ist gut belegt – von der Debatte um geplante Obsoleszenz (Slade, 2006) bis zu Studien über Burnout und entfremdete Arbeit (Graeber, 2018).

Demgegenüber basiert die Implosionswirtschaft auf der Förderung intrinsischer Motivation. Sie ist eingebettet in postindustrielle, häufig neurodivergente Produktionsmilieus, in denen der Wert eines Produkts nicht durch Markenimage, sondern durch Qualität, Sinn und Relevanz für das Gemeinwohl bestimmt wird. Die Forschung zur »Befähigungsgerechtigkeit« (Sen/Nussbaum) sowie neuere Arbeiten zur ökonomischen Bedeutung kollektiver Kreativität (Florida, 2002) belegen, dass nachhaltige ökonomische Vitalität aus tiefer struktureller Partizipation entsteht – nicht aus Konkurrenz und Vereinheitlichung.

Eine solche Form der Ökonomie kann langfristig nur gelingen, wenn sie den Menschen von der Angst um sein Überleben befreit. Nur ein von Existenzsicherung getragenes Gemeinwesen kann den vollen Entfaltungsraum schaffen, aus dem soziale Innovationen, kulturelle Produktion und ethisch fundierte Technik hervorgehen. Ich argumentiere daher nicht nur für ein Bedingungsloses Grundeinkommen (vgl. Van Parijs), sondern für die Umstellung der ganzen ökonomischen Infrastruktur auf ein Modell, das auf Resonanz, Rückbindung und Sinn basiert.

Die heutige Wirtschaft behandelt den Menschen als Ressource – die Implosionsökonomie begreift ihn als Schöpfungskraft. Sie ist kein Rückfall in lokalistische Selbstversorgung, sondern ein Übergang zu komplexitätsgerechten Strukturen, in denen Technologie Autonomie ermöglicht und nicht Kontrolle. Es ist eine Ökonomie der inneren Kohärenz, nicht der äußeren Skalierung.

PRODUKTENTWICKLUNG – VERTRAUEN IN DEN FLUSS

Die industrielle Warenproduktion war über Jahrzehnte einem Paradigma funktionaler Effizienz und marktwirtschaftlicher Skalierbarkeit verpflichtet. In einer postindustriellen, zunehmend kulturell und ökologisch sensiblen Gesellschaft bedarf es jedoch einer Revision dieses Paradigmas. Aus Sicht der MNO-Theorie lässt sich diese Neuausrichtung auf drei fundamentale Fragen zuspitzen, die jede Produktentwicklung in Bezug auf ihren tiefen Sinn und ihre Resonanz mit Gesellschaft und Natur beantworten sollte:

1. Hat sich der Gestaltende selbst an dem Produkt innerlich entfaltet?

2. Trägt das Produkt zur strukturellen Reifung der Gesellschaft bei?

3. Entspricht das Produkt dem tiefsten, aus der Natur möglichen Gestaltungsprinzip?

Diese Kriterien verschieben den Fokus von der bloßen Funktion zur Transformation: Ein Produkt wird nicht mehr an seinem Absatz oder seiner Skalierbarkeit gemessen, sondern an seiner Fähigkeit, Bewusstsein, soziale Kohärenz und ökologische Harmonie zu fördern. Konzepte wie *transformative design* (Tonkinwise, 2011), *design for social innovation* (Manzini, 2015) oder *regenerative design* (Mang & Haggard, 2016) belegen diese Verschiebung in der Design- und Wirtschaftstheorie empirisch wie konzeptionell.

Ein Produkt, das den Gestaltenden nicht in seiner Subjektivität und seinem inneren Wachstum involviert, bleibt äußerlich. Es entleert sich seiner kulturellen Tiefe. Die Folge: Vereinheitlichung, Marktfixierung, emotionale Entfremdung – Phänomene, die Richard Sennett als »Korrosion des

Charakters« beschreibt (1998). Echte Innovation hingegen entsteht dort, wo Gestaltung ein Prozess innerer Selbstwerdung ist. Nur dort entsteht kulturelle Dichte.

Die zweite Dimension betrifft die Gesellschaft: Produkte, die nicht mit der sozialen Wirklichkeit in Resonanz stehen, verstärken Ungleichheit und Desorientierung. Das Smartphone z. B. wurde einst als Befreiung gefeiert – heute wissen wir, dass es soziale Isolation, Abhängigkeit und kognitive Fragmentierung begünstigen kann (Turkle, 2017). Daher braucht es integrale Produktentwicklung, wie sie etwa der Philosoph Frithjof Bergmann in seinen Vorstellungen von »Neue Arbeit« formulierte: Technik als Mittel zur Selbstentfaltung, nicht zur Kontrolle.

Die dritte Dimension betrifft die Natur. Jedes Produkt ist ein Eingriff in bestehende Ordnungen. Nachhaltige Gestaltung muss sich daher an den morphogenetischen Prinzipien der Natur orientieren – etwa durch *biomimicry* (Benyus, 1997), fraktale Ordnung oder permakulturelles Design. Nur Produkte, die mit natürlichen Resonanzverhältnissen mitschwingen, bauen nicht nur keinen Schaden auf, sondern stärken sogar evolutionäre Potenziale.

Technologie, so verstanden, ist nicht mehr ein Mittel zur Überwindung der Natur, sondern eine Brücke zwischen innerem Bewusstsein und äußerer Welt. Innovationen verlieren ihre Legitimation in dem Moment, in dem sie zur Unterdrückung führen. Das Auto – einst Symbol individueller Freiheit – wurde durch infrastrukturelle Abhängigkeit, Umweltzerstörung und soziale Exklusion vielfach selbst zum Symbol des Zwangs.

Damit Technik ihrer emanzipatorischen Kraft treu bleibt, muss sie sich kontinuierlich selbst überschreiten. Wie in der MNO-Theorie formuliert, entfaltet sich wahres technologisches Wachstum spiralförmig entlang innerer Fixpunkte. Es handelt sich nicht um bloße Fortschrittsakkumulation, sondern um qualitative Transformationen. Produkte sollen dabei nicht mehr primär Bedürfnisse befriedigen, sondern Möglichkeiten zur Differenzierung des Seins eröffnen – eine Idee, die u. a. in der *post-growth*-Debatte (Schmelzer, Vetter & Vansintjan, 2022) zunehmend Gewicht erhält.

Zukunftsorientierte Warenproduktion wird deshalb lokalisiert, modular und partizipativ. Sie lebt von der Diversität menschlicher Potenziale, nicht von deren Standardisierung. 3D-Druck, FabLabs, dezentrale Energieproduktion und Open-Source-Hardware liefern heute bereits technische Infrastrukturen für diese »bottom-up economy of resonance«.

Der entscheidende Perspektivwechsel liegt darin, Technik als Spiegel geistiger Zustände zu erkennen. Nicht das effizienteste, sondern das bewussteste« Produkt ist das beste. Die Gestaltung der Warenwelt wird dann nicht mehr durch Angst vor Mangel, sondern durch Vertrauen in menschliche Entfaltung bestimmt. Diese Haltung, wie sie in MNO grundgelegt ist, begründet eine Ökonomie jenseits von Produktivität – eine Ökonomie der Innerlichkeit, der Freiheit und der kohärenten Beziehungen zwischen Mensch, Gesellschaft und Natur.

GELD ALS SOZIALES KONSTRUKT: ÜBERFLUSS, MANGEL UND DIE ZUKUNFT DER ÖKONOMIE

Geld ist kein Naturgesetz. Es ist ein soziales Konstrukt – eine kulturell vereinbarte Repräsentation von Wert – das ursprünglich geschaffen wurde, um Arbeitsteilung in Gesellschaften mit realem Mangel zu koordinieren (Graeber, 2011). Doch im 21. Jahrhundert stehen wir vor einem historischen Paradoxon: Obwohl die technologische Produktionskraft unserer Zivilisation längst in der Lage ist, grundlegende Bedürfnisse global zu decken, leben Milliarden Menschen weiter in Armut. Nicht wegen fehlender Ressourcen, sondern wegen der Verknappung ihrer symbolischen Repräsentation – des Geldes.

Das moderne Geldsystem ist ein System der künstlichen Knappheit. Es entstand in einer Zeit, in der reale Knappheit herrschte, und übertrug diese Knappheit auf eine symbolische Sphäre: Der Zugriff auf reale Güter wurde über die Verfügbarkeit von Geld vermittelt – ein Mechanismus, der ursprünglich Verteilungsgerechtigkeit schaffen sollte, heute aber zunehmend zur sozialen Exklusion führt (Lietaer & Dunne, 2013). In wachstumsgetriebenen Wirtschaftssystemen ist Geld kein neutrales Tauschmittel, sondern ein Herrschaftsinstrument – ein Mittel zur Steuerung von Lebenszeit durch Abhängigkeit. Die fundamentale These lautet daher: Wohlstand entsteht nicht durch Geld, sondern durch Vertrauen, Kooperation und die Entfaltung innerer Potenziale. Die Idee, dass Geld notwendig sei, um Wert zu erzeugen, kehrt die kausale Ordnung um. Menschen schaffen Werte auch ohne monetäre Anreize – aus Freude, Notwendigkeit, Sinnstiftung oder Liebe. Der anthropologische und soziologische Diskurs zur Commons-Ökonomie (Bollier & Helfrich, 2012), zu Post-Money Societies (Daly, 2015) oder zum Universal Basic Income (Standing, 2017) bestätigt: Je höher die gesellschaftliche Differenzierung und technologische Potenz, desto eher wird Geld zum überflüssigen Verteilungsinstrument.

In der MNO-Theorie ist Geld eine Form externer Struktur, die notwendig wird, wenn innere Differenzierung noch nicht hinreichend stabil ist. Wo die Menschen noch nicht in der Lage sind, ihrer inneren Stimme konsequent zu folgen, braucht es äußere Rahmen. Doch mit wachsender Reife der Individuen – psychologisch, sozial, spirituell – verlieren diese externen Steuerungsmedien ihre Funktion. Die Gesellschaft wird resonant, nicht reguliert. Das aktuelle Geldsystem ist nicht neutral, sondern selektiv: Es hält Wertschöpfung dort fest, wo Macht und Kontrolle dominieren, und entwertet systematisch jene Tätigkeiten, die dem Gemeinwohl am meisten dienen – Care-Arbeit, Bildung, künstlerische Forschung, soziale Innovation. Die Externalisierung dieser Tätigkeiten in den unbezahlten Raum ist kein Versehen, sondern strukturell bedingt – ein Effekt der Geldlogik, nicht der mangelnden Produktivität. Wie z. B. die feministische Ökonomie (Waring, 1988) und neuere UBI-Diskurse (van Parijs & Vanderborght, 2017) zeigen, braucht es neue Mechanismen der sozialen Rückbindung jenseits der monetären Bewertung.

Die Forderung nach einer grundsätzlichen Revision des Geldsystems ist daher keine radikale Utopie, sondern ein folgerichtiges Resultat der realen Produktionsverhältnisse in spätkapitalistischen Gesellschaften. Dass Staaten trotz Überproduktion auf Sparpolitik setzen, dass Lebensmittel vernichtet werden, statt sie zu verteilen – all das zeigt: Geld ist kein Instrument zur Bedarfsdeckung, sondern zur Machtausübung. Der Ökonom Thomas Piketty (2014) spricht in diesem Zusammenhang von einer »organisierten Ungleichheit«, die auf Kapitalkonzentration und Reichtumsvererbung beruht – nicht auf Leistung.

Auch Projekte wie die Global Marshall Plan Initiative oder Postgrowth Economics (Jackson, 2009) zeigen mögliche Übergangspfade auf, doch sie bleiben vielfach in einem reformierten Marktdenken verhaftet. Eine ökosoziale Marktwirtschaft mag kurzfristig sinnvoll sein, sie perpetuiert jedoch das System struktureller Abhängigkeit von Geld. Was es braucht, ist ein Perspektivwechsel: Die Entkoppelung von Existenzsicherung und Erwerbsarbeit, von Wert und Geld, von Sinn und Bezahlung.

Die implizite Botschaft der MNO-Theorie ist eine radikale: Wir sind selbst die Quelle aller Werte. Wenn das gesellschaftlich anerkannt wird, verliert Geld seine erpresserische Funktion. Dann kann Reichtum fließen – nicht in Form von Kapital, sondern als Beziehung, Vertrauen, Gabe. Das Modell der Geschenkökonomie (Eisenstein, 2011) oder die Idee des Contributive Work (Moulier-Boutang, 2012) skizzieren bereits Wege, wie eine solche Gesellschaft aussehen könnte.

Die Transformation wird nicht zentral organisiert werden. Sie wird aus den Rändern kommen. Aus den Nachbarschaften, den Kulturen der Dissidenz, der Commons-Logik. Vielleicht ist ein Konzert – wie Live 8 – nicht genug. Vielleicht braucht es eine neue Geschichte. Eine Geschichte, in der die Menschen erkennen, dass sie sich ohne Angst entfalten dürfen. Eine Geschichte, in der ihre bloße Existenz als Beitrag genügt.

Dieses Buch ist der Versuch, eine neue Perspektive auf das Leben, die Gesellschaft und die Welt als solche zu eröffnen – jenseits der mechanistischen, angstgetriebenen Strukturen des Bestehenden. Es begreift Wirklichkeit nicht als statisches Gebilde, sondern als einen lebendigen Strom aus Differenzierung und Dissoziation, der in jedem Menschen seine eigene Ordnung sucht. Die MNO-Theorie, die sich durch alle Kapitel zieht, ist dabei kein fertiges System, sondern ein Denkraum – ein vibrierendes Koordinatennetz für Freiheit, Entfaltung und Resonanz. Es geht um nicht weniger als den Abschied vom alten Weltbild der Kontrolle, der Knappheit und des Wachstumszwangs – und um die Hinwendung zu einer Wirklichkeit, in der jeder Mensch, jede Form, jede Krise als notwendige Differenz in einem größeren Prozess verstanden wird. Was in Gesellschaft ohne Vertrauen als politische Skizze begann, wurde über die Jahre zur kosmologischen, wirtschaftlichen, psychologischen und kulturellen Vision. Dieses Buch war der Auslöser eines 20-jährigen Höllenritts – durch Armut, Widerstand, Forschung, Aktivismus, Kunst. Und zugleich ist es ein Angebot: An all jene, die spüren, dass eine andere Welt nicht nur möglich, sondern längst im Entstehen ist – in jedem Moment, in dem wir uns nicht beugen, sondern beginnen, dem inneren Fixpunkt zu folgen. Wir sollten Vertrauen haben, in das innere Erleben des Menschen.

DANKSAGUNG

Ich möchte an dieser Stelle dem großartigen Psychotherapeuten Gerald Kreutzbruck und seiner damaligen Frau Eve danken, die mich in sehr jungen Jahren in die Bewusstseinsforschung eingeführt haben und den Grundstein legten für meinen eigenen spirituellen Prozess. In diesem Zusammenhang möchte ich auch dem Bruder Herwig von Kreutzbruck danken, einem sehr treuen Freund, der mich in meiner Zeit in Graz begleitete. Von Sibylle Biedermann, der Frau des Symbolforschers Hans Biedermann lernte ich meine psychologische Wahr nehmungsfähigkeit, ja vieles, was ich heute über psychologische Prozesse weiß. Ich erinnere mich gerne an die vielen Nächte, die ich in der umfangreichen Bibliothek ihres Mannes verbringen durfte. Auch möchte ich Karola Schwarz danken, die mich stets darin bestärkte meiner Intuition zu vertrauen. Ich möchte auch dem Ätherforscher Prof. Fred Evert danken, mit dem ich auch in Zukunft viele Diskussionen über den Äther führen möchte. Auch sei dem Weinhändler Gerardo gedankt, der mir nach meinem letzten Buch zwei Kisten Wein schenkte. Solche Menschen sollte es mehr geben. (www.gerardo.de)

Auch möchte ich Don Beck danken, der mich, während der Arbeiten an die sem Buch wesentlich inspirierte, auch wenn wir mehr über Bier und Autos sprachen, als über Philosophie.

Nicht zuletzt danke ich meiner Frau Susanne und meinen Kinder, die viel dazu beigetragen haben, meine Arbeit zu unterstützen.

Und abschießend möchte ich all denen danken, die mir, uns und dem Buch geholfen haben.

ABBILDUNGSVERZEICHNIS MIT QUELLENANGABEN

Alle hier nicht erwähnten Grafiken stammen von Timothy Speed

Abb. 12, 13 Bildende Kunst des 20. Jahrhunderts / Lucie-Smith Manet / S 32 / Könemann Verlag

Abb. 18 Wasserkristalle / Emoto / S-41 / Koha Verlag

Abb. 19 Wasserkristalle / Emoto / S-44 / Koha Verlag

Abb. 20 Wasserkristalle/ Emoto / S. 48 / Koha Verlag

Abb. 21 Von Fuller bis zu Fullerenen/ Krätschmer / S. 14 / Vieweg Verlag

Abb 22. Cymatics / Hans Jenny / S. 45 / Macromedia Verlag

Abb. 23 Cymatics / Hans Jenny / S. 99 / Macromedia Verlag

Abb. 24 Cymatics / Hans Jenny / S. 121 / Macromedia Verlag

Abb. 25 Cymatics / Hans Jenny / S. 220 / Macromedia Verlag

Abb. 26 Cymatics / Hans Jenny / S. 232 / Macromedia Verlag

Abb. 30 Bildende Kunst des 20. Jahrhunderts/ Lucie-Smith / Kosuth / S 279

Abb. 31 Von Fuller bis Fullerenen / Krätschmer / S ro / Vieweg Verlag

Abb. 33 Gödel, Escher, Bach/ Hofstadter/ S 272 / Klett Cotta Verlag

Abb. 34 Von Fuller bis Fullerenen / Krätschmer / S 4

Abb. 35 Von Fuller bis Fullerenen / Krätschmer / S 241 /

Abb. 39 Kosmischer Humanismus und Welteinheit/ Reiser/ S 38 / Fischer Verlag

Abb. 41 Die Spirale/Purce 141//59/ Kösel Verlag

Abb. 42 Der Hyperbolische Kegel/ Radlberger / S 26 / PKS Verlag

Abb. 43 Der Hyperbolische Kegel/ Radlberger / S 71/97 / PKS Verlag

Abb 46 Walter Russel / Genius Verlag

Abb. 50 Der Hyperbolische Kegel/ Radlberger / S 78 / PKS Verlag

LITERATURVERZEICHNIS UND ZITAT-QUELLEN

Aries / Die Geschichte des privaten Lebens/ Bechtermünz Verlag Aries / Geschichte der Kindheit/ DTV Verlag

Aries / Geschichte des Todes/ DTV Verlag Aveni / Das Rätsel von Nasca / Ullstein Verlag

Barnett / Instinkt und Intelligenz / Fischer Verlag Bateson / Geist und Natur/ Suhrkamp Verlag Baumann/ Kursbuch Neue Medien 2000 / DVA Verlag Beck / Sprial Dynamics / Blackwell Publishing Beigbeder / neununddreißigneunzig / Rowohlt Verlag

Belting / Das unsichtbare Meisterwerk/ C.H. Beck Verlag Bergmann/ Neue Arbeit Neue Kultur/ Arbor Verlag Berman / Kultur vor dem Kollaps/ Büchergilde Gutenberg Biedermann/ Lexikon der Symbole/ Knauer Verlag Campbell / Die Lust an der Lüge/ Lübbe Verlag

Capra / Das Tao der Physik/ Scherz Verlag

Chomsky / Globalisierung im Cyberspace/ Horlemann Verlag Cowley / Was wäre gewesen wenn? / Knauer Verlag

De Mause / Hört Ihr die Kinder weinen? / Suhrkamp Verlag Dodsworth / Digital Illusions/ Addison Wesley Verlag

Dux/ Die Logik der Weltbilder/ Suhrkamp Verlag Emoto / Wasserkristalle/ Koha Verlag

Flusser / Kommunikologie / Fischer Verlag Flusser / Medienkultur / Fischer Verlag

Franzen/ Anleitung zum einsamsein / Rowohlt Verlag Fremantle / Das Totenbuch der Tibeter / Diederichs Gelbe Reihe Frey / Tue Key, Die Kraft des Mythos/ Emons Verlag

Frieling / Medien Kunst Interaktion/ Springer Wien Verlag Frieske / Selbstreferenzielles Entertainment/ DUV Verlag Fromm/ Die Revolution der Hoffnung/ DTV Verlag Frutiger / Der Mensch und seine Zeichen/ Furier Verlag Geier/ Fake / Rowohlt Verlag

Gesing / Kreativ Schreiben/ Dumont Verlag Giesen / Künstliche Welten/ Europa Verlag

Glotz/ Die beschleunigte Gesellschaft/ Rowohlt Verlag

Goody / Die Entwicklung von Ehe und Familie in Europa / Suhrkamp Verlag

Grant/ Die klassischen Griechen/ Bastei Lübbe Verlag Greene / Das elegante Universum/ Siedler Verlag

Grof / Auf der Schwelle zum Leben/ Heyne

Grof / Geburt, Tod und Transzendenz/ Rowohl Verlag Groy /Grafik/ Muster-Schmith Verlag

Groys / Unter Verdacht/ Hanser Verlag

Gurdijeff / Der Kampf gegen den Schlaf/ Knaur Verlag Haller/ Die Grenzen der Solidarität/ Aufbau Verlag Hawkings / Das Universum in der Nußschale/ DTV Verlag Heller/ Wie Farben wirken/ Rowohlt Verlag

Helmholtz / Über Wirbelbewegungen/ Verlag Harri Deutsch

Heym / Was von den Träumen blieb/ sozialistische Utopie / Siedler Verlag Hofstadter / Gödel, Escher, Bach / Klett Cotta Verlag

Höller / Der Kampf bin ich/ ATV Verlag

Hrdlicka / Die Ästhetik des automatischen Faschismus/ Europa Verlag Huizinga / Homo Ludens / Rowohlt Verlag

Hünnekens / Der bewegte Betrachter/ Wienand Medien Verlag Huxley / Form in der Zeit/ Piper Verlag

Huxley / Seele und Gesellschaft / Piper Verlag Huxley / Streifzüge / Piper Verlag

Itten / Kunst der Farbe/ Otto Maier Verlag Jacob/ Der elektronische Raum/ Cantz Verlag

Janshen / Hat die Technik ein Geschlecht?/ Orlanda Frauenverlag Jenny / Cymatics / Macromedia Verlag

Jensen / Mythos und Kult/ DTV Verlag Johnson/ Interface Culture / Klett Cotta Verlag

Jung / Synchronizität, Akausalität und Okkultismus / DTV Verlag Jung von Matt/ Momentum / Lardon Verlag

Kaku / Im Hyperraum / Rowohlt Verlag Kippenberg / Magie / Suhrkamp Verlag

Kirchhoff/ Räume, Dimensionen, Weltmodelle/ Diederichs Verlag

Kiss / Einführung in die soziologischen Theorien/ Westdeutscher Verlag Klein/ No Logo/ Riemann Verlag

Kloock /Medientheorie/ UTB Verlag

Konersmann / Kritik des Sehens / Reklam Leipzig Verlag Krämer/ Medien - Computer - Realität/ Suhrkamp Verlag Krätschmer / Von Fuller bis zu Fullerenen/ Vieweg Verlag

Kübler Ross / Über den Tod und das Leben danach / Die Silberschnur Verlag Kundera / Die Kunst des Romans / Fischer Verlag

Lasca / Wilhelm Reich/ Rowohlt Verlag Laszlo / Das fünfte Feld / Lübbe Verlag Laszlo / Halos / Vianova Verlag

Laszlo / Macroshift / Insel Verlag

Lattacher / Viktor Schauberger / Ennsthaler Verlag Lazere / Out of there Minds / Copernicus Verlag

Lehmbruck Museum /InterAct Schlüsselwerke interaktiver Kunst/ Cantz Verlag Lern / Die Technologiefalle / Insel Verlag

Leopoldseder / Cyber Arts 2000 / Springer Wien Verlag

Lewin / Die Komplexitätstheorie/ Hoffmann und Campe Verlag Lindenberg/ Rudolf Steiner / Rowohlt Verlag

Look/ Gestaltungslehren / Passavia Verlag Lovelock / Das Gaia-Prinzip / Insel Verlag

Lucie-smith / Bildende Kunst im 20. Jahrhundert/ Könnemann Verlag Lyon/ Die Geschichte des Internets/ Dpunkt Verlag

Mandelbrot/ Die fraktale Geometrie der Natur/ Birkhäuser Verlag Mc Luhan / The global Village / Jungfermann Verlag

Menninger / Selbstzerstörung/ Suhrkamp Verlag Mikos / Im Auge der Kamera/ Vistas Verlag

Miller / Am Anfang war Erziehung / Suhrkamp Verlag Miller / Das Drama des begabten Kindes / Suhrkamp Verlag Miller / Das verbannte Wissen/ Suhrkamp Verlag

Miller / Du sollst nicht merken / Suhrkamp Verlag Montessori / Kinder sind anders / DTV Verlag Moser / Grammatik der Gefühle / Suhrkamp Verlag

Moser/ Romane als Krankengeschichte/ Suhrkamp Verlag Müllender / Am Fuß der blauen Berge/ Klartext Verlag Müller/ DTV Atlas zur Baukunst Band r / DTV Verlag Müller/ DTV Atlas zur Baukunst Band 2 / DTV Verlag Navratil / Schizophrene Dichter/ Fischer Verlag

Neckel / Die Macht der Unterscheidung/ Scherz Verlag

Neill / Die antiautoritäre Erziehung/ Beispiel Summerhill / Rowohlt Verlag Parr / Thiele / Gottschalk, Kerner & Co. / Suhrkamp Verlag

Perls / Gestalttherapie / Klett Cotta Verlag Piaget/ Das Weltbild des Kindes / DTV Verlag

Piaget/ Das Weltbild des Kindes / DTV Verlag Pogacnik / Schule der Geomantie/ Knauer Verlag

Postman / Die Verweigerung der Hörigkeit/ Fischer Verlag Postman / Wir amüsieren uns zu Tode/ Fischer Verlag Purce / Die Spirale / Kösel Verlag

Radlberger / Der hyperbolische Kegel/ PKS Verlag Reich/ Die Funktion des Orgasmus/ KiWi Verlag

Reich/ Die Massenpsychologie des Faschismus / Fischer Verlag Reiser/ Kosmischer Humanismus und Welteinheit/ Fischer Verlag Riemschneider / Art at the Turn of the Millenium / Taschen Verlag Roesler / Mythos Internet/ Suhrkamp Verlag

Roob / Theorie des Bilderromans/ Massimo Verlag Rydnik / Vom Äther zum Feld/ VEB Verlag Leipzig

Satprem / Der Sonnenweg zum großen Selbst/ Rowohlt Verlag Schmidt-Bergmann / Futurismus / Rowohlt Verlag

Scholl-Latour / Der Fluch des neuen Jahrtausends / Bertelsmann
Schulte-Sasse / Literaturwissenschaft / UTB Verlag

Searle / Sprechakte / Suhrkamp Verlag

Sheldrake/ Denken am Rande des Undenkbaren/ Piper Verlag Siegle /
Logo / Verlag Beruf und Schule in Itzehoe

Simrock / Die Edda / Emil Vollmer Verlag Sontag / Über Fotografie /
Fischer Verlag

Speed/ Verdammt sexy - Die Mediengestalter in der Krise/ BOD Verlag
Stang / Kulturelle Bildung / WBV Verlag

Stanzel / Theorie des Erzählens / UTB Verlag Starhawk / Der Hexenkult
/ Goldmann

Starobinski / Psychoanalyse und Literatur / Suhrkamp Verlag

Stierlin / Das Tun des Einen ist das Tun des Anderen/ Suhrkamp Verlag
Stall / Die Wüste Internet / Fischer Verlag

Tarnass/ Idee und Leidenschaft/ DTV Verlag Tenner / Die Tücken der
Technik/ Fischer Verlag

Toscani / Die Werbung ist ein lächelndes Aas / Ballmann Verlag Turkle
/ Leben im Netz/ Rowohlt Verlag

Vieser   /Jungmillionäre.de/   Knauer   Verlag   Virilio   /
Fluchtgeschwindigkeit / Fischer Verlag

Watzlawick / Die erfundene Wirklichkeit / Piper Verlag Wehner / Das
Ende der Massenkultur/ Campus Verlag

Weischedel / Die philosophische Hintertreppe/ DTV Verlag
Weizsäcker/ Faktor Vier/ Knauer Verlag

Wilber / Das Atman Projekt/ Jungermann Verlag

Wilber / Eine kurze Geschichte des Kosmos / Fischer Verlag Wilber /
Halbzeit der Evolution / Goldmann Verlag

WWW.TIMOTHY-SPEED.COM